U0527672

唐朝往事系列

耿元骊 主编

大唐创业
从太原起兵到统一全国

雒晓辉 著

辽宁人民出版社

© 雒晓辉　2025

图书在版编目（CIP）数据

大唐创业：从太原起兵到统一全国 / 雒晓辉著. — 沈阳：辽宁人民出版社，2025.1
（唐朝往事系列 / 耿元骊主编）
ISBN 978-7-205-11108-3

Ⅰ.①大… Ⅱ.①雒… Ⅲ.①中国历史—唐代—通俗读物 Ⅳ.① K242.09

中国国家版本馆 CIP 数据核字（2024）第 078386 号

出版发行：辽宁人民出版社
　　　　　地址：沈阳市和平区十一纬路 25 号　邮编：110003
　　　　　电话：024-23284191（发行部）　024-23284304（办公室）
　　　　　http://www.lnpph.com.cn
印　　刷：天津光之彩印刷有限公司
幅面尺寸：145mm×210mm
印　　张：12
字　　数：215 千字
出版时间：2025 年 1 月第 1 版
印刷时间：2025 年 1 月第 1 次印刷
责任编辑：赵维宁　吕志学
助理编辑：姚　远
封面设计：乐　翁
版式设计：一诺设计
责任校对：吴艳杰
书　　号：ISBN 978-7-205-11108-3
定　　价：78.00 元

总 序

盛唐：中华文明的辉煌时代

唐朝有自己独特的气质。当我们提起唐朝，经过长达千年集体记忆形塑，大概每一个华人都会立刻呈现一幅宏大画卷萦绕脑海，泱泱大国典范形象勃现眼前，甚至还会莫名有一种自豪感油然而生。三百年波澜壮阔（实289年），四千位杰出人物（两《唐书》有姓名者约数），五千万烝民百姓（开元载簿约数，累计过亿），共同在欧亚大陆东端上演了一出雄浑壮丽、辉煌灿烂的人间大剧。

唐朝在中国历史上有着巍然的地位。它海纳百川，汲取万方长处；自信宏达，几无狭隘自闭之风。日本学者外山军治以域外之眼，推崇隋唐时代是"世界性的帝国"，自有其独到眼光。唐代在数百年乱世基础上，在经历多次民族大融合之后，引入周边各族之精英及其文化，融合再造生机勃勃的新一代文化，从而使以华夏文明为中心的中原文明再次焕发出生机与活力。唐朝，也成为中华文明辉煌的时代。如果在朝代之间进行比赛，唐代在大多数项目上都能取得前几名，"唐"也与"汉"共同成为中华代称。

唐朝有着空前辽阔的疆域。其开疆拓土之勇猛气概与精细作业之高超能力，一时无双。皇帝的"天可汗"称号，使唐成为周边各区域政权名义共主。这是一个大有为的豪迈时代，自张骞通西域以来，再次大规模稳定沟通西域，所谓"是时中国盛强，自安远门西尽唐境凡万二千里，闾阎相望，桑麻翳野"。在南方则形成了稳定通畅的广州通海夷道，大概是同时代世界上最远的航路。杜环、杨良瑶在中亚游历，促进了东西方海路沟通，大批波斯、大食商人来到广州，唐代和中亚、西方直接往来越来越密切，唐帝国是世界舞台上的优胜者。

大唐独有气质、巍然历史地位、空前辽阔疆域，共同形成了"盛唐气象"。"盛唐气象"也从最初描绘诗文格调的形容词，逐渐转变为唐代整个社会风范的代名词。"盛唐"逐步成为描绘唐朝基本面貌最常用词语，一个典范概括。唐朝各个方面，都呈现出进取有为和气质昂扬的面貌，无论是精神、文化还是生活上，都展现了独特时代风貌，其格局气势恢宏，境界深远，深深体现

总　序　盛唐：中华文明的辉煌时代

在盛唐精神、文化、生活等各个方面。

盛唐的精神

大唐精神体现在何处？首先是开放的心态，其次是大规模的制度建设。没有开放心态，就不会建成这些制度。唐朝有传统时代最开放的万丈雄心，不自卑，也不保守，更没有"文化本位主义"的抱残守缺。上层统治群体胡人血统很深，胡汉通婚情况很普遍，社会氛围基本不强调排外。唐高祖母独孤氏，太宗母窦氏、皇后长孙氏，这些都是鲜卑人。"胡客留长安久者，或四十余年"，来华的日本人很多在唐娶妻生子，大食国李彦、朝鲜半岛崔致远等，都考中进士，日本人阿倍仲麻吕进士及第后还当过官员。华夷观念上，没有鲜明对抗。唐朝人不自限天地，也不坐井观天。

在制度建设方面，唐朝延续了隋朝之初创，多方面建立了模板标杆，后代仿而行之，千年而未改，是盛唐精神最佳外在表现。在中央行政体制上，建立了完善的三省六部制，其体制健全，运行相对其他制度较为顺畅。结束了家国一体、门阀政治局面，以皇帝为核心，建立官僚政治制度，以严密官僚体系，分门别类推动行政运作，这个基本框架和运行模式历经改良在后世得到了长期沿用。在法律上，唐代创建了律令格式体系，形成了中华法系。特别是唐律，不仅仅在中国，在东亚历史上都有着重要地位，得到了长期沿用。在科举体制上，进一步完善科举模式，也得到了长期沿用。科举公平考试最受益者无疑是寒素出身者，推动并加快了社会阶层流动速度。在礼制这个社会等级秩序最鲜明标志物的建设上，唐代也有着最大贡献，形成了最早的国家礼典，在东亚文化体系当中影响巨大。

盛唐时期昂扬向上，走在各方面都开创事功的道路上，能出现贞观之治、开元盛世新局面，也就不足为奇。虽然安史之乱打破了原有局势，但是它并没有颠覆已经形成的大格局，所以唐朝仍能继续维系百年以上。

盛唐的文化

唐朝是文化的时代，各种艺术形式都让人有如臻化境之感。大唐是诗之国度，唐诗是诗之顶峰，唐诗至今仍是我们中国人日常最爱古典文化，谁不能脱口而出一两句唐诗呢！唐诗厚重与灵巧并重，对现实、人生总是充满着昂扬奋发的精气神，所体现出的时代精神是那么刚健、自豪！读李白诗，不由得让人有意气风发之感。读杜甫诗，不由得起家国之深思。才气纵横如李白，勤思苦练如杜甫，是唐诗当中最亮的双子星。读边塞诗，似亲行塞上，悲壮深沉。读田园诗，则宁静致远，平和悠适。即使安史之

总　序　盛唐：中华文明的辉煌时代

乱以后，大唐仍然有元稹、白居易、韩愈、柳宗元等诸多诗文大家。韩、柳更是开启古文运动，兴起一代文体新风。无论是诗还是文，大唐诗人都已长领风骚千年之久。即使到了白话文广泛通行的今日，唐诗、古文又有哪个华夏子孙不读之一二呢？

而绘画、书法、舞蹈与音乐、史学等都在中国历史上具有重要意义，是前此千年的总结，又是后此千年的开创。吴道子是唐代最有名的天才画家，"吴带当风"，被称颂为"气韵生动"，自成一派；而山水画也开始兴起，出现了文人画，两派画风都深深影响了宋朝人审美趣味，流风余韵至今日。书法在本质上已经脱离了记录符号，其实也是一种绘画，是绘画和文字本身含义的结合体。唐代书法大盛，书法理论自成一格。前期尊崇王羲之书法，盛唐之后形成了张旭草书新体，书风飘逸；又形成了颜真卿楷书，端庄正大，成为至今通行常用字体，其影响可谓远矣。舞蹈与音乐更是传统时代的顶峰，太宗时形成"十部乐"，广泛引入了域外曲调。盛唐时代，更是从玄宗到乐工，都精于音律，《秦王破阵乐》《霓裳羽衣曲》大名流传至今。唐代史学承前启后，《隋书·经籍志》确定了史部领先子、集的地位，一直沿用到《四库全书》。纪传体成为正史唯一体裁，也是在唐代得以确立，"二十四史"由唐朝修成有8部之多。设史馆，修实录，撰国史，成为持续千年的国家规定动作，影响之大，自不必言。

文化是盛唐精神的最佳展示，是大唐时代风貌的具象化展示，表达了全社会的心理和情绪。

盛唐的生活

盛唐时代经济富庶，生活安定，杜甫有一首脍炙人口之史诗可为证："忆昔开元全盛日，小邑犹藏万家室。稻米流脂粟米白，公私仓廪俱丰实。"这就是唐代经济社会繁盛的形象化表述。盛唐时代，"天下大稔，流散者咸归乡里，……东至于海，南及五岭，皆外户不闭，行旅不赍粮，取给于道路"，几乎是到当时为止农业经济条件下，所能取得的最高峰。南方特别是江南得到了广泛开发，开元、天宝之时，长江三角洲开发已经取得了显著成绩，工商业更加发达，经济水平在全国取得了领先性地位。

盛唐时代，也是宗教繁荣时代。高宗建大慈恩寺，请玄奘译经。武则天更是深度利用佛教，在全国广建大云寺，推动了佛教大发展。玄宗尊崇密宗，行灌顶仪式，成为佛弟子。除唐武宗灭佛之外，唐代其他皇帝基本是扶持利用佛教。在中国历史上，唐代是佛教全盛时代，整个社会笼罩在佛教影子之下。唐朝也崇信道教，高祖自称老子后裔，高度推崇道教，借道教提高李氏地位，建设了一大批道教宫观。太宗规定道士地位在僧人之前，高

总　序　盛唐：中华文明的辉煌时代

宗追封老子，睿宗两个女儿出家入道。玄宗对老子思想高度赞赏，尊《老子》为《道德真经》，并亲自为其注释，颁行全国。

在唐代社会生活中，婚姻、丧葬、教育、养老是最重要的内容。盛唐时代，婚姻仍然非常看重门第，观察对方家族的社会名望和地位，对等才能让子女结合，基本实行一夫一妻多妾制。丧礼是社会关系确认重要标志，唐代有厚葬之风。在丧葬仪式方面，朝廷出台了官方规定，形成了系统化、程序化仪式。教育在盛唐时代也被高度关注，中央设立六学二馆，地方上设置了郡学和县学，开元时期全国各州县普遍设学。唐朝强调以"孝"治国，唐玄宗亲自为《孝经》作注，提高了老人地位，对老人提供各种礼节性待遇。

盛唐时代，虽然围绕最高权力争夺不断，但是百姓生活尚称安乐。然而，"渔阳鼙鼓动地来，惊破霓裳羽衣曲"，大唐转折来得也很猛烈，安史之乱对盛唐造成了重大伤害。另外，在我们对大唐赞叹有加的同时，不得不说，唐代短板也很多，特别是原创思想开拓性不足，微有遗憾。在传统时代唐朝所具有的开放性足以为傲，但是对其相对的封闭性也要有明确认识，值得思考。唐朝社会精英可以对外开放，但是普通百姓必须遵守牢笼规则，遍布长安的高墙和里坊就是佐证。大唐女性，看起来可以袒胸露乳，气质昂扬，独立自主，但只是少部分贵族妇女。大部分普通女性，还是生活在枷锁之中，虽然还没有裹脚这种身体残害，但是被禁锢的附属品命运还是传统时代所常见。

总之，唐朝个性鲜明，"大一统"最终成为定局。在唐朝之前，只有汉朝在一个较长时期内落实了大一统。隋朝虽然恢复了大一统体制，但是流星般的命运让它没有时间稳固大一统。唐朝立国稳定，最终把大一统定局为中华政体的深层底蕴结构，从此，大一统有了稳定轨道和天然正义性，延续千年，成为中华民族社会心理的共同基本。

如此唐朝，谁又不爱，谁又不想了解呢？然而时代变迁，让每个人都从史籍读起，显然不可能。虽然坊间关于唐代的读物已有不少，其中品质高超者也为数甚多，但是在文史百花园当中，自当要百花齐放，因此即使关于唐朝的普及性读物已经汗牛充栋，我们还是要在这著述之海当中，继续增加一些新鲜气息，与读者共赏唐朝之美！我们曾表达过，孟浩然"人事有代谢，往来成古今"最能代表我们的心声。没有人，没有事，也就没有历史。见人，见事，方见历史。所以，我们愿意努力在更多维度上为读者提供思考和探寻唐代历史的基础，与已经完成的"宋朝往事"略有不同，在人和事两方面基础上，增加了典制内容。大唐

总　序　盛唐：中华文明的辉煌时代

三百年历程，人事繁杂，典制丰富。我们采中国传统史学模式当中的纪事本末、列传、典制体裁之意，并略有调整，选十事、五人、五专题进行定向描绘，各书文字流畅，线索清晰，分析准确精当，且可快速读完。希望读者能和我们一起从更多维度观察唐、了解唐、思考唐，回首"唐朝往事"。

公元617年，留守晋阳（今山西太原）的唐国公李渊起兵，拉开了大唐王朝序幕，攻势如破竹，一年不到就改换了天地。虽然正史当中塑造了一个平庸的李渊形象，但是实情是没有李渊的方略和能力，就不会建成大唐。玄武门之变，兄弟刀兵相见，血流成河；父子反目，无奈老皇退位。从玄武门之变到出现贞观之治，二十多年时光，选贤任能、开疆拓土、建章立制，李世民留给世界一段值得长期探讨、反复思考的"贞观"长歌。太宗才人武媚，与高宗李治一场姐弟恋，却开创了大唐一段新故事。武周霸业，建神都洛阳，成就武则天唯一女皇。神龙元年（705），李武势力默认，朝臣积极推动，"五王"主导政变成功，女皇被迫退位，重新成为李家儿媳。此后十年间，四次政变，四次皇位更迭，大唐核心圈就没有停止过刀光剑影，但是尚未伤到帝国根本。玄宗稳定了政局，"贞观之风，一朝复振"，再开新局，开放又自由，包容又豁达，恢宏壮丽的极盛大唐就体现在开元时代。

大唐创业：从太原起兵到统一全国

"开元盛世"四字，至今脍炙人口。

盛极而衰，自然之理。盛世接着就是天宝危机，酿成安史之乱。这场大变乱，改变了中国历史走向，时间长，范围广，破坏大，影响深。战乱过后，元气大伤。河朔藩镇只是名义上屈服，导致朝廷也只能屯兵防备。彼此呼应，武人势力极度膨胀，群雄争霸，朝廷无力。唐宪宗元和时代，重新形成了短暂振兴局面，这也是唯一一位能控制藩镇的皇帝，再次构建了由中央统领的政治秩序。元和中兴也成为继开元盛世后，大唐王朝最后一次短暂辉煌。宪宗身后，朝廷局势一天不如一天，穆宗、敬宗毫无能力，醉生梦死。文宗时代，具体操办政务运行的朝臣，以李德裕、牛僧孺各自为首的政治集团党争不断，势同水火，"去河北贼易，去朝中朋党难"。宦官权重，杀二帝，立七君，势力凌驾皇权之上。导致皇帝也难以忍受，文宗试图利用"甘露之变"诛杀宦官，但是皇帝亲自发动政变向身边人夺权功败垂成，朝臣一扫而光，大唐也就踏上了不归路。

大唐功勋卓著的名人辈出，自不能逐一详细介绍，只好有所选择。狄仁杰，我们心目中的"神探"，实是辅周复唐大功臣，两次为相，为君分忧，为民解难。特别是劝说武则天迎回李显，又提拔张柬之等复唐主力人物。生前得到同时代人赞誉，死后获

总　序　盛唐：中华文明的辉煌时代

得了后世敬仰。郭子仪在战乱中显露英雄本色，平安史，击仆固，退回纥，是力挽狂澜的武将代表。长期位极人臣，生活在权力核心地带，谨慎经营，屹立不倒，"完名高节，福禄永终"，可谓文武双全，政治智慧超群。上官婉儿是唐朝著名女性代表，有着出色的文字能力，是可以撰拟诏敕的"巾帼宰相"，还可以参与军国权谋，但命运多舛，未有善终。近年来墓志出土，形成了一波婉儿话题。韩愈，千古文宗第一人。谏迎佛骨，显示了韩愈风骨。一代文化巨人，"匹夫而为百世师，一言而为天下法"，努力振兴儒学，文起八代之衰，推动"古文"运动，千年之后，仍然能够感受到他的影响。陆羽，唐代文人的代表，撰写了世界上第一部茶叶专著——《茶经》，号为"茶圣"，影响千年，成为古今中外吟咏不已、怀念不止的人物。

大唐创业垂统，建章立制。三省六部，成为中国古代官僚行政的典范。三省六部是决策机构，九寺五监是执行机构。虽然三省屡经变迁，但是所确立的中枢体制模式，却是千年如一。六部分科管理行政，其行政原理至今还在运行。九寺五监，今日"参公""事业"单位名目仍可见其遗意。唐代法律完善，律令格式体系齐备，是中华古典法系的杰出代表，对东亚影响可谓广泛。大唐生活，千姿百态。衣食住行，是维系每个大唐人生存的基

大唐创业：从太原起兵到统一全国

本，婚丧学老，是每个大唐人成长所必有的经历。八件大事，又都和等级制度挂钩，是观察唐朝日常的最佳窗口。古都长安，是东亚中心，也是当时"世界"之都，是经济中心，是文化交流中心，是思想和学术的高地。巍巍长安，是盛唐气象直接承载体，长安风华引领着世界风潮，展示着盛唐文明所达到的高度。吐鲁番地处丝绸之路要地，是中外文明交汇融通之处。多元人口组成，多元文化集结地，是大唐开拓西域的关键节点，具有重要的军政和战略地位。凡此种种，理当书之。

以上，就是"唐朝往事"的总体设计。我们希望以明晰的框架，建设具有整体感的书系。既有主线，又可分立；有清晰流畅语言，有足够的事实信息，也有核心脉络可以掌握。提供给读者既不烧脑又不低俗的"讲史"，以学术为基础，但是又不是满满脚注的学究文。专业学者用相对轻松的笔调来记录和阐释，提供一点不一样的阅读感受。这个目标能否实现还很难说，但是我们正在向此努力。我们21人以一年时光，共同打造的20部小书，请读者诸君阅后评判！

感谢鲍丹琼（陕西师范大学）、侯晓晨（新疆大学）、靳小龙（厦门大学）、李航（洛阳师范学院）、李瑞华（西北大学）、李效杰（鲁东大学）、李永（福建师范大学）、刘喆（北京师范大学）、

总　序　盛唐：中华文明的辉煌时代

罗亮（中山大学）、雒晓辉（中国社会科学院古代史研究所）、孟献志（首都经济贸易大学）、孙宁（山西师范大学）、王培峰（山东师范大学）、许超雄（上海师范大学）、原康（淮北师范大学）、张春兰（河北大学）、张明（陕西师范大学）、赵龙（上海师范大学）、赵耀文（重庆大学）、朱成实（上海电机学院）等学界友朋（按姓名拼音为序）接受邀请，给予大力支持，参加"唐朝往事"的撰写工作，更要感谢他们能在一年多的时间内不停忍受我的絮叨和催促，谢谢大家！感谢辽宁人民出版社蔡伟先生及其所带领的编辑团队，是他们的耐心细致，才使得本书以这样优美的状态呈现出来。

现在，亲爱的读者，请您展卷领略"唐朝往事"，与我们一起走进大唐，思考大唐！

耿元骊

2024年3月26日于唐之汴州

目录

总　序　盛唐：中华文明的辉煌时代　　　001

引　子　迷雾中的大唐开国史　　　001

第一章　姗姗来迟的起兵　　　013
　一、政治名分落谁家　　　014
　二、打铁需要自身硬　　　022
　三、天命攸归　　　040

第二章　欣戴大弟的格局　　　047
　一、从皇帝亲卫到叛军"谋主"　　　048
　二、从大隋"逃犯"到瓦岗"魏公"　　　053
　三、昏招迭出：傲娇的魏公　　　065

第三章　称臣突厥的智慧　　091

一、从柔然锻奴到草原霸主　　092

二、东西分裂、臣属隋朝　　096

三、雁门兵变、制隋压唐　　115

第四章　建成出场，进军关中　　138

一、智云身死，建成埋单　　139

二、兵略西河，谁是主帅？　　146

三、进军长安，独当一面　　153

第五章　定鼎关中，大唐立国　　167

一、东守西攻，先拔隋都　　168

二、从大丞相到大皇帝　　182

三、东征洛阳　　190

目录

第六章　平定后院的战争　196

　　一、西秦建国,扶风初战　197

　　二、先败后胜:唐秦两战浅水原　209

　　三、刀剑背后的政治博弈　223

第七章　攻略河东,收复太原　233

　　一、突厥庇护下的"定杨可汗"　234

　　二、南下以争天下　238

　　三、与唐交锋,得而复失　244

第八章　未战先衰的王世充　255

　　一、奋进的前半生　256

　　二、篡隋建郑,先天畸形　261

　　三、人心不附,众叛亲离　267

　　四、平王擒窦,成败洛阳　275

第九章　底定河北　　　　　　　　　　289

　一、豪杰起于微末　　　　　　　　290

　二、救援洛阳，进退失据　　　　　305

　三、大乱刚熄乱又起　　　　　　　315

第十章　代理人的游戏　　　　　　　326

　一、胡汉联合的西凉政权　　　　　327

　二、隋末乱世中的"士族政权"：南梁　339

　三、"代理人"是牺牲品吗？　　　355

结　语　　　　　　　　　　　　　　357

后　记　　　　　　　　　　　　　　363

引 子
迷雾中的大唐开国史

大泽龙方蛰,中原鹿正肥!如流星般璀璨的大隋王朝又如流星般快速地滑落。为逐鹿争鼎,四方豪杰蜂拥并起,小者据城二三,大者跨州连郡。三十六路反王,七十二路烟尘,虽是演义的夸张描述,却也从侧面反映了隋末中原的离乱。

617年,留守晋阳的唐国公李渊在太原起兵,拉开了大唐王朝三百年的序幕。翌年,李渊在长安称帝,定国号为唐。国人说起唐,最先想到的是"九天阊阖开宫殿,万国衣冠拜冕旒"的恢宏气概,而成就这绚烂时代的,则是唐初波澜壮阔的开国战争。

在后世看来,大唐国运兴隆,物华天宝,大唐开国是天恩眷佑，一帆风顺，所到之处无不势如破竹。而真实的历史并非如此。以往我们过多地把目光投向了大唐的盛世时光，而很少注意到618年前后的中原大地，滚滚反隋洪流中，被时代裹挟的新兴唐朝所经历的坎坷岁月，所面临的未卜前途。

隋失其鹿，天下共逐。但真正有王者气象的只有四人，一是最终开创唐朝的胜利者李渊；二是中原各路反隋义军的盟主魏公李密；三是雄踞洛阳，挟皇泰主以令诸侯的王世充；四是起于微末，深得民心的豪杰窦建德。其他如薛举、刘武周、萧铣、杜伏威等人虽然没有问鼎天下的潜质，却也凭借着兵强马壮，割据一方。

大唐不是出场最早的，却是笑到最后的。为让群雄俯首，承认今日之域中是李家之天下，李渊父子克服了诸番艰难，战胜了百般挑战。本书写作的任务之一，就是以李唐开国创业为主线，呈现李渊君臣为天下一统所经历的风云变幻与云谲波诡。

在胜利者书写的历史中，不以成败论英雄，就是一句空话、假话。生当五鼎食，死当五鼎烹。对于李密、王世充这些失败的枭雄来说，死亡并不可怕，但遗憾的是因为功亏一篑而被胜利者污蔑，继而遗臭万年的名声。本书写作的任务之二，就是尽量还原历史，回归历史现场，以"理解之同情"的态度，尽可能给这些所谓的失败者一个公正而客观的评价。

引　子　迷雾中的大唐开国史

　　黑格尔说：密涅瓦的猫头鹰，总是在黄昏的时候才起飞。意在强调哲学是一种反思活动，是一种沉思的理性。事实上，非但哲学如此，历史学也是如此。后人习惯以后见之明去苛责前人，总是愤懑像李密这样的聪明人、窦建德这样的仁主、王世充这样的枭雄，明明有正确的策略，为什么不去执行？

　　当我们自己深入这段历史去了解时才发现，很多事情并非我们想象的那么简单。所谓天下事知易行难，后人捶胸顿足，古人乐在其中，后人交口称赞，古人苦不堪言。

　　高皇创图，势若摧枯。国运神武，家难圣谟。言生床笫，祸切肌肤。《鸱鸮》之咏，无损于吾。"鸱鸮"，就是猫头鹰，是传说中会吃掉母亲的不孝之鸟。《鸱鸮》一诗出自《诗经》，开头三句是："鸱鸮鸱鸮，既取我子，无毁我室"。意思是：猫头鹰啊猫头鹰，你已经夺走了我的孩子，就别毁掉我的家了！诗中所言母鸟飞归、子去巢破的景象，既悲凉，也有面对悲凉的坚韧。

　　玄武门兵变，兄弟阋墙，一夜之间李渊失去了爱子诸孙，丢掉了至尊权位，在人生最后九年近乎囚居生活的太上皇生涯中，他最在乎的就是百年之后旁人如何看待他这个开国之君。

　　如果没有看过温大雅的《大唐创业起居注》，没有在故纸堆中进行一番刨根问底、溯根探源，"窝囊老头儿"是李渊留给后世之人的第一印象。这样一个窝囊老头儿之所以能在隋末的乱世风云中胜出，能成为一代开国君主，完全是因人（李世民）成事。然而，这并不是真实的李渊，至少不完全是。

传统史书对李渊、李建成父子的评价是有失公允的，也是过于简单的。每当我们试图去了解李渊父子时，其真实面目总是会被一层薄纱所掩盖，仿佛他并不是盛唐王朝的开创者，而像是终南山中的隐士。

前有遗臭万年的隋炀帝，后有名扬千古的唐太宗，夹在两者中间的大唐开国之君李渊，既没有隋炀帝的"暴虐"，也不像唐太宗那样"英明"，在不知不觉间成为庸君的典范。从后世的角度上来看，这种平庸形象的塑造可主要归纳为三方面原因。

首先，全盘接受了唐太宗君臣的立场。比起"人物殷阜，宇内宴如"的开皇之治、繁华锦簇的开元盛世，贞观之治最为后世称颂的是它君明臣贤、社会清明的政治成就。贞观时期路不拾遗、夜不闭户的现象，至今都是我们建设和谐社会的追求。而贞观一朝君臣之所以开创治世，并成为后世1400年的典范，一个很重要的原因就是注重殷鉴历史，以宰相领衔修史更是成为贞观时期的重要政治文化工作。后世官方认定的二十四部正史，仅贞观一朝就编修了八部，占到了三分之一多。

伴随着官修史书的兴盛，史馆迁移至禁中的便利，天子不观起居注的原则被唐太宗破坏。唐太宗第一次索观起居注是在贞观

引　子　迷雾中的大唐开国史

九年十月十六日，理由是"用知得失"，看看自己执政九年哪里做得好，哪里做得不好，以便于日后改进，而就在这一年的五月，过了九年囚居生活的太上皇李渊驾崩了，太史局卜定的下葬日期是十月二十七日，也就是李世民索观起居注的 10 天之后。

从这个微妙的时间点上来看，李世民虽然因为得位不正很在意自身的声名，但至少在李渊在世时还不敢或者说不好意思观看并篡改起居注，现在李渊驾崩了，太常博士需要上奉谥号、庙号，史官需要将《高祖实录》呈送史馆，朝廷要正式对李渊一生盖棺论定，此时李世民索观起居注，是为了防止有不利于自己的言论。结果遭到了史臣的婉拒以及谏议大夫朱子奢的劝谏。

李世民第二次索观起居注，是在贞观十六年四月二十八日。起因是太子李承乾与魏王李泰的夺嫡争斗已势如水火，一如当年他与李建成一般，兄弟反目、各自结党，以至于朝野内外人心惶惶。而李世民自己则在太子与魏王之间左右摇摆，既不愿废太子，又舍不得魏王就国归藩，只是两厢调和，饱尝了老父亲李渊当年的苦楚。面对这种大势的重演，他又想起了玄武门的往事，这既有对生前身后名的关心，也有对彼时现实政治的考量。也就在这个月内，李世民下诏追封李建成为隐太子，李元吉为巢王。这一次索观起居注的结果依然是被拒绝，比起第一次史臣的委婉，这次褚遂良的拒绝是毫无情面。

褚遂良这里行不通，唐太宗直接找到了领衔修史的宰相房玄龄去通融。多谋之人，一般都心思活络，不易坚持底线，以"善谋"称于后世的惧内宰相房玄龄果然是心思活络，很快就做通了史馆的工作，将国史实录进呈给了李世民御览。看过后的李世民对其中的记载很是不满意，据《唐会要》记载：

> 太宗见六月四日事，语多微文，乃谓玄龄曰：昔周公诛管蔡，而周室安，季友鸩叔牙，而鲁国宁。朕之所以安社稷，利万人耳。史官执笔，何烦隐过，宜即改削，直书其事。

这里的"六月四日事"，指的是发生在武德九年六月四日的玄武门之变。"周公诛管蔡"，说的是西周初年武王死后，成王年幼，周公辅政之时，负责监视殷商的姬叔鲜（管叔）、姬叔度（蔡叔）在东方发动叛乱而被周公镇压的故事；"季友鸩叔牙"，说的是春秋时期鲁庄公的同母弟季友为拥立庄王之子而鸩杀其兄长叔牙，而保障鲁国安定的故事。这两件事在后人看来，都是为了安邦定国而大义灭亲的行为。李世民以此作比，乃是为了给玄武门之变定性。

至于国史实录的初稿中为何会"语多微文"？那是因为史官

为了给唐太宗避讳，不敢据实直写，只能用隐语和微言，这让玄武门之变的始末缘由变得更加扑朔迷离。在李世民看来，如此这般遮遮掩掩不仅显得做贼心虚，也彰显不出自己登基称帝的合理性与正当性，所以一定要改削。

那么具体如何改呢？李世民提出了两点意见：一是要秉笔直书，对玄武门之变的过程不需要隐晦；二是对玄武门之变的定性要明确，要突出"安社稷，利万人"方面的正义性。所以今天在两《唐书》中可以清晰地了解到玄武门之变的具体场景，甚至就连李元吉箭射李世民不中，李世民反杀李建成（元吉马上张弓，再三不彀。太宗乃射之，建成应弦而毙。《旧唐书·隐太子建成传》）的过程都描写得惟妙惟肖。

这么说来，史官们是否就真的做到了秉笔直书呢？

事实是不可能的。因为在秉笔直书的同时，史官们需要秉承和贯彻"周公诛管蔡""季友鸩叔牙"这一修改纲领，需要把玄武门之变中的同室操戈、互相残杀，粉饰成李世民安邦定国、大义灭亲的义举。

如此一来，李建成与李元吉的历史形象就必须往坏了写，例如李建成的卖官鬻爵、淫乱宫闱、勾结外将图谋不轨，李元吉的残忍好杀、招权纳贿、游猎无度、欺压百姓。凡此种种，不胜枚举。

既然李建成、李元吉这么不堪，李世民又是如此的出色，而李渊却不能除恶扬善，早早废掉建成而立世民，只能说明李渊本人昏庸糊涂。所以，李渊的形象必须要往糊涂方面去写。

因此，除温大雅的《大唐创业起居注》之外，两《唐书》等正史、演义，都在极力塑造李渊胆小、懦弱、无能的一面。换句话说，李世民、房玄龄等君臣为了给玄武门之变构建逻辑上的合理性，就不得不编造更多相关李渊的"谎言"，去掩盖抹黑李建成的"谎言"。

经过精心修改后的国史实录，李世民看后非常满意，不仅刊印收藏于秘阁，以备后世流传，同时还颁赐给太子和诸王，甚至允许朝中三品以上的官员观看、抄录。也就是说，李世民不仅自己索观本朝国史，最后还拉上了满朝文武大臣，最终这版国史也就成为朝野一致认同的"定稿"。五代编写《旧唐书》，宋代编写《新唐书》《资治通鉴》都是以此次修改的《高祖实录》《太宗实录》为基本依据，所以李渊平庸昏聩、李建成与李元吉荒淫无道的历史形象也就固化下来。

在这里我们顺便说一下，史官在为唐太宗李世民登基上位寻找合理性的过程中，也不乏"褒赞"李渊的行为。比如李世民安排晋阳宫人侍寝，以此逼迫李渊起兵这件事。此事虽近乎小说家言，但也不排除真有其事。面对云谲波诡的隋末乱局，李渊早怀异志是毋庸置疑的。

问题是李渊为了满足野心不顾君臣恩义决议起兵？还是李世民做局逼迫李渊放弃人臣之义而起兵。如果说是前者，这样虽符合史实，却显示不出李世民的作用，甚至会涉及李渊的为臣不忠、为亲不义的瑕疵。贞观时期的史官为了抬高李世民的首倡地位，将李渊的铤而走险看作李世民的逼迫，反而减轻了李渊为臣不忠的道德缺陷，保持了他仁义忠厚的长者形象。

其次，从一时的尊严荣辱去评定政治人物的一些行为。不谋万世者，不足谋一时，不谋全局者，不足谋一域。政治人物面对严峻的形势，低头或者扬头，都是随机应变的把戏，在普通人看来是出尔反尔的下作，但在政客们看来这是此一时彼一时的智慧。

李渊在太原起兵之初，派刘文静请援、交好突厥，最后迫于形势向突厥称臣，都是不争的事实。大唐立国之初，唐突双方在交往关系上虽实现了"敌国礼"，也就是平等的兄弟关系，但在钱物上，却仍是唐朝在单方面的付出。不客气地说，唐廷确实有花钱买和平的意思。所以我们看到史书中的李渊对突厥可汗，对突厥使者都是以殊礼相待。始毕可汗去世后，唐朝送去了丰厚的祭礼，就连准备入侵中原的处罗可汗去世，唐朝也奉送大量的财物，甚至罢朝三日，专门在长安设置灵堂为其举哀。凡此种种，与之后那个"九天阊阖开宫殿,万国衣冠拜冕旒"的大唐显得是那么的格格不入。事实上,正是基于李渊武德一朝处理突厥关系的成功,大唐王朝才得以敉平北地的诸多割据势力,为统一全国奠定基础。

反之,李渊如果为了个人颜面,与突厥交恶,这个高居阴山、雄霸草原的恶邻,很有可能会打断唐王朝统一天下的进程。退一步讲,唐王朝即使抗住了突厥的进扰,其后续一统天下的进程也会变得迟缓。这种说法绝非危言耸听。例如代周建隋的隋文帝君臣,之所以在立国九年后才南下灭陈,一统南北,不是因为江南的陈国有多强大,而是因为北方的突厥在背后虎视眈眈。要知道,立国之初的李渊可没有彼时隋文帝杨坚的实力,大唐的国力也完全不能和统一北中国的大隋相提并论。所以从这个角度上讲,李渊在处理突厥的关系上是正确的、成功的。

再次,李渊在处理皇位继承问题上的摇摆不定,让他这个开国皇帝的形象颇为"减分"。家天下时代,一个王朝能否找到合格的接班人,对于王朝的兴衰亡替至关重要。多数情况下,"生于深宫之中,长于妇人之手"的皇家嗣子不能成为优秀的,乃至合格的接班者。实际上,历朝历代的臣民也不奢求自己的皇帝"是天上人做的",只要不是"何不食肉糜"的痴傻小儿就好,所以只具备中人之资的宋仁宗才被后世羡称为"百事不会,只会做

引　子　迷雾中的大唐开国史

官家"。

令李渊幸福且苦恼的是，他的三个嫡子都是合格的接班人。作为半路出家的皇帝，他适应不了"天家无父子，皇室无兄弟"的冷漠，更是高估了三个嫡子在至尊权势面前的兄弟情谊，低估了东宫文武和秦王府僚佐的从龙之心。结果让兄弟阋墙、喋血宫廷的玄武门兵变，给大唐开国创业的成就蒙上阴影。

汉高祖草创西汉用了7年，刘备立足巴蜀、创建季汉用了33年，石勒图霸中原、割据山东用了25年，拓跋珪兴复故国用了11年，耶律阿保机与铁木真称雄草原分别用了10年和22年，朱元璋驱除鞑虏、再造中华用了16年。相比这些以武力开国的皇帝，李渊从起兵到奠定大唐基业，从晋阳到长安，从大业十三年六月到武德元年五月，前后仅用了11个月。

能在不到一年的时间里推翻一个旧王朝，建立一个新王朝，除了家世显赫、政治老练、粮草充足、兵强马壮外，还在于李渊父子有统一战线的战略、闷头做事的韬略、运筹帷幄的谋略、机智灵活的策略。就如晋阳起兵时机的精准把握、进兵途中果断调整战略思路等一系列举措，让李唐势力在短时间内脱颖而出。

纵观历代通过沙场征战改朝换代的开国皇帝，像李渊这般沉稳、老练、缜密、果决的，可谓是不可无一、不可有二的存在，但就是这样的一位开国皇帝，却被后世之人小看、低估。当然，被低估的不只李渊，还有大唐开国太子李建成，还有那些不为唐太宗李世民亲重的将帅以及逐鹿失败的李密、王世充、窦建德等人。

帝制时代，知识生成与历史书写大都在权力机制内运行。用俗话讲，即历史是由胜利者书写的；用今天历史学的话讲，即历史记录的首要目的是维护统治合法性，史官记录的真相乃是有选择的。

在大唐开国的历史中，诸多历史人物、历史事件的模糊，都与玄武门之变、贞观朝修国史有着直接或间接的关系。本书写作的主要任务，就是试图通过对李渊父子、君臣的创业事迹的分析，来评价他们在隋末战争与唐初政治构建中的作用，呈现一段不一样的大唐开国史。

第一章
姗姗来迟的起兵

隋炀帝大业十三年（617），距隋朝内部官僚发动的兵变——杨玄感之乱已过去了4年，轰轰烈烈的瓦岗寨举义业已延续了6年，而肇始李唐王朝基业的太原起兵在这一年才姗姗而来。

太原举兵的时间为何如此迟晚呢？以往的看法是这一年李渊的第二个儿子，也就是后来的唐太宗李世民虚岁满18，成年了……李渊因人（李世民）成事的条件成熟了。

翻阅两《唐书》《资治通鉴》等正史，几乎看不到李渊在太原起兵以及后来统一天下过程中的作用。相比《旧唐书》对李渊开国功绩的有意忽略，《新唐书》更是直接将太原起兵的成功归于唐太宗李世民。按照《新唐书》"高祖本纪""太宗本纪"中的说法，太原起兵的主谋是李世民与刘文静，李渊则完全是被迫的，所谓"计已决，而高祖未之知"。

为了逼迫父亲李渊同意起兵，李世民甚至还联合晋阳宫副监裴寂，以晋阳宫人为香饵，给李渊设计了一场古代版的"仙人跳"。这一系列的过程，让李渊的优柔寡断与李世民的英果雄武形成了强烈的反差。

实际上，相较各路反隋势力的迫不及待，太原起兵之所以千呼万唤才出来，并不是李渊本人优柔寡断、懦弱无刚，而是因为起兵的东风未至、时机未到。

一、政治名分落谁家

在信息传播不发达的古代，图谶和童谣是彼时政治生活中非常重要的大众传播媒介。以宗教为形式、以政治为主要内容的图谶和童谣，更是具有强烈的政治宣传鼓动效应，特别是在改朝换代之际，其高深莫测的权威性，不仅能震慑政治对手，还能起到心理战的作用。

汉末黄巾起义中的"苍天已死，黄天当立"，元末红巾军起义时的"莫道石人一只眼，挑动黄河天下反"，乃至更早的陈胜、

第一章　姗姗来迟的起兵

吴广大泽乡起义中的篝火狐鸣（大楚兴，陈胜王），都是在利用图谶、谣言来打动人心，招揽人才。

谶纬与谣言多诞生于社会灰暗的年代，诞生在人民群众急于把谣言和口号变为现实的年代。除去天灾这样不可抗拒性的因素之外，生活在封建社会底层的老百姓最怕四件事：战争、赋税、徭役、严刑峻法。只要摊上其中的任何一项，老百姓就没有好日子过，甚至是破家灭门。

不幸的是，大业时代的百姓们生来就命苦，他们的天子有着"轶轹轩唐（功业超过黄帝与尧帝），奄吞周汉（风头盖过周朝与汉朝）"理想，他们参与的工程都是功在千秋，却实实在在的是弊在当代。他们对社会现状不满，想要急于摆脱这种沉重悲惨的生活，因而他们通过口耳相传，把一些自己的愿望和想法传成了谣言。

> 长白山前知世郎，纯着红罗锦背裆。
> 长槊侵天半，轮刀耀日光。
> 上山吃獐鹿，下山吃牛羊。
> 忽闻官军至，提刀向前荡。
> 譬如辽东死，斩头何所伤！

这首《无向辽东浪死歌》就是在这种情况下，由邹平人王薄创作的政治歌谣，全首歌词质朴直白，都是民间俚语，反映了山东人民不愿去辽东，被迫上山做草寇的直接原因，在当时具有很强的政治鼓动性和号召力。

相比这些民间歌谣，隋炀帝杨广最关注的是当时流传已久的"杨氏将灭，李氏将兴"的谶语。据说这条谶语的出现，是源于隋炀帝的一个怪梦。

隋炀帝在完成东都洛阳的兴造后，志得意满，一心醉享太平。一日如往常一样，在宿醉后进入了梦乡。梦中他看到滔天的洪水自终南山而下，奔腾汹涌，瞬间就淹没了整个大兴城（唐长安城），也就在这时，大兴的城中突然有三棵李子树拔地而起，更怪异的是，这三棵树丝毫不惧洪水的冲刷，傲然挺立其中，而且是枝繁叶茂、果实累累。如此真实的梦境，让隋炀帝既惊恐又恼怒。

为此，隋炀帝连夜诏太史局的官员进宫解梦，太史只说这是不祥之兆，至于为何不祥，又如何化解，却是支支吾吾。于是，隋炀帝又命人从宫外找来了当时非常有名的术士安伽陀。安伽陀，一听姓名就知道是西域粟特人。作为天才的商人族群，能言善辩，深谙心理学是粟特人的天赋，这个安伽陀也不例外。

听完隋炀帝的梦中情景，安伽陀煞有介事地与隋炀帝玩起了

第一章　姗姗来迟的起兵

约法三章，请求恕罪的把戏，然后才神秘兮兮地说，洪水淹没大兴乃是不吉之兆，大兴城是大隋的首都，这预示着大隋王朝将面临颠覆。城头上有三棵果实饱满的李子树，这预示着颠覆大隋的是三个李姓之人。

解梦之余，安伽陀还说了两首当时在市井中流行的童谣，以此来印证隋炀帝的梦境。一首是"李子结实并天下，杨主虚花无根基"；一首是"日月照龙舟，淮南逆水流，扫尽杨花落，天子季无头"。自此，隋炀帝对朝中的李姓高官开始十分猜忌。

为防止谶语成真，隋炀帝诛杀了申国公李穆满门。李穆，出身关陇贵族军事集团中的陇西李氏。自北朝以来，陇西李氏被中原氏族嘲笑为"驼李"，但其却凭自身实力跨进了五姓七家的序列。

李穆最初仕于北魏，至北周时已是八柱国之下的十二大将军之一。杨坚代周建隋，尉迟迥、司马消难、王谦等北周近戚在地方上掀起了军事反抗，李穆与韦孝宽等一众耆老力挺杨坚，让大隋王朝度过最困难的时刻。

作为政治回报，李穆被杨坚加封为申国公，位列开国功臣一等，拜太师，赐予丹书铁券，拥有"赞拜不名、无反不死"特权。受李穆的荫庇，其子孙也都是官高爵显的重臣，长子李惇为凤州刺史，次子李雅任荆州总管，三子李怡是渭州刺史，幼子李浑是嫡子，不仅承继了国公之爵，还在朝中供职，任十二卫之一的右骁卫大将军，迈入了三品高官（隋唐时期宰相就是三品）的行列，史书中说"李穆子孙虽在襁褓，悉拜仪同，其一门执象笏者百余人。穆之贵盛，当时无比"，这样的一个贵族豪门不可避免地引起了隋炀帝的猜忌。

促使李穆家族被杀的直接原因是宇文述的进谗，但主要原因还是基于隋炀帝对"李氏当为天子"谶语的忌惮。

李浑字金才，是李穆的幼子，原本无缘父亲留下的爵位，然其通过谋杀兄、侄，最终拿到了袭爵资格。余下的，就是如何得到朝廷的许可。为此，李浑找到深得隋炀帝信重的妻兄宇文述帮忙，承诺事成以后，以封邑食赋的一半作为酬谢。贪婪的宇文述当即帮其运作。

袭爵后的李浑一味追求享乐，搜求美女珍玩，将对舅兄宇文述的承诺抛之脑后。宇文述明指暗点，他就装傻充愣，反正就是不给兑现。知道被耍了的宇文述，对其恨之入骨。

隋炀帝梦中洪水滔天，李浑名中带"水"，正好给了宇文述复仇的好机会。他对隋炀帝说，李浑、李敏、李善衡等人天天聚集，通夜不睡觉，在一起密谋，而且李浑还任职禁军，万一有不测，后果不堪设想。随即，又指使武贲郎将裴仁基诬陷李浑谋反。如此一来内外罗织，很快就坐实了李浑的罪名。

第一章　姗姗来迟的起兵

诺不轻许，许则为之；宁得罪君子，勿得罪小人。如果说李浑的结局是咎由自取，不值得同情，那么李敏的下场则多少有些冤枉。

李敏是李穆的孙子，也是隋炀帝长姐乐平公主杨丽华的女婿。在隋朝公主之外，杨丽华的另一身份是北周宣帝宇文赟的皇后。隋文帝杨坚正是因为杨丽华的这层外戚关系，才在周宣帝驾崩后轻松夺取了宇文氏的皇位，所以杨坚多次在公私场合说"公主有大功于我"。李敏尚周宣帝女宇文娥英，也就是杨坚的外孙女，因之位列柱国，职掌宫廷禁军，这难免会受到夺北周不以其道的杨隋政权的猜忌，这既是历史遗留问题，也是现实问题。

更要命的是，李敏的小名是"洪儿"。隋炀帝找寻那个想取代自己的李姓之人时日已久，经过宇文述的分析，认定梦里的洪水对应的是李敏，加上当时"李洪（弘）当王"的民间传言，更是让隋炀帝坚定杀心。

李穆家族的覆灭，并没有让"李氏将兴"的图谶销声匿迹，反而是甚嚣尘上，越演越烈，"桃李子，有天下""杨氏灭，李氏兴""杨花落，李花开；桃李子，有天下"的民谣更是成了流行歌曲，到处传唱。

在术士的诱导下，隋炀帝认为李穆的子孙中只有李浑和李敏符合梦中大水和李子树的形象。也就是说，诛杀李穆满门，结果只是除掉了"二李",还有"一李"需要诛除。如此一来,同样出身陇西李氏的唐国公李渊逐渐被隋炀帝盯上了。

幸运的是,李密在这个时候跳了出来。

就在李渊韬光养晦、一心低调的时候,李密领导的瓦岗势力成为中原地区最大的反隋势力。历史上的李密和小说里的李密是不同的,其孤身投奔瓦岗寨,献计献策,尤其是初期针对中原反隋势力的整合,不但壮大了瓦岗寨,更是屡破隋军,声援了各路反隋势力。因此,彼时所有相关"李氏当为天子"的谶语都指向了李密,这其中最著名的就是"皇后绕扬州"的《桃李章》。

桃李子,得天下;皇后绕扬州,宛转花园里。勿浪语,谁道许?

当时一个叫李玄英的洛阳人,在研读了《桃李章》之后,预言了三件事:一、"桃"与"逃"谐音,预示着逃亡的李姓之人,会得天下。二、皇帝与皇后将徘徊于扬州,不得返回东都。三、"勿浪语,谁道许",是"密"的意思。

三点归纳起来即是,当今皇帝与皇后,南下江都回不来了,会死于扬州;蒲山公李密这个被隋朝通缉的逃亡之人,会得到天下。不光嘴上说,为此李玄英还想尽一切办法,从东都洛阳逃出来，去投靠李密，在其四处寻找李密的一路上，大肆宣传《桃李章》的含义。

对于《桃李章》的解读，李密不仅乐于接受，而且也极力宣扬。尤其在攻下洛口仓后，瓦岗军开仓赈济饥荒灾民，邀取人心。一时间认为李密是桃李子，能得天下的人，如过江之鲫。瓦岗寨的第一任首领翟让心甘情愿地让位给李密，一方面是瓦岗众豪杰拜服李密的文韬武略，另一方面就是因为这个《桃李章》。甚至就连李渊在形势窘迫之下，也奉承李密是天选之子，是符合图谶的那个李姓之人。

李密领导的瓦岗军，有山东豪杰不愿意统属于关陇贵族的历史旧传统，也有官逼民反的客观现实，所以他敢于大张旗鼓地宣传、利用"李氏当为天子"这一图谶。反观身处"体制内"的李渊，尽管也对"李氏当为天子"的图谶属心已久，却不敢随意利用。据《大唐创业起居注》记载，李渊抵达太原赴任留守时，"晋阳宫西北有光夜明，自地属天，若大烧火，飞焰炎赫"，山上童子寺附近"有紫气如虹"，这些现象可能是事后的附会之词，也可能是恰有其事，但李渊及其僚属的态度却是"皆不敢道"。

也就是说，在太原起兵的筹备阶段，李渊虽不乏有一些类似"篝火狐鸣"的宣传、动员，但却始终小心翼翼地避开"李氏当为天子"的图谶。加上，他起兵的口号是匡扶隋朝，如果像李密那样大肆宣传，就显得太露骨了，因此在图谶的最初使用上，李渊的表现就有些羞羞答答的。

在李密、李渊之外，参与逐鹿的李姓之人，还有河西李轨、江南李子通、扶风的李弘等人，他们也都曾利用谶纬来为自己造势。换句话说，隋末诸李姓势力都在"李氏当为天子"的图谶上，或多或少地窃取了政治利益。

总的来说，在群雄逐鹿的第一阶段，将图谶宣传、利用得最好，影响最大的，最能让时人信服的，不是蜗居在河东的李渊，更不是远离两京核心区的李轨、李子通，而是搅动中原风云的李密。李渊父子直到占据关中、准备代隋建唐时，才逐渐大规模地利用图谶，以此暗示李唐是天命攸归。

二、打铁需要自身硬

相比图谶的宣传鼓动作用，举兵起义的第一要务是要有兵。可以说，李渊正式出任太原留守、晋阳宫监，才是他能够顺利举义起兵的关键。

提及李渊出任太原留守，我们有必要回顾一下李渊前半生的仕途。

得益于皇帝姨夫和皇后小姨的照顾，仁寿（隋文帝的第二个

第一章　姗姗来迟的起兵

年号)末年的李渊已是官居从三品的郑州刺史。不要小看从三品的级别,须知隋唐两朝的宰相也才是正三品。换句话说,隋文帝和独孤皇后已经为李渊这个外甥铺平了出将入相的道路,但是杨广这位皇帝表弟对此却并不买账。

大清朝的第一裱糊匠李鸿章曾经说:"天下最容易的事就是做官"。纵观李中堂一生似战、似和、似卖、非卖,不战、不降,半推半就的为官艺术,做官对他来讲确实算不得难事。但大业时代的官场却很不好混,大业时代的官也很不好当,尤其是大业天子巡行所经过、国家级大工程所涉及州郡的地方官,更是难当。

隋朝的郑州,治所大致是今天的郑州市管城区,巡属11个县,辖区包括今天的开封、荥阳、郑州等地,有17万户,丁口近百万,是一个不折不扣的中原大郡。隋朝迁都洛阳后,距离东都二三百里的郑州,更是成为货真价实的畿辅之地,能担任这样一个畿辅大州的军政长官,绝对算是一份美差。

祸兮福所倚,福兮祸所伏。大业时代的地方官不好当,尤其像郑州这样的畿辅大州更是难做,这其中最主要的原因是隋炀帝太能折腾了。首先是修东都。为保证新都的修建速度,每月需要役使丁男200万人,用工量之大可谓史无前例。作为畿辅之地的郑州不仅没感受到首都带来的好处,反而要优先组织徭役民夫去修建都城。同时还要为显仁宫(位于洛阳西苑内)输送奇花异草、珍禽异兽。

修筑洛阳城的同时，隋炀帝又命沿途各州县大修通济渠（隋唐大运河的主体）。郑州境内的汴水、汜水是通济渠的主要水源，加通济渠流经的辖区（荥阳、管城、荥泽、浚仪、开封），粗略估算起来，首自河阴尾至淮河的1000多公里的通济渠，近有三分之一在郑州境内。可想而知，郑州的各项负担是多么的大。

在这两大国家级工程的建设中，史书中并没有记载李渊的"为难"。这说明后来那位爱惜百姓的唐高祖在此时还算不得为民请命的好刺史，对于普通百姓，虽不像隋炀帝那么冷漠，但贵族出身的他还感受不到"水能载舟，亦能覆舟"的力量。

大业四年（608），李渊被贬为楼烦郡太守，不是因为郑州刺史（这时候叫荥阳郡太守）的本职没做好，而是养马惹的祸。

国之大事在戎，戎之大事在马。马匹不仅是王朝国家极为重要的军事战略物资，隋唐时代的马匹还是极为重要的交通工具以及许多娱乐项目的重要组成部分，比如舞马、马戏、打马球等。

自西魏北周以来，国家推行府兵制，府兵出征需自备战马和驮马，因此北方民间盛行养马，府兵人家如果没有自养，则需要去市场上购买，《木兰辞》中"东市买骏马，西市买鞍鞯，南市买辔头，北市买长鞭"，说的就是这一现象。而富贵人家养马更是当时的普遍现象。作为关陇军事贵族的子弟，李渊也不例外。

第一章 姗姗来迟的起兵

我们知道，唐太宗极为爱马，而且还是一个相马高手，什么样的马骨肉匀称，什么样的马油光可鉴，什么样的马雄赳赳、气昂昂，李世民都能说得头头是道，而这些都是少年时因家中养马而积攒的知识。

沾染了江南文气，并受过菩萨戒的隋炀帝也极为爱马。搜罗各地名马是其平时的爱好之一。西突厥的泥撅处罗可汗曾专门贡献了一匹传说中的汗血宝马，以求与隋朝结好。

大业五年（609），隋炀帝攻灭吐谷浑之后，在青海地区设置了河源、西海等四郡，将历代中原王朝看不上的西羌之地纳入"中国"的政治体系中，这样做的目的之一，即垂涎吐谷浑的青海骢。为此，隋炀帝还专门将2000匹随军的母马（战马）放入青海湖一带，让其与当地的优质马杂交，以期生下"龙种"（青海出产的千里马）。

大业四年，几经辗转李渊在牙人手中得到了几匹西域骏马，将其视若珍宝，每每下班、休沐的时候都要骑乘一番。窦氏劝他，"当今天子喜欢骏马鹰犬，我们现在有了骏马，就应该先献给皇帝，而且当今皇帝刚愎雄猜，若不献给他，恐要有大麻烦。"

不得不说，这位雀屏中选娶回来的窦夫人，确实很睿智、很有远见。作为北周武帝宇文邕的外甥女，窦氏尽管非常痛恨杨隋王朝，但她明白，该低调伪装的时候还是要低调伪装，所以她才对李渊说了这番话，但李渊认为自己的皇帝表弟已经有很多好马了，不会在乎自己这几匹。后来的事实证明，隋炀帝不仅在乎，而且很在乎。找了借口把李渊贬到了楼烦郡。

楼烦郡，治所在山西静乐县，领静乐、临泉、秀容三县。有户2.4万，口十余万。依照这个经济水平，楼烦郡只能算是一个标准的下州，刺史的品级只是从四品。楼烦曾是北方游牧族群中的一个部落，约在春秋之际建国，其领地大致在今山西省西北部的保德、岢岚、宁武一带。战国时期，列国间战争频仍，兼并之势愈演愈烈，楼烦国因其兵将强悍，善于骑射，少有败绩，继而对相邻的赵国构成极大威胁。于是，赵武灵王萌生了向楼烦等部落学习，推行胡服骑射的构想。到公元前127年，汉将卫青收复河南地，降伏楼烦王、白羊王，楼烦等内附汉朝的匈奴部众就被安置在了阴山以南的东河套地区，此后又逐渐南迁。地因人传，人因地传，楼烦之地名由此而诞生。

魏晋南北朝以来，匈奴、鲜卑先后在这一区域驻牧，与汉族群融合。到了隋唐时期，楼烦郡所在乃是北地典型的农牧交错地带。隋唐两朝在此处设牧监负责养马，称楼烦监。隋炀帝让表兄李渊来这里当太守，兼任楼烦监，就是要他替自己养马。这明显是对李渊不献马的打击报复，带有发配和放逐的意味。

从畿辅大郡到边疆小州，由从三品跌到从四品，起因就是为了几匹马。每念及此,李渊就有些意难平。就这样,他在这个边疆小郡度过了五个春、四个秋。

可能是对李渊工作的满意,也可能是动了恻隐之心。大业九年(613),隋炀帝将李渊调回东都,担任殿内(避隋文帝杨坚父亲杨忠的讳)少监。

熟悉中国古代政治制度史就知道,隋唐两朝施行的是三省六部制。实际上,在中书、尚书、门下三省之外,中央政府还有秘书、殿中、内侍三省。秘书省,是隋唐两朝专门管理国家藏书的中央机构。内侍省,也称内侍监、司宫台,专用宦官,由内侍监、内侍、内常侍等为首官,掌传达诏旨、守御宫门、洒扫内廷、内库出纳和照料皇帝的饮食起居等事务。殿内省,掌诸供奉之事。辖尚食、尚药、尚衣、尚舍、尚乘、尚辇六局。尚乘、尚辇二局旧属太仆寺的骅骝署,其他四局都从门下省划出。

相比中书、门下三省的权势煊赫,秘书省的清贵,殿内省的职责显得有些驳杂。简而言之,即是负责皇帝的衣、食、住、行。有些类似于清朝的内务府,但权势又比不上内务府。隋炀帝让李渊回朝担任殿内省的二把手(少监),位居正四品高官之列,但仍然属于核心权力的边缘。

在皇帝眼皮底下工作,机遇与挑战同在,荣耀和危机并存。担任殿内少监的李渊,没有理会到这是皇帝表弟对自己的照顾,只是闷头做好本职工作。看到李渊这么不上道,有些恼火的隋炀帝开始嘲讽挖苦这位呆头呆脑的表哥。在一次百官大宴上,当着满朝勋贵重臣,戏称李渊为"阿婆"。

不到50岁的李渊,皮肤松弛,满脸皱纹,颧骨突出,龙钟老态之姿尽显。阿婆这个美称,也算是实至名归。但即便是这样,如此公然嘲笑人臣的做法也是很不地道的。于公,李渊是正四品的朝廷大员,高级干部;于私,人家是你表哥,怎么说都是不厚道的做法。

作为臣子的李渊不敢和隋炀帝顶嘴,只能生闷气。回到家后,把宴会上的委屈带到了家里,饭也不吃,澡也不洗,牙也不刷,抱着老婆窦氏一边默默流泪,一边说隋炀帝如何当着满朝文武的面说自己是"阿婆"。回想幼年失怙,虽承继了唐国公的爵位,却需要姨夫随(隋)国公杨坚的照顾与维护,因此在那时就开始饱受表弟杨广的欺负。今日又蒙受这等耻辱,以后不但自己的前途无望,就连儿孙们也会跟着自己受罪。又想起当年相士史世良说自己骨法非常,日后必为人主,难道就靠着这张"阿婆面"吗?

可以说,这是李渊一生中为数不多的几次情感流露,也足以证明,此时的他虽重回京官序列,却依然郁郁不得志,依然在低谷中苦苦挣扎。

第一章　姗姗来迟的起兵

一个成功的男人背后需要一个了不起的女人。窦氏听后，不仅不悲伤，反而起身福礼，向李渊祝贺道："此事可喜可贺，夫君你不要伤心，听为妻我细细道来。咱们北方，阿婆是一家之主，也就是堂主。夫君你的爵位是唐国公，'堂'与'唐'谐音，堂主即是唐主，这意味着你是未来的唐朝之主啊。"李渊一听，大喜过望。实际上，这是窦氏在帮李渊提升政治应变能力。

通过玩文字游戏把李渊哄开心了，但自小长于深宫中的窦氏知道自己夫君在朝廷的处境不是太好，因此多次劝李渊要投隋炀帝所好。经历此事件的教训，李渊一改常态，主动投上所好，同年内即被提拔为卫尉少卿，负责辽东前线的粮草督运工作。

在督运粮草的过程中，李渊结交了左卫大将军宇文述的第三子、隋炀帝的女婿宇文士及。在隋末唐初的历史上，宇文士及简直就是一个神人。之所以说他是神人，是因为他在每一次时代变动当中，都能准确站队，从来没失误过一次。这也从侧面反映出这个人的政治敏感度和应变能力都非常强，是真正的机敏过人。作为隋炀帝近亲的两人，却在东征大军的后方粮草大营，谈起了谋朝篡位的事情。

中国人常说"贼喊捉贼"。贼之所以喊捉贼，一是为了制造混乱，转移目标，好让自己逃脱；二是大家同为贼，互相感应的能力比较强。所以同样有着谋反心思的李渊和宇文士及很快就看出了礼部尚书、楚国公杨玄感的谋反意图。抓住这个机会，李渊第一时间向隋炀帝做了汇报。

闻听消息的隋炀帝立即作出了两个部署：一是悄悄撤离辽东战场，调集精锐骑兵回救东都；二是火线提拔李渊为弘化郡太守、知关右诸军事。

弘化郡，辖合水、马岭、华池、归德、洛源、弘化、弘德七县，范围大致在今甘肃省庆阳市和宁夏回族自治区南部一带。从地缘战略上看，这里是陇东高原与关中盆地、陕北高原的接合地带。从地理交通上看，弘化郡东联关中，西达甘凉，南通陇右，北指河套，是典型的用武之地。对出任过多地太守的李渊而言，代替杨玄感的姻亲元弘嗣任弘化郡太守，还算不得重用。

真正关键的职位是，知关右诸军事。潼关以西包括关中、河套地区和陇右地区，是中古中国政治版图上最核心的地带，也是北朝以来关陇军事集团的大本营，更是隋王朝的心脏区。隋炀帝将潼关以西包括天水郡、陇西郡在内的13个郡的军队指挥权全部交给了李渊，一是担心杨玄感会乘机攻入关中，搅乱隋王朝的政治核心区，二是相信李渊的忠诚。

拥有了这么大的权力，李渊准备摩拳擦掌大干一场。就在这时，与他患难与共的贤内助窦氏突然去世了。作为人子、人夫、人父，李渊的一生是很不幸的。幼年丧父，让小小年纪的他开始

第一章　姗姗来迟的起兵

饱受人情冷暖、世态炎凉；中年丧妻后，让他倍加珍惜父子间的亲情，也正是这份难割难舍的父子亲情，让他适应不了之后天家该有的冷漠，结果又间接造成了老年丧子的悲剧。惜乎！悲哉！

弘化郡太守、知关右诸军事，是李渊人生事业的第二春。在任上，李渊颇有一番政绩。冷静下来的隋炀帝，听说李渊干得有声有色，第一反应不是高兴而是为将关右军事大权一股脑儿都交给李渊而感到后怕。

隋炀帝一辈子最忌惮的就是关陇门阀，虽说李渊与自己是表兄弟，在关键时刻也表现出了忠诚，可是关陇门阀之间沾亲带故、盘根胶固，万一李渊有异心，那岂不是前门驱虎、后门引狼吗？

所以疑心病犯了的隋炀帝，决定诏李渊到东都述职。收到诏令的李渊不敢稍有迟疑，即时就路，殊不知正是他这一番干脆利落的"操作"，救了他自己，救了他全家。杨玄感之乱让隋炀帝猜忌重臣的心思更重了。前有辽东示警之功，后有弘化守卫之绩，再加上性格忠厚、善于与各方面人物结交，使得李渊在朝野的威信与日俱增，自然也在隋炀帝的猜忌之列。

有一次隋炀帝召见李渊，碰巧李渊生病没能及时觐见，炀帝对此大为恼火。当时李渊的外甥女王氏是隋炀帝的妃子，杨广就问王氏："你舅舅怎么拖拉了这么半天才来见我？"王氏说，"舅舅他生病了。"隋炀帝怒气不息地问，"既然病了，那死了没有？"

听到此事后的李渊，惶恐不安。想起亡妻昔日的指点，想到了三招应对之策。

一是投其所好，尽其所能地搜罗名马鹰犬，讨好隋炀帝，以示忠心；二是纵酒享乐，每日与朋友家人置酒高会、声色犬马，甚至因此而经常耽误公事，以示无事业心；三是敛财受贿，求田问舍，而且做得大张旗鼓，以示贪心。

这么一搞，隋炀帝还真的就放松了对李渊的警惕。在这期间，因为"李氏当王"的谶语，隋炀帝诛杀了李浑、李敏满门，但屠刀始终没有落向李渊。

以自污求自保，是君主专制时代许多臣子的无奈之举。明明洁身自好、能力出众，却不得不制造污点、搞出些把柄来交到帝王或是上司手中，表示自己的忠诚。这种混乱的逻辑和诡异的行为方式有时让人觉得匪夷所思，但这就是古代中国几千年来的现实。李渊之前的王翦、萧何是这么干的，李渊之后的郭子仪、蔡松坡也是这么学的。

在专制时代的历史上，凡是善于自污者大多数都是既擅谋国又擅谋身的典范，相反倒是那些不擅于此、不屑于此的，要么一事无成，要么事情做成了，自己却成为悲剧，商鞅如此，岳飞如此，张居正也是如此。

第一章 姗姗来迟的起兵

装糊涂人，做聪明事，是明哲保身非常有用的办法。李渊能在刻薄、猜忌的隋炀帝手下活下来，最终坐上太原留守的位置，和他一系列隐忍、低调、装糊涂的行为是分不开的。聪明是一件好事，因为聪明人明白如何解决问题，少犯错误，但是"聪明"也不尽是好事，尤其是自认聪明、聪明过了头，将会招来不必要的麻烦，所谓"聪明反被聪明误"说的就是这个道理，汉末杨修的结局就是很好的印证。因此在适当的时候装傻，不仅是一种艺术，更是一种真正的人生大智慧，真正的聪明。

玩弄权术，利用党争，搞政治平衡，几乎是中国古代帝王的通病。理想的君臣关系应该是，君视臣如手足，臣视君主如腹心。君主对臣子应该是以道通，而不是以术治。所谓有道无术，术尚可求，有术无道，则止于术。因为隋炀帝信奉权术，权谋成为弥漫朝野的恶风。君臣之间尔虞我诈，官场之上勾心斗角，谋人被奉为才具，阴谋被奉为智慧，自保被奉为明智。

在这种君臣关系下，隋炀帝怀疑李渊，只是一个帝王习以为常的疑心病。可以说，他对周围所有臣僚都有这个心思，但这并不构成仇恨，更不构成私人仇恨。过后一旦矛盾化解了，也就没事儿了。毕竟国家和朝廷还要继续运转下去，皇帝不可能因为怀疑，就不用某个人了。所以隋炀帝还是会继续重用李渊的。

李渊的再次被重用，是在隋炀帝三征高句丽之后。

大业十年的春天，在一征高句丽失败，二征高句丽因杨玄感之乱再失败的情况下，隋炀帝决定三征高句丽。为了不背上穷兵黩武的骂名，也为了减小臣子们的阻力，隋炀帝让虞世基在历史上找些理论依据，来论证自己三征高句丽的正义性与必要性。

　　事实上，大可不必。因为大业十年的朝堂上已经没有真正的谏臣了，隋炀帝再想听到大臣的反对声音，也几乎是不可能了。

　　做工作有始有终是好事。但作为帝王，明明是力有不逮，但还坚持一条道走到黑，这就要出大问题了。两次东征失败的隋炀帝就像一个输红了眼的赌徒，现在要孤注一掷，这时候的高句丽想要退出也是不可能的，要么战，要么降。

　　自隋文帝时代开始，高句丽就挑衅隋王朝的天下秩序，甚至居中联络陈朝和突厥，组成反隋统一战线。在陈朝灭亡、突厥臣服后，高句丽开始独自面对大隋的怒火，为此付出了惨重的代价。与隋军的争斗过程，高句丽虽然因天时、地利在己，赢得了前几次的胜利，但一次又一次的战争总动员和一次又一次的拼死抵抗，几乎将其国力耗尽。

　　因此，面对隋炀帝以江山社稷为赌注，举倾国之力博面子的行为，大业十年七月高句丽王高元遣使请降，再次称"辽东粪土臣元"，隋炀帝赢得了面子，隋军班师回朝。三征高句丽就此草草收场。

第一章 姗姗来迟的起兵

高句丽投降,辽东之患暂时得到了解除,但隋炀帝却没有趁此机会好好安内,而是将目光投向了北方的突厥。大业十一年(615)三月,春寒尚在料峭,隋炀帝便踏上了他此生中的最后一次北巡。四月,李渊被任命为山西、河东抚慰大使,发河东兵讨捕群盗。

山西,是太行山以西;河东,是黄河以东,大致是今天山西省的范围。抚慰大使是临时性的使职,一般在将领征讨地方的时候使用,征讨结束便收回。从职掌来看,李渊出掌河东、山西的主要任务,是征剿、安抚山西地区的各路反隋义军,给皇帝北巡清理道路。

盘踞在龙门毋端儿与活跃在临汾一带的敬盘陀,是影响隋炀帝北巡、威胁临汾宫的主要力量。隋炀帝的安排是,民部(户部)尚书樊子盖征剿敬盘陀,李渊招讨毋端儿。

毋端儿的起义军主要由龙门一带的农民、船夫组成,装备差、训练少,战斗力不强。面对李渊的征讨,毋端儿率领数千精壮挑战,李渊只带领百余骑兵出阵,两军接战中,李渊连射70余箭,箭无虚发,羽箭到处必有人丧命,毋端儿军的气势为之一沮,提前安排好的伏兵又适时杀出,毋端儿授首,李渊首战告捷。

就在李渊征剿农民军连战连捷的时候,北疆传来噩耗,东突厥始毕可汗率30万精骑围隋炀帝于雁门城。脱不开身的李渊,让李世民率领麾下精锐星夜奔赴雁门勤王，在勤王过程中，李世民可圈可点的表现，为李家父子进一步赢得了隋炀帝的信任与好感。

同时期，负责征剿敬盘陀的樊子盖，不仅没能将其镇压，反而加速了敬盘陀势力的扩张。樊子盖，是隋炀帝时期有名的能臣、重臣，为官清廉谨慎，操守极嘉，能力更是可圈可点。从道理上讲，手握数万精锐的他镇压敬盘陀军是很容易的。

但问题是，樊子盖此人的性格过于矫激，是个典型的酷吏。传统印象里的酷吏，就是残酷少恩。客观来说，这种观点是不完全正确的。自两汉以来，各地多有强宗豪右、大姓门阀，国家要保持地方上政令畅通，维持中央集权，就必须借助一些忠贞果敢的官吏。这些官吏在施政过程中果于杀伐、得罪巨室，最后被扣上酷吏的帽子，所以在两汉魏晋的历史上，酷吏几乎都是颇有作为、颇有操守的好官。唐代武则天为打压异己、驱除政敌，大量使用周兴、来俊臣等人，这让"酷吏"一词变了味。

"政宽则民慢，慢则纠之以猛。猛则民残，残则施之以宽。"此句出自《论语》，意在告诫执政者治国理民要审时度势，宽猛相济。刘邦入关中，与民约法三章，三秦百姓归心；曹操、诸葛亮分属敌对，治国却都以严法猛纠，原因就在于汉末法度宽松。

隋文帝用高颎、苏威治天下，整体上偏重严法。隋炀帝执政

第一章 姗姗来迟的起兵

治国，不仅大行急政，而且严刑峻法，说什么"天下人不应该多，多就会为患"的话。按照外儒内法的传统治国方略，此时的隋朝地方官员应当用宽政来济世安民。

樊子盖在征剿农民军的过程中，以严刑峻法穷治百姓。以隋朝官军的战力，在军事上平定敬盘陀根本不是问题。问题就出现在了战后的措置上，敬盘陀军曾活跃在汾水一带，樊子盖将汾水以北的村坞全部烧毁，主动投降的农民军也全部坑杀，结果使得百姓怨愤，相聚为盗的人越来越多，他自己只能灰头土脸地离开山西。而代替他的正是镇压毋端儿有功的李渊。

鉴于樊子盖的教训，李渊知道一味地屠杀解决不了问题，剿抚并行、以抚为主才是平定河汾一带民乱的良策。每遇有投降的农民军，李渊不仅不杀，而且安排在身边，史称"引置左右，推赤心以待之"。结果一传十，十传百，前来归降的人是越来越多，前后多达数万人，敬盘陀的势力就这样被平定了。

看到李渊这个"抚慰大使"做得如此称职，隋炀帝加封其为右骁卫将军。右骁卫将军从三品，兜兜转转，十年光阴弹指一挥，年满50岁的李渊再次回归高品将军的行列，一时间痛哭流涕，想起了亡妻窦氏的劝谏，哭着对几个子女说："如果我早点按照你们母亲说的去做，这个将军早就到手了。你们母亲泉下有知，也可以含笑瞑目了。"

关于李渊出任太原留守的时间，史书中存在两种说法，一是以《大唐创业起居注》、两《唐书》代表的"大业十三年（617）说"，二是以《资治通鉴》代表的"大业十二年（616）说"。

之所以会存在这两种说法，原因是在李渊卸任河东道抚慰大使后、出任太原留守前，曾一度担任太原道安抚大使。隋炀帝让李渊出任这一职务，主要还是为征剿起义军。

在毋端儿和敬盘陀之外，魏刀儿是山西地区势力最大的反王。615年，魏刀儿与上谷（今河北易县，位涿州市西南）人王须拔起兵反隋，趁着隋朝三征高句丽失败后的乱局，吸引了很多溃兵和难民加入，势力飞速膨胀，聚众至十数万人，声势浩大，一时无两，又因其频频跨越太行山，转战于河北与山西两地，故又号"历山飞"。

从声势来看，历山飞在当时是北方义军中数一数二的存在，有着很大的发展潜力。更关键的是，魏刀儿率领的历山飞义军，不仅机动性强，而且作战勇猛、善于攻城略地。616年，魏刀儿麾下大将甄翟儿攻陷山西重镇上党，魏刀儿本人在太原城外击溃隋虎贲郎将潘长文部，并将其斩首，继而进逼太原城。

明末清初的著名地缘战略专家顾祖禹曾说："山西之形势，最为完固。关中而外，吾必首及夫山西。"与关中一样，山西也坐拥表里山河，但与平整的八百里秦川不同，山西是由大同、忻州、太原、临汾、长治、运城等六大盆地组成的。这六大盆地既是山西的经济带，也是贯穿山西全境的交通大动脉，而位居中心，串联南北的正是北疆第一重镇——太原。因此，只有掌握了太原，才能阻止山西各地的山头势力，才能整合山西全域的资源，继而对外争雄扩张。所以，无论是维护一统的大隋朝廷，还是有志争雄的李渊，都不能坐视魏刀儿虎踞太原。

李渊率军出战，两军在雀鼠谷遭遇。交战之初，历山飞占据上风，打得是顺风顺水。李渊抓住甄翟儿和其他义军首领贪婪的弱点，以辎重财帛将其诱入雀鼠谷的埋伏圈中，步军以弓弩攒射，骑兵适时拦截、尾击，历山飞大败亏输，甄翟儿被杀。至此，魏刀儿率残众彻底退出山西，转入河北，此后其势力虽有所恢复，甚至还兼并了一些隋朝溃军和小股起义军，并在深泽（今河北省深泽县，位定县东南）称帝建国，但其再也没有染指过山西。

这次征剿历山飞的行动，让驻跸在江都的隋炀帝看到了李渊的能力，正式任命他为太原留守、汾阳宫监、承制黜陟选补山西郡县文武官。也就是在这一年——617年，李渊在隋末的乱世中有了自己的基本盘，开始了他起兵反隋、改朝换代的事业，正式由幕后走向时代的前沿。

总结李渊在隋炀帝手下的生存策略与升官历程，首先是送礼哄皇帝开心，其次是装孙子让皇帝安心，最后就是能干活让皇帝放心。李渊把隋炀帝忽悠得既开心又安心还放心，自然升官掌权。

三、天命攸归

617年正月，得知出任太原留守、晋阳宫监的消息后，李渊暗喜不已，他非常清楚在当时的形势下，趁势起兵，在即将来临的乱世中谋一席之地是势在必行的。而执掌兵源充足、粮秣充沛的重镇太原，无疑是让他占尽地利，所以他"私喜此行"，认为派任太原是"天授之意"。经过数年的苦心经营，李渊在河东山西一带积攒了丰富的人脉资源。闻听其出任太原留守，前来献计献策，劝其起兵的人，前后络绎不绝。体制内的，有李渊的副将夏侯端、晋阳令刘文静、晋阳宫副监裴寂、太原鹰扬府司马许世绪；体制外的，有山东名士崔善为、文水县的木材商人武士彟（武则天的父亲）。这是太原起兵的"人和"。

算上隋炀帝南巡，中原义军蜂起的现状，天时、地利、人和李渊都占全了。事到临头，真正坚定李渊父子起兵决心的，是发生在617年上半年的两起"意外事件"：刘武周叛乱与突厥来袭。

自出任河东抚慰大使、踏足山西之后，李渊就开始广结河

第一章　姗姗来迟的起兵

东、太原等地的豪杰之士，但始终不敢在明面上大肆招兵买马、扩充势力，即使后来坐拥了太原坚城和粮草兵甲充足的晋阳宫，也只是在私下里积蓄势力，静待时机。之所以如此，一个很重要的原因是李渊在出任太原留守的同时，隋炀帝还专门任命王威、高君雅为副留守，牵制、监督他。

王威的本职是太原郡丞，高君雅的本职是太原郡虎牙郎将，一文一武，分管着太原军政的要务。不仅如此，二人都曾是隋炀帝的潜邸旧臣，虽才能有限，但胜在忠心耿耿。以李渊为主，以此二人为辅，隋炀帝也算是用心良苦。

就在李渊为扩军寻找理由的时候，一场发生在北方马邑城的叛乱，解了他的燃眉之急。617年二月，雁门郡鹰扬府司马刘武周在与太守王仁恭的侍妾通奸被发现后，利用王仁恭不开仓赈济百姓的时机，煽动民变，杀死王仁恭，举兵反隋。

举兵后，为得到突厥的支持，刘武周毫无顾忌地向突厥称臣。得到突厥支持的刘武周绝地反击，不仅打败了前来围剿的陈孝意、王智辩等各路隋军，而且趁势向南攻占了楼烦郡与汾阳宫。

楼烦有国家的养马场，汾阳宫内有大量的军事物资。得到这些军马资储之后，刘武周一跃成为北疆最大的反隋势力。至于汾阳宫中许多原属于隋炀帝的妃子和宫女，则被他送到了突厥汗庭。收到美女、金帛的始毕可汗非常高兴，不仅加大了对刘武周的支持力度，同时还册封其为"定杨可汗"。

得到刘武周勾连突厥反叛的消息，隋炀帝非常愤怒，当即就要派使者锁拿李渊至江都问罪。隋炀帝的这一突然性的举动，至少可说明两个问题：第一，由于虞世基等亲信大臣的虚报与隐瞒，隋炀帝还没有认识到天下形势的严峻性；第二，对于自己的表兄李渊，他也没有看透，心中还是那副忠厚老实的形象。事实上，此时的隋廷仅靠一道诏令、一介单车使臣根本不可能调动李渊这些怀有异心的封疆大吏，更不用说罢官问罪了。

经过虞世基等人的劝说，也考虑到李渊的能力与此前的功绩，隋炀帝才赦免其罪责，并严令他剿灭刘武周。这道诏令对于太原城中一直不敢有所动作的李渊父子来说，简直就是枯禾逢甘霖，于是大张旗鼓地扩充势力，旬月之间，就拉起一支上万人的精锐队伍，至此李渊父子下定了尽快起事的决心。

在扩充势力、招揽人才的过程中，李家父子各有分工。李渊负责联系关陇贵族，拉拢山西地方官员、世家大族，如河东裴氏的裴寂、太原温氏的温大雅、温大有等兄弟。跟在李渊身边的李世民则在太原一带秘密招揽江湖豪侠、亡命之徒；携带家眷滞留在河东的李建成更是"倾财施赈，卑身下士，逮乎鬻缯博徒，监门厮养，一技可称，一艺可取，与之抗礼，未尝云倦，故得士庶

第一章　姗姗来迟的起兵

之心，无不至者"。

相比父亲李渊、长兄李建成这种"文绉绉"的招贤方式，跟从丈夫柴绍寓居大兴城的李秀宁做得比二兄李世民还要直接、干脆，她私下以司竹园（在今陕西周至县东15里司竹乡）为据点，大肆招揽江湖亡命之徒，而且暗中勾联西域大胡商与散布在终南山中的诸路草寇。

李渊父子如此招兵买马的举动，引起了太原副留守王威和高君雅的注意。通过一段时间的观察，王威和高君雅得出了李渊"心有异志"的结论，二人决定在李渊前往晋祠（位于今山西省太原市晋源区晋祠镇）祈雨之时，将李氏势力一举铲除。

不料消息走漏，被晋阳乡长刘世龙得知，报告给了李渊。李渊与手下密议，决定先下手为强，先是指使开阳府司马刘政会前往太原府，诬告王威、高君雅勾结突厥，图谋作乱，随即将二人打入大牢，听候发落。

史书中说，刘世龙是太原一带的豪杰之士，出身关陇贵族的皇亲国戚李渊并未因其身份而有所轻视，反而每每相见都是以礼相待，这让刘世龙深受感动，决定以死相报唐公。所以，在听到王、高二人的密谋后，立即报给了李渊。

相关史书中的这段记载，明显是在吹捧李渊。

隋炀帝让王、高二人担任副留守，目的就是防备和监督李渊，李渊及其手下人对此心知肚明。在李渊出任太原之前，高、王二人是太原地区的军政负责人，作为地头蛇的刘世龙早早就与二人搭上了关系，并结为密友，故而可以随意出入高、王二人的家中，知晓二人的谋划。

李渊到了太原后，裴寂将刘世龙引见给李渊。李渊以礼相待，为的是收揽刘世龙为己所用；刘世龙则是左右押注，最后看到李渊势大，出卖高、王二人，博取自己的富贵，不过是一小人罢了。裴寂在这个过程中，扮演了一个高明掮客的角色，能在犄角旮旯里搜罗到刘世龙这等"人才"为李渊做间谍，既展示了其能力，也表达了其忠心。换句话说，这场看似明主礼贤下士、臣子以死相报的画面，不过是政治名利场中的相互利用、交换利益的把戏而已。

王、高二人以"勾结突厥"的罪名被关起来了，但这个罪名究竟该怎么落实，又成了一个摆在李渊眼前的难题。

李渊此时还不想彻底与隋廷决裂，即使起兵也准备以匡扶大隋的名义。然而，私自关押朝廷命官的举动，必须要有一个合理的解释。如果处置不当，很可能会失去太原城中的民心。

正在李渊唉声叹气、幕府僚佐无计可施的时候，北方的突厥来了一次"神助攻"。617年五月十七日，一支数万人的突厥部队忽然从楼烦袭来，目标直指太原城。得知消息的李渊先是一惊，

第一章　姗姗来迟的起兵

然后大笑不止。真是瞌睡了有枕头。就此坐实了王、高二人勾结突厥的罪名。心腹大患一除，太原城彻底掌握在了李渊手中。

面对突然来袭的突厥精骑，出城野战明显不智，守城虽是万全之策，但又恐旷日持久，错失举兵起义的良机，于是李渊大摆空城计，命人将太原四门全部打开，利用突厥主将多疑的特点，将其吓退。面对"空城"太原，突厥大军虽不敢轻易入城，却也不肯轻易退去，而是采取围而不攻的策略。李渊命令麾下兵将晚上卷旗出城，白天再扮作援兵当着突厥军队的面大摇大摆地进城，最终成功将突厥大军吓退。

以上两起意外事件的发生，看似简单，其实对推动李渊的起兵造反起到了极为重要的作用。没有刘武周的叛乱，李渊就没有合适的募兵理由；没有王、高二人的密谋，就不可能先发制人，解除后顾之忧；没有突厥的突然来袭，就有可能会因私扣朝廷命官而获罪，乃至是民心尽失。站在后来者的角度上看，每每在李渊遇到危机的时候，总能有意外事情发生，继而促使他做出有利的决断。这确实有那么点天命所归的意思。

又经过两个月的准备。617年七月初五，李渊在太原城南登坛誓师，自号大将军，以裴寂为大将军府长史，刘文静为司马，殷开山、刘政会、武士彟为诸曹掾。

以长子李建成为陇西公、左领军大都督，麾下将领有长孙顺德、王长谐、刘弘基、窦琮，负责率领左军。

以次子李世民为敦煌公、右领军大都督，麾下将领有姜宝谊、柴绍，负责统领右军。

以四子李元吉为姑臧公，太原太守、留守晋阳宫，后事悉数委之。

抛开留守看家的李元吉之外，起兵之初的李渊、李建成、李世民父子搭建的乃是三套领导班子，此后随着局势发展及大量新鲜血液的加入，父子三人进一步组建各自的领导班底，埋下了日后父子争权、兄弟阋墙的隐患。

李渊的目标是隋都大兴城（长安）。山西北邻突厥，南接中原，向西跨过黄河就是关中。在确立领导班子之后，李渊下令开仓放粮，正式进军关中。

相比已成气候的北方突厥与如日中天的中原李密，关中最重要却也最薄弱，加之李渊曾驻守弘化郡，经略关右诸军，在关中颇有根基。因此，太原义军进攻关中的最大障碍，不是进军途中所要面对的隋军，而是东方的李密与北方的突厥。如果不能处理好与这两方势力的关系，以太原为根基、在关中建立基业的谋划就是一场空谈。接下来，李渊需要用伏低做小的姿态去迷惑这两个竞争对手。

第二章
欣戴大弟的格局

在隋末逐鹿的群雄中,除李渊之外还有一人不得不提,那就是瓦岗寨的领袖,也是李渊在表面上欣然拥戴的"大弟"——李密。

作为中原地区最大的反隋首领,李密是最有资格,也是最有资本与李渊一决高下的人物,结果他领导的瓦岗军虽如流星一般璀璨于寰宇,却也如流星一般快速坠地,瓦岗群英徒然成就了李唐王朝与李世民的秦王府。

604年,登基尚未满月的隋炀帝就急匆匆地颁布诏书,决定扩建东都,迁都洛阳,理由是"南服遐远,东夏殷大""关河悬远,兵不赴急",简单概括就是隋朝的首都大兴城(长安)在地理位置上偏居西北,不能很好地控制北齐、南陈故地。

在隋末关东最大的三支反隋势力中,窦建德雄踞的河北曾是北齐的基本经济区,杜伏威占领的江淮之地乃是江南陈朝与北朝反复争夺拉锯的地带,而接近李密瓦岗寨势力的洛阳地区则是传统东(北齐)西(北周)势力的衔接点。

从地缘战略的角度上考量,迁都洛阳可谓是一招妙棋。长安、洛阳这种东西两京制的国家治理布局,既体现了中古时期王朝国家政治中心东西徘徊的规律,也有利于维护隋王朝的大统一,毕竟至此时隋朝结束汉末以来近400年的大分裂才16年。

在经历三征高句丽失败与雁门被围之后,原本雄心壮志、意气风发的隋炀帝就像是冒冒失失的年轻人一样,一下子就泄了气,留下年幼的皇孙越王杨侗、代王杨侑镇守洛阳、大兴两京,自己则逃往江都(今扬州江都区)苟安。结果天下形势变得更加严峻,河北(窦建德)、河南(李密)、江南(杜伏威)三大割据势力趁机迅速扩大,好像天下又要三分了。

一、从皇帝亲卫到叛军"谋主"

与出身草莽的窦建德、杜伏威二人不同,李密与李渊一样都出身关陇军事贵族。作为北朝后期的统治阶层，关陇贵族的核心人物就是西魏宇文泰创建的八大柱国以及八大柱国之下的十二大将军。李密的曾祖父李弼与李渊的祖父李虎同列八大柱国，地位还要高于十二大将之一的杨忠，也就是隋文帝杨坚的父亲。

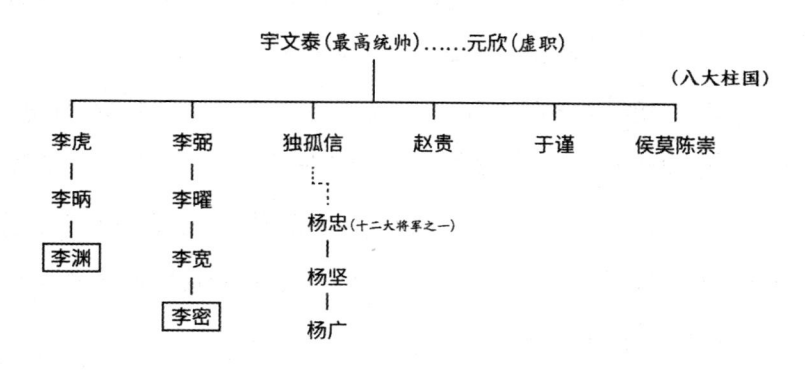

```
            宇文泰(最高统帅)……元欣(虚职)
    ┌─────┬─────┬─────┼─────┬─────┬─────┐                    (八大柱国)
   李虎   李弼   独孤信  赵贵   于谨   侯莫陈崇
    │     │     ┊
   李昞   李曜   杨忠(十二大将军之一)
    │     │     │
  [李渊]  李宽   杨坚
          │     │
        [李密]  杨广
```

图 2-1　二李与关陇军事贵族的关系

李密人生中的第一份工作是千牛备身，任务是宿卫宫廷。隋唐时期的千牛备身职位虽然不高，但却是皇帝身边的警卫人员，非常容易得到皇帝的垂青，因此成为勋贵子弟入仕的首选，李渊就曾做过隋文帝身边的千牛备身。

年少青葱的李密入职不到一年就有幸见到隋炀帝，而隋炀帝对他的第一印象却非常糟糕，认为他"视瞻异常"（目光神态异于常人），不安分守己，将其从警卫队伍中剔除。这让李密原本坦荡的仕途一下子变得黯淡无光。可以说,隋炀帝的一句话断送了李密原本顺遂坦荡的仕途。

受到打击的李密并没有自暴自弃,反而是发奋读书,无论何时何地只要稍有余闲,都伏案苦读,手不释卷。在一次访师问道的途中,李密把《汉书》挂在牛角上边走边读,遇到了他人生中的第一个贵人——杨素,留下了"牛角挂书"的美谈。

作为隋朝四大名将之首、隋文帝的开国功臣、隋炀帝的辅政宰相,杨素此人可谓是文武双全、才华横溢,但性格却有些孤傲不群,崖岸自高。幼年时,其父杨敷战死疆场,北周武帝宇文邕勉励其习文练武,并许以未来的功名富贵,杨素傲然回答说"臣无心图富贵,但恐富贵来逼臣"。

杨素唯独对李密青睐有加,认为他的才华远超自己的儿子,并让长子杨玄感与其交朋友。

与杨氏父子的交往,对李密来说是幸运的,也是不幸的。幸运的是,因为越国公杨素的推崇和偏爱,李密积攒了名望、人气,使之对未来成就一番事业有了憧憬;不幸的是,志大才疏的杨玄感不计后果的盲目造反,将他从隋王朝"体制内"的受益者,变成了"体制外"的通缉犯。

613年,隋炀帝不顾群臣的劝谏,二征高句丽。奉命总督粮草运输的杨玄感知道隋炀帝一意孤行的举动是不得人心的,加之

第二章 欣戴大弟的格局

自身仕途不顺，父亲杨素又是遭隋炀帝猜忌而死，于是在黎阳高举反帜，拉开了隋王朝内部官僚勋贵们举兵反叛的序幕。

同样有野心、有怨恨的李密，在听到杨玄感举兵之后，自千里之外的长安前来投奔，大喜过望的杨玄感随即以其为谋主。李密不负众望，为之提出了上中下三策：

上策是趁隋炀帝和隋军主力远在辽东，迅速发兵北上，占据幽州、封锁临榆关，截断隋军撤退的道路，将其困死在关外。

中策是趁叛乱消息还没有传遍四方，迅速发兵向西，占据关中，先立于不败之地，即使之后隋炀帝回来了也已无法挽回，然后以关中为根本，徐图大计。

下策是挑选精锐之师，昼夜兼程，迅速南下，攻取东都洛阳，以此号令四方。但恐东都城池坚固，一时难以攻克。

上策剑走偏锋，险中求胜；中策稳扎稳打，路线清晰；下策见效最易，胜算却最低。在李密的筹划中，杨玄感纵然没有于万军中取上将首级的胆识，长驱北上一战成功，也应该遵循北周灭北齐的故事，西入关中建立坚实的根据地，另起炉灶，做大做强。令他大跌眼镜的是，杨玄感以皇帝、百官家眷都在东都为由，选择了攻取洛阳的下策。

可以说，影响杨玄感决策的不是政治大义与军事力量的对比，而是个人颜面。他认为在三个主攻方向中，洛阳离自己最近，又是大隋的首都，如果能将其攻破，一定可以让自己威望大增，所谓"经城不拔，何以示威"。

结果不出李密所料，洛阳城固若金汤，根本不可能在短时间内攻克，东征的隋军主力闻讯后迅速回师，杨玄感这才幡然醒悟，准备再行中策，西取关中，却是为时已晚，只落得兵败被杀的下场。作为叛军的谋主，李密也被隋军所擒获。

谋士者，谋己、谋人、谋兵、谋国、谋天下。纵观李密三策，充分体现了"谋兵"和"谋国"，却忽略了"谋己"与"谋势"。

首先，杨玄感这个人颇类似于汉末的袁绍，公侯子弟出身，虽然是官高爵显，富贵加身，却是少历挫折，未曾周旋艰险。从他放弃上、中两策，采纳下策的决定可看出，其目光短浅，缺乏政治头脑。简单点说，就是杨玄感这个人，做起事来好谋无断，政治野心虽然很大，但操作的智谋却不够。作为升堂拜母的通家好友，李密看不出杨玄感这种面临大事时的性格短板，贸然加入这一叛乱集团，将自己置于险地，既是疏于识人，也是昧于"谋己"。

其次，隋炀帝执政期间对外征伐频频，对内大搞国家级重点工程，百姓因之徭役繁重，丁男不够转而役使妇女，以至于民怨沸腾、民变四起。但从整体上看，613年的隋王朝还有丰富的帑藏，还有诸多尽忠王室的志纯之士，隋廷还远没有到山穷水尽、覆车亡国的地步。换句话说，此时的大隋王朝绝非杨玄感和李密所能轻易颠覆的，作为出头的椽子反而一定会先烂，这是李密昧于"谋势"的表现。

二、从大隋"逃犯"到瓦岗"魏公"

在被押往高阳行在（天子临时驻跸的地方）的路上，李密以金帛买通看守逃出生天，自此成为通缉要犯。往往越危险的地方越安全，因此李密一路向东南奔去，找妹夫雍丘县令丘君明寻求庇护。有钱能使鬼推磨，终究钱帛动人心。受到朝廷高额悬赏的诱惑，丘君明的侄子丘怀义向官府告发了李密的行踪，李密无奈只得再次亡命天涯。

就在李密再次逃匿的路上，遇到了他人生中的第二个贵人——王秀才。

乍听王秀才其名，好像是个山野乡村中带着几个顽童摇头晃脑的穷酸学究，实则大相径庭，此人乃是江淮一带有名的游侠。与李密初次相逢，便看出了李密的不凡，认为其必将成就大器，不仅甘冒身家性命予以收留，而且还以女儿相许。从这一点来看，这个后世名不见经传的王秀才，比之汉高祖刘邦的岳父吕公更有魄力。得到王秀才的庇护后，李密化名刘智远，在淮阳乡下当起了山村塾师。

对于一代枭雄来说，险死还生后的安稳生活没能消磨掉他胸中的宏图伟志，英雄时遭蠖屈，窜身草泽的愤懑反而是与日俱增。615年的秋天，看到寂寥的天光水色，李密写下了那首著名的《淮阳感怀》，其诗云：

>金风荡初节，玉露凋晚林。
>此夕穷涂士，郁陶伤寸心。
>野平葭苇合，村荒藜藿深。
>眺听良多感，徙倚独沾襟。
>沾襟何所为，怅然怀古意。
>秦俗犹未平，汉道将何冀。
>樊哙市井徒，萧何刀笔吏。
>一朝时运会，千古传名谥。
>寄言世上雄，虚生真可愧。

此诗由写景到借古抒情，意在劝诫世间有鲲鹏之志的英雄豪杰，不可因一时成败，虚度人生，蹉跎岁月。在李密的心中，反隋活动虽然失利，但心志不能因失败而沦丧。此时的他就像是大

第二章　欣戴大弟的格局

海中的一叶小舟，是心中的反隋理想支撑着他，不管前方是荆棘还是坦途。

话又说回来了，英雄题诗，总容易"惹事"。"敢笑黄巢不丈夫"的山东及时雨宋公明就是因为在浔阳楼上题诗，惹出了祸端，最后吃了大粪，挨了夹棍，被兄弟们劫出江州，上了水泊梁山。想来小吏出身的宋江应该是读书不多，不知道李密的故事。因为李密正是因为这次一时不忿的题诗，被官府发现了踪迹，结果丢了老婆，死了岳父，又一次踏上了整日东躲西藏、食不果腹的逃亡之路，最落魄时只能吃树皮充饥。

就在李密藏匿淮阳的两年间，天下形势已发生了根本性的变化。历经三征高句丽失利和雁门被围的隋炀帝，不仅没有变得清醒，进而韬光养晦、忍辱负重，反而像是一个输不起的孩子，仓惶之间放弃两京，逃往江南去醉生梦死。

流落江湖的李密，辗转于河北、山东等地，先后投奔了多个义军势力，向各路英雄豪杰兜售他的"取天下之策"，然不仅没有得到礼待，反而受尽了冷眼和嘲笑。就在他惶惶若丧家之犬的时候，遇到了人生中的第三个贵人——翟让。

也就在这一年，616年，李密才真正开始了他龙游大海、一展抱负的传奇人生。瓦岗军也因为李密的加入，逐渐摆脱四处剽掠、居无定所的流寇状态，正式走上隋末逐鹿的舞台。

翟让，原是东郡（在今滑县东）法曹，隋朝的基层公务员。因为渎职和受贿，按律要被朝廷处死，幸蒙好友黄君汉搭救，得以在瓦岗寨（位于今河南安阳市滑县瓦岗寨乡）扯旗聚众。简单点说，翟让此人仗义豪迈，适合做朋友、做兄弟，但作一方势力的领袖，却是胸无大志，缺少韬略，每天想的都是劫富济贫、打家劫舍的勾当。如果李密不能取而代之，瓦岗寨很难在隋末乱世中有所作为。

至于李密为何能用不到一年的时间坐上瓦岗寨的头把交椅，大致有两方面的原因：

第一，蒲山公、上柱国的贵族身份与《桃李章》谶语的鼓动效应。蒲山公，即蒲山郡公，是爵位；上柱国，是勋官，而且是勋官中的最高等，需要军功十二转才能获得。《木兰辞》中的"策勋十二转"，就是说花木兰可因军功拜上柱国。

爵位和勋官是北朝以来军事贵族的身份象征。此时的李密虽然因为参与杨玄感叛乱而丢掉了勋官和爵位，但残留在他身上的贵族光环，让他在瓦岗群英中一枝独秀，犹如鹤立鸡群。

尤其是自李密加入瓦岗寨之后，不断有英雄豪杰前来投奔。需要说清楚的是，这些英雄豪杰所要投奔的对象是李密，而不是翟让。就像水浒中的众多好汉一样，上梁山投奔的是宋江，而不是晁盖。在前来投奔的诸多英杰中，有一个叫李玄英的洛阳人，

第二章　欣戴大弟的格局

很早之前就在满世界地寻找李密,当在瓦岗寨见到李密之后,不仅激动万分、热泪盈眶,更是给瓦岗众人带来并解说了当时传遍天下的《桃李章》,认为李密就是图谶中的那位"桃李子",是上天选定的王者。

经李玄英这一闹,李密在瓦岗寨中的影响力进一步大增。之后房彦谦、贾润甫等前来投奔之人,见到李密后无不抱头痛哭,泪流满面,就像是见到了自己的生身父母一样,这让瓦岗寨上下对李密充满了敬畏。

凡此种种,使得翟让很不高兴。李密以钱帛开路,买通了翟让的心腹军师贾雄。贾雄这个人与其说是军师,不如说是一个懂些阴阳占卜的风水先生,特长是善于将天象变化与人事相附会。

为了财帛,也为了交好李密,贾雄就跟翟让说,您相貌非常,后半生富贵至极,但是您的命格做不了皇帝,如果您能拥戴李密日后就可以位极人臣,长保富贵。翟让听到这话很不服气,问道,李密这么有本事不也是在我手下做事吗?他要是真能做皇帝,又何必来投奔我呢?

听到翟让这一番反问,贾雄不仅没慌,反而发挥起了他能说会道(忽悠人)的本事。贾雄说,李密的爵位是蒲山公,"蒲"是指蒲草,您姓翟,"翟"者大泽也,也就是水多的意思,蒲草要想生长就必须依靠水泽,所以李密要想成就大事就必须依靠您。

这一番神神叨叨、半真半假的话说下来，翟让真的相信了，不仅全心全意地信任李密，还专门分出手下一部分人马交给李密统领。自此，李密在瓦岗势力中开始有了自己的班底。

第二，李密凭借着优秀的军政才能，为瓦岗寨的争雄之路打开了局面，赢得了文武臣将的信服。瓦岗寨中固然有贾雄、王儒信这样的短视之人，但也不乏徐世勣（即唐朝名将李勣）、单雄信这样的良将英才。李密想要坐上头把交椅，光凭家世和图谶是糊弄不了这些人的，还需要拿出些真本事来。总结来说，就是三大功劳。

瓦岗寨雄踞中原，西邻河洛，南靠运河，优点是战略位置十分重要，缺点是四周可回旋的余地不大，缺少战略纵深。针对这一情况，李密为瓦岗寨谋划的第一步是，收拢整合瓦岗周边的诸多反隋小势力，进占荥阳。

荥阳是洛阳的东大门，大运河贯通后，更是成为通济渠（大运河中段）与永济渠（大运河北段）的交汇点。夺占荥阳后的瓦岗军不仅隔断了江都行在与京师洛阳的联系，同时也扩展了自身的根据地，让瓦岗军有了"休兵馆谷"之地。

瓦岗军的蓬勃发展引起了荥阳通守、领河南道十二郡黜陟讨捕大使张须陀的关注。616年，隋炀帝对中原地区蜂拥四起的起

第二章 欣戴大弟的格局

义军视而不见，执意离开洛阳，巡游扬州，其中的原因很复杂，有隋炀帝的个人原因，也有关陇贵族、山东士族的逼迫，但其中还有一个非常重要的原因，那就是张须陀的存在。

说起张须陀，大家可能不是很熟悉。但提及隋唐演义里的靠山王杨林、小孟尝秦叔宝、混世魔王程咬金、四猛第一罗士信，可谓是家喻户晓。而靠山王杨林的原型之一就是张须陀，而秦叔宝、罗士信都是张须陀的部将。

自隋炀帝委派张须陀镇守齐郡以来，王薄、郝孝德、左孝友、卢明月、郭方预、徐圆朗等山东、中原各路反隋势力几乎被他收拾了一遍，这其中也包括瓦岗军和翟让。所以一听到张须陀率军来讨，瓦岗众人的第一反应就是跑路。

就在一片慌乱时，李密沉着冷静，对众人分析道：张须陀军（下面简称张军）的优点是兵精将勇、百战百胜，但缺点也非常明显，那就是百战百胜的张军已成为不可一世的骄兵。对付这样的军队，只需诈败配合伏击就能大获全胜。

经过李密的一番谋划，瓦岗军与张军在荥阳索水之畔的大海寺展开决战，结果张军主力损失殆尽，张须陀阵亡，秦琼、罗士信、程知节等将领归降瓦岗。

诈败配合伏兵，算不上是什么高难度的计谋。张军在中原一带进剿反隋义军，几乎都是客场作战，遇到的伏兵不计其数，但每次都能战而胜之，这不是侥幸。这是因为张军骑兵犀利，猛将如云，如此两相配合，战力有限的农民军很难抵挡得住，即便是安排好了伏兵，往往诱敌深入的诈败也会变成真的大溃败。

大海寺之战中，翟让率领半数人马负责诈败诱敌，按照他一贯的水平，这算是本色出演。难点就在于，如何让诈败之军败而不乱，安排好伏击。由于瓦岗军缺少骑兵，李密将步兵埋伏在林深水阔的大海寺周围，以此来抵消隋军的骑兵优势，可谓是巧妙至极。

在战争环境中，领袖的勇气和智慧，都要通过战争表现出来，战争的胜负是检验领袖人物勇气与智慧的尺度。李密加入瓦岗不过短短数月，就能让瓦岗军变得进退有度，完成这一相当高难度的战术谋划，最终大胜张须陀，无疑是显示出了他的军事才华和组织才能。

对隋朝来说，张须陀阵亡，朝廷失去了中原的擎天白玉柱，洛阳的保卫工作只能借助其他地方的军队。就在这样的情况下，统率江淮军前来救援洛阳的王世充走向了群雄逐鹿的舞台。

对于瓦岗军来说，此战是前所未有的大胜，一方面使得瓦岗军声势雄振于中原，另一方面，李密正式单独建军，统率部属自成体系，称"蒲山公营"。从此时起，李密在瓦岗军中正式拥有了自己的独立势力，并逐渐超过翟让。

第二章 欣戴大弟的格局

大海寺之战后的翟让过上了小富即安的日子，每日置酒高会，纵情享乐，拒绝李密"袭取洛口，攻取洛阳"的建议，并率领麾下主力东归瓦岗寨。见翟让不是成就大事之人，又与自己分道扬镳，李密不仅没有恼怒、懈怠，反而是鼓足余勇，率领蒲山公营继续向洛阳进军，目标是隋朝的第一大粮仓——兴洛仓。

作为隋朝的第一大粮仓，兴洛仓到底有多少粮食，已经很难精确计算。通过《贞观政要》中唐太宗与大臣的对话了解到，历经李密、王世充等大肆使用后的兴洛仓，直至唐太宗贞观后期还在为唐王朝提供粮食，可见其窖藏之丰。

据史书记载，李密攻下兴洛仓后开仓放粮，任百姓取用。前来就食的百姓多达数百万人。诸多百姓没有麻布口袋，便以柳筐、竹篮装运，沿途洒落的稻米厚至数寸，洛水两岸的道路远远望去犹如"白沙堤"。

乱世中，粮食是最值钱的硬通货，有粮就能招兵买马。占领兴洛仓的瓦岗寨军凭借天量的粮食储备很快扩军到了30万人。前来投奔的文武人才不可胜计，有大文豪祖君彦、后世大名鼎鼎的魏徵、接任张须陀任河南道最高军事长官的裴仁基及其子裴行俨（隋唐演义中的裴元庆），其他如柴孝和等隋朝县令、长、丞更是如过江之鲫。甚至连远在江淮的杜伏威、河北的窦建德也都争相响应，尊奉其为反隋盟主，"声动四方"的瓦岗军一举成为中原地区最强大的反隋力量。

原本率军东归的翟让，看到李密占领了兴洛仓，有利可图，主动回军汇合，李密不计前嫌仍然尊奉翟让为首领。但经过一系列的军事行动，翟让对李密的胸中韬略与领导风范十分佩服，承认自己能力上的短板，心甘情愿地将瓦岗寨的领导权交给李密，自己退居二把手。对比梁山上的白衣秀才王伦，翟让的眼界和气度还是很让人敬佩的。

大业十三年（617）二月，李密自称魏公，整合麾下文武势力，设置元帅府，掌控急剧扩张的瓦岗势力（图2-2）。短短一年的时间，他完成了从逃犯到中原反隋领袖的华丽转变，这一年李密只有35岁。

第二章　欣戴大弟的格局

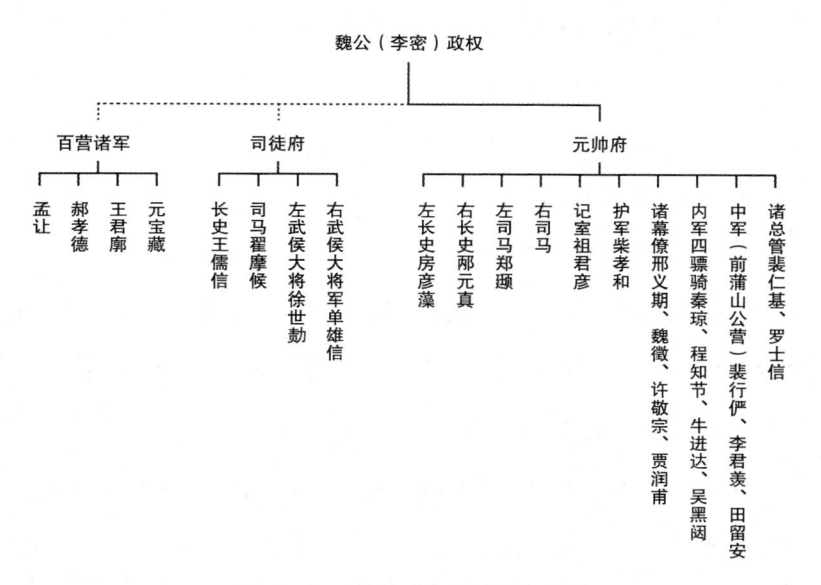

```
                    魏公（李密）政权
         ┌──────────────┼──────────────┐
      百营诸军          司徒府          元帅府
```

百营诸军：孟让、郝孝德、王君廓、元宝藏

司徒府：长史王儒信、司马翟摩候、左武侯大将军徐世勣、右武侯大将军单雄信

元帅府：左长史房彦藻、右长史邴元真、左司马郑颋、右司马、记室祖君彦、护军柴孝和、诸幕僚邢义期、魏徵、许敬宗、贾润甫、内军四骠骑秦琼、程知节、牛进达、吴黑闼、中军（前蒲山公营）裴行俨、李君羡、田留安、诸总管裴仁基、罗士信

图 2-2　魏公政权组织关系图

在李密称魏公之前，瓦岗众人与中原诸路反隋义军的首领都建言李密登基称帝，大家好混个从龙之功。李密以洛阳尚未攻克为理由拒绝了这一建议。

以洛阳未克来拒绝众人有没有道理呢？似是而非！

如要称帝，帝王需要都城，这个都城不可随意指定，必须是一个在政治影响力上能够辐射全中国的大城市。所以从这个角度上来看，李密坚持打下洛阳再登基建国的规划是有一定道理的。

然而，经典事件的镜鉴作用，不是源于未来，而是过去。

公元 25 年，光武帝刘秀在太行山东麓一个叫鄗邑的小城登基称帝。在不少后世之人看来，称帝这样的大事，即使不选择在洛阳、长安这样的汉朝旧都，也应该在邯郸、邺这样的河北中心城市，于乡间继位，显得有些迫不及待。

如果从政治大局去考虑，刘秀所为无须批判。面临群雄纷争、天下离乱的情况，刘秀急匆匆登基称帝，为的是正位号，定正统，代表的是他中兴汉室的政治追求，一往无前、决不与更始政权妥协的决心。从光武帝先即位、后徐图天下的历程来看，李密要称帝并不一定要攻取洛阳。

我们猜想，李密称魏公而不称帝，应当是盱衡时势后所作出的慎重决定。

其一，彼时的隋炀帝尚在江都，手中还握有一支野战精锐——骁果军，忠于隋朝的地方长令、军府将领们还有主心骨，对大隋也都抱有期盼，如果率先称帝，作出头鸟，一定会面临隋军的集中火力。甚至就连其他反隋势力也会视他为眼中钉、肉中刺。

其二，一旦称帝建国，就代表瓦岗集团与隋朝是你死我活、不共戴天的死敌，这极不利于瓦岗寨招降纳叛，尤其是对隋朝基层官员的招揽。毕竟在世家子弟占据官场主流的时代，官员们还是很在乎名声的，这是明末那些进士老爷们所不能比拟的。

其三，过早称帝容易让麾下文武臣将懈怠斗志。随着瓦岗事业的做大，多有隋朝的官吏加入起义队伍，但瓦岗寨的主力还是关东的地方豪侠与贫苦百姓，这些人从未跻身官僚阶层，他们最盼望的就是李密称帝建国，自己混个从龙之功，然后封官拜爵，过上富贵荣华的生活。然一旦如此，瓦岗寨就丧失了争雄天下的内在动力。数百年后，那个不可一世的闯王李自成用血泪教训也证明了这一点。

李密没有称帝建国，对他来说是好事还是坏事？从后来的发展看，并不是一件好事。但至少说明当时的李密虽然伴随着一系列的胜利有些骄傲，但还保持着理智。

三、昏招迭出：傲娇的魏公

天欲其亡，必令其狂。李密真正变得骄狂不已，是在收到李渊的回信之后。

在李密称魏公的一个月后，其麾下大将徐世勣（后来的李勣）攻下了河北第一粮仓——黎阳仓。至此，隋朝在中原的三大粮仓全部落到了瓦岗军的手中。兵粮充足的李密决定一鼓作气攻下东都洛阳。然而，洛阳城高池深，易守难攻，当年的杨玄感就是饮恨在这座城下，故而李密决定联合中原、河北、河东的各路反隋势力一齐攻打洛阳，这其中也包括太原的李渊。

李密令记室参军（机要秘书）祖君彦给李渊写了一封邀请信，内容是"我和贤兄虽然家支派系不同，但同是李姓，且是八柱国的后裔，一百年前那是一家人。愚弟虽自认德行不够，势力单薄，却被四海的英雄们推举为反隋盟主。希望互相扶持，同心协力，完成周武王在牧野打败纣王，刘邦在咸阳活捉秦王子婴那样的大业。现在希望贤兄您能率领麾下精锐前来河内郡与愚弟当面缔结盟约，共同完成反隋的大业。"

面对李密的来信，李渊麾下文武多有愤恨之色，李世民更是要与之一争高低。李渊对此却很淡定，对众人说："李密狂妄，不是随便一封书信就能摆平的，咱们马上就要进军长安了，如果此时与之断绝来往，结果只会树立一个强敌，不如用阿谀之语去奉承他，使他心骄志横，让他替咱们牵制东都的兵马，咱们就可以专意西征关中。等到关中平定，依靠潼关等险要之地，养精蓄锐，再观看李密与东都死拼，咱们坐收渔翁之利。"

秉承李渊这一意旨，温大雅奉命写了回信，内容是"愚兄我平庸愚陋，没什么拿得出手的本事，为官数十年来，频频出任高官，一方面是祖宗的庇护，另一方面则是大隋两代皇帝的恩义。现在大隋有难，我不出来扶保，这会受到贤人君子责备的，所以我大规模召集义兵，与北方突厥缓和关系，不是为了造大隋的反，而是为了匡扶隋室，救助天下。天生众人，必定要有管理他

第二章　欣戴大弟的格局

们的人，也必定要有人当皇帝，这个人不是您又能是谁呢？（天生烝民，必有司牧。当今为牧，非子而谁？）愚兄今年51岁，已过了知天命之年，既没有争雄天下的志向，也没有这个能力。现在我很高兴拥戴贤弟您成就大业，这既符合'桃李子'作天子的符谶，也可以早日安定万民。到那时，贤弟您坐拥四海，如果还记得愚兄今天的这一片诚心，就继续封为唐国公，这就是对我最大的殊荣。将商纣王诛灭在牧野这样的话，是我不敢说的；在咸阳抓住秦王子婴这样的大事，更是我不敢做的。更不赶巧的是，河东一带仍有许多流寇，需要我征剿安抚，因此河内会盟这样的要事，我只能缺席了。"

李渊的回信，总结起来，可分为三部分：一是，阐明自己与杨隋的亲眷关系，说明太原起兵的目的是匡扶大隋，而不是改朝换代，所以参与会盟，进攻洛阳，在道义上有难处；二是，隋朝虽然行将就木，没救了，但他却没有争雄天下的志向和决心，并愿意尊奉李密反隋盟主的地位；三是，河东、山西地区流寇、匪乱不断，也确实没有出兵会盟的能力。

李渊这封回信可谓是做足了姿态，对李密的吹捧几乎达到了无以复加的地步。最重要的是，表明自己没有取隋而代之的打算。这种"卑辞推奖以骄"李密的手段，既是为了麻痹李密，掩盖自己要实行改朝换代的野心；也是为了利用李密，让他牵制住东都和关东的隋军主力。

原因李渊并未指望着一封信就搞定李密,所谓"李密骄狂,非折简可致",结果却比预想的还要好,本就有些骄狂的李密直接被忽悠瘸了,不仅把李渊的回信传示给众僚属,而且高兴地说"现在就连唐国公都推荐我为天子,这平定天下还有什么难的"(今唐公见推,天下不足定矣!)。后世有诗评论二李的这一番作为,诗曰:

> 李密矜夸士马强,何如高祖智优长。
> 此番早建西行计,终使隋朝属大唐。

自此之后,李密骄狂之态日甚一日,其性格中多疑、偏执的弱点开始逐渐暴露出来,继而犯下了一系列的战略性错误。

翟让是瓦岗寨的创始人,原始大股东,在自感能力不足的情况下,将领导位置让给了李密,李密不负众望,将瓦岗寨给做大做强了。但随之而来的问题是,蛋糕做大了,有人眼馋了。翟让清楚自己的斤两,还算克制,但他的那些部下和亲属却时刻想着夺回瓦岗军的领导权。

先是,王儒信欲推举翟让担任大冢宰。大冢宰,是南北朝时期的官职,是百官之长,地位还要高于宰相,是特定历史时期专

第二章　欣戴大弟的格局

门为权臣们设计出的职位。比如废立、生杀皇帝如儿戏的北周第一权臣宇文护，篡周建隋的杨坚，都曾担任过此职。

李密称魏公后，封翟让为一人之下万人之上的司徒、上柱国、东郡公，统领别部，对翟让还是很够意思的。作为瓦岗军的二把手，翟让当不当大冢宰，并没有什么实际性的意义。而王儒信之所以提出这个建议，乃是为了撺掇翟让夺回瓦岗军的领导权。幸好翟让非常淡定，没听这一建设。

相比王儒信的含蓄式表达，翟让的哥哥翟弘则是非常直截了当地对翟让说，"天子你要自己做，怎么能给别人呢？如果你真的不愿意当，那也该我来当。"翟让听后只是笑了笑，也没当回事。

作为二把手的翟让虽然没有强烈的权力欲望，却有着过分的钱财欲望，这也是一个非常危险的信号。自从李密攻破三大仓，开仓放粮以来，许多反隋势力都前来投奔，一个叫崔世枢的地方官，在鄢陵（今河南鄢陵县）起兵之后，也来投奔李密。结果没等崔世枢一行见到李密，就被翟让的人给绑了起来，理由是加入瓦岗需要交纳投名状，也就是入伙费。迫不得已，崔世枢等人只得东拼西凑了一些钱财，由于不足额，在被释放之前又被翟让的手下暴打了一顿。

好事不出门，坏事传千里。不少原本打算投奔瓦岗的有识之士、英雄豪杰在听说此事后，不是裹足不前，就是驻足观望，甚者转身投奔他人，这让瓦岗寨如日中天的气势为之一滞。

在瓦岗内部，翟让为了钱财和赌博，随意斥责、鞭笞元帅府僚属。瓦岗军占据了洛口、黎阳等三大仓，粮食不缺，但极度缺乏金银财帛，因而每次攻下郡县城池，李密都会派人收拢。617年，瓦岗军攻破中原大城汝南，收获了大量的金银钱帛，长史房彦藻将之封装入库以备赏军所需。翟让知道后，对房彦藻说："你们得到了那么多金银珠宝，怎么只给魏公，不给我呢？别忘了，魏公可是我拥立的。"房彦藻对其不作回应，结果引来了翟让的破口大骂。

在贪财之外，翟让还喜欢赌博，而且每次都拉上李密元帅府的记室邢义期。有一次邢义期因为临时有事，晚到了一会儿，翟让对此大怒不已，认为邢义期这是看不起他，让人重责了邢义期八十大板，差一点儿活活打死。

得人则昌，失士则亡。自古以来，欲成就大事，无不以收纳英雄豪杰为根本。反观翟让这种为了点钱财而赶走投奔者、敲诈属下的土匪行径，已经不能说是一种短视了，而是典型的能不配位、德不配位。

李密知道了翟让这一系列的胡作非为后，虽然心里很不舒服，但仍未对翟让起杀心。考虑到当初最危难的时候，是翟让收留了自己，如果受人以恩，报之以怨，以后还怎么在江湖上立足？况且革命还未成功便自相残杀，又岂不被世人笑话？

中国民间有句谚语，叫"不怕没好事，就怕没好人"。就在李密准备忍让的时候，元帅府长史房彦藻、司马郑颋认为翟让及其所属部众已然与瓦岗军的整体发展背道而驰，成为本势力发展壮大的毒痈，所谓蝮蛇螫手、壮士断腕，长痛不如短痛，请李密早下决心。长史和司马是元帅府最重要的僚属，两人一齐劝谏，几乎就可以代表元帅府全体僚属的意志，这让原本犹豫不定的李密下定决心。

617年十月的一天，李密以庆功为由，在府中设下了鸿门宴。客观上讲，翟让本人从始至终没有反李密的打算，所以收到李密的请柬后，带着自己的几个手下就前来赴宴，没有丝毫的防备。

酒过三巡，李密拿出了一把宝弓请翟让观赏，表示要送给他。翟让也很高兴，接过宝弓不断地观赏、赞叹，就在他拉弓张弦之际，李密的贴身侍卫蔡建德对着他就是一顿乱砍。翟让身中数刀却没有立即死亡，倒在血泊中发出了牛一样的痛吼声。紧接着，早已埋伏好的刀斧手适时杀出，将翟弘、王儒信等人乱刀砍死。

徐世勣不愧是名将，感知不妙，转身就跑，结果被守在门口的侍卫砍伤颈部，血流如注，侍卫正准备上前补刀时，恰逢王伯当出现，将其救下。翟让的另一心腹大将单雄信，不愧是老江湖，知道这时候保命最要紧，也不顾平时的面子，撩起长袍径直跪在了李密面前，连连求饶。

不同于李渊有诸多子侄、女婿可以依赖，孤身上瓦岗的李密并没有宗族子弟可以信用，加之人才难得，李密不仅好言宽抚徐世勣、单雄信、邴元真等人，而且还将翟让的旧部交给他们统领。

殊不知，正是李密一时的心慈手软，为自己日后的败亡埋下了伏笔。

后来在李密经略东都的关键时刻，负责镇守洛口仓的邴元真私自倒卖仓粮给极度缺粮的洛阳，让李密围城断粮的计划功亏一篑，反而使得洛阳的王世充兵强粮足，能够出城野战，打李密一个措手不及。其后，在李密与王世充生死决战时，单雄信不明不白地临阵倒戈，继而邴元真举洛口城投降，使得李密主力尽丧，根基丢失。

占有黎阳仓、拥兵数万的徐世勣不仅坐观李密无处容身，甚至暗中逼迫李密离开中原。李密及其手下也知道徐世勣的"忠心"，最后只得率领两万残兵归附唐朝。李密降唐后，在黎阳与长安道路不通的情况下，徐世勣也向唐朝请降，并表明自己归降是为了李密。

第二章　欣戴大弟的格局

如此一来，徐世勣不仅为自己赚了个好名声，也可以让唐朝君臣猜忌、防备李密，把李密放在火架上烤。这让本就处境艰难的李密更是时刻处在了李渊父子的监视之下，结果仍满怀雄心壮志的李密没有辜负徐世勣这个圈套，最终落得一个魂归崤山的下场。

还有就是房彦藻被杀，也与徐世勣有着千丝万缕的关系。房彦藻是李密的左膀右臂，是撺掇李密杀害翟让的主谋之一，结果在招慰山东的路上，被翟让旧部王德仁所杀。在瓦岗声势中天、李密最强大的时候，王德仁突然叛变，除了为翟让报仇之外，实在难以找出其他理由。

最有意思的是，王德仁杀房彦藻的地点是卫州，这里乃是徐世勣的地盘。事情发生后，李密命徐世勣出兵攻打王德仁。但作为一代名将的徐世勣，不仅没能打败王德仁，结果还让王德仁顺利通过自己的辖区跑到了关中。虽然没有证据证明，但不难猜想，徐世勣即使没有参与杀害房彦藻，但在围剿王德仁的过程中也绝对放水了。

仔细呷摸历史的许多细节，真的不是在抹黑徐世勣。作为中国民间公认的古代智者，诸葛亮与刘伯温孰高孰低，那是聚讼不休，但以徐世勣（字懋功）为原型演义出的牛鼻子老道徐茂公却是稳居前三，这也间接证明徐世勣这个人很有智慧。

至于徐世勣的狠辣就更不用怀疑了。徐世勣晚年曾在儿孙面前自嘲说:"我年十二三时,为亡赖贼,逢人则杀。十四五岁,为难当贼,有所不惬则杀人。十七八岁为佳贼,临阵乃杀之。"年少即为贼,且逢人就杀,足见其凶悍之本性。再看到后来唐太宗对他的猜忌以及他在唐高宗废王皇后立武则天问题上的圆滑,都可以看出徐世勣这个人既有心机,也有狠辣的手段。甚至就连他的女婿杜怀恭都认为他这位老泰山为人阴狠,喜好杀亲立威。

我们回过头来再看,李密真的有必要摆下一场鸿门宴来火并翟让吗?

从瓦岗寨发展的角度上来看,退位后的翟让不再是瓦岗打天下的顶梁柱,而是影响瓦岗内部稳定的火药库。将其袪除是很有必要的,但没必要用宴会伏杀的方式。说到底翟让还是瓦岗寨的自己人,还是李密的恩人,用这种阴谋暗杀的方式,虽可以让内部势力快速整合,但在众人的心中却埋下了杀戮的阴影,最终让瓦岗军失掉了"人和"。从瓦岗军的结局来看,这个萦绕在瓦岗群英心中的阴影最终成为瓦岗走向覆亡的梦魇。

水泊梁山的宋江要想完成招安,首先要成为梁山的大当家,尽管有众多好汉拥护,但晁盖毕竟是"法定"上的老大。所以在宋江上位的计划中,一定要搬开晁盖这座大山。但由谁来搬却是很重要的。首先,一定不能是宋江本人,也不能是宋江一系的兄

第二章　欣戴大弟的格局

弟。所以晁盖可以死在行军的途中，死在敌人的暗箭之下，就是不能死在梁山。

宋江懂得这道理。难道说李密不懂吗？非也！论军政谋略，论纵横智慧，李密无疑是那个时代的佼佼者，但彼时的李密已经被一系列的胜利，被唐公李渊的回信冲昏了头脑，认为自己完全可以控制翟让被杀后的局面，所以最后采取宴会伏杀这种招人愤恨的方式，而这种过分自信的外表下掩藏的正是他不可一世的骄狂。

在隋末群雄逐鹿的过程中，有个问题一直很让人费解，那就是李密为何要死磕洛阳？

杨玄感起兵反隋时，身为谋主的李密曾声称洛阳金池汤固、易守难攻，攻打洛阳乃是下下之策，要想成就大事需要早据关中。明明知道洛阳难打，明明也知道关中才是王业之基，然为何李密还要重蹈杨玄感的覆辙呢？

就在李密多番攻打洛阳不克的情况下，一个叫柴孝和的幕僚对李密说："关中地区山河险峻，西楚霸王因为放弃才会败亡，汉高祖刘邦因建都于此而成就帝业。既然进攻洛阳难以成功，不妨留下裴仁基、翟让驻守洛口仓和回洛仓，将军您亲自率领轻简精兵，西袭关中，百姓会箪食壶浆欢迎您，如此不战便可轻取长安。到那时，我们就更加兵强马壮了，再反过来扫荡东都洛阳，如此两京在手，天下传檄就可平定。如今英雄豪杰竞相起兵，如果咱们不早定下西行大计，就怕别人会抢先一步，而一旦失去机会，便是后悔莫及啊。"

听到柴孝和的劝说，李密叹息道："先生您的图谋，我不是没有考虑过，也确实是上策。但如今隋炀帝这个昏君就在江都，身边还有众多骁勇善战的军队；再者咱们瓦岗寨的主要人员都是山东人，他们见我攻不下洛阳，哪里肯随我西行？并且诸将多是盗贼出身，一旦我离开，留下他们在这里，他们一定会争权夺位，大打出手。到那时前有险关难克，后有洛阳追兵堵截，如此这样，我们就离败亡不远了。"

与柴孝和李密的一番对答，可以看出李密早有西取关中的谋划，只是碍于现实条件的困扰，使得这一计划缺乏施行与贯彻的条件。

从关中（关陇贵族）角度上来看，李密西取关中的策略真的能行得通吗？

关中历来是分裂时代割据政权建立核心基本经济区的首选。秦国以关中为核心，兼取巴蜀、河陇，进而荡平六国、一统天下的模式，后来被西汉、北周、杨隋、李唐等王朝多次复制。由此可见，这种以关中为基础统一天下，又以关中为基础统治天下的"关中模式"，在中古时代可谓是大一统王朝想要成功的不二法

第二章　欣戴大弟的格局

门。

在一众逐鹿的隋末群雄中，不仅李渊、李密清楚关中的地位，甚至王世充、窦建德、刘武周也都认识到了关中的重要性。

基于西魏、北周两朝的权力架构，关中已成为关陇军事贵族的禁脔。隋文帝代周建隋整体上还是维持了关陇贵族的利益。隋炀帝登基后的第一道诏书就是兴建东都，表面上看是为了镇抚山东世家、联系江南士族，但最主要目的还是为了摆脱关陇贵族对中央政权的牵绊，进而削弱其政治影响力。纵观大业一朝，许多军政措施的推出几乎都是在针对关陇贵族，而隋炀帝最后困死在江都，在某种程度上也可以看作关陇贵族对隋朝的背叛与清算。

因此，隋末群雄想要定鼎关中，能否得到关陇贵族的认可和支持才是最重要的一环。换句话说，入主关中者如果不能代表关陇贵族的利益，即使占据长安也不可能最大限度地利用和发挥出关中的人力、物力，也就不可能复制"关中模式"。所以从这个角度上讲，隋末的关中已经不是人在选择战略，而是"关中"在选择"人"。

李渊、李密都是北周八柱国的后裔，关陇军事贵族的成员，明面上二人都可以得到关陇贵族的支持，但事实上，李密所能得到的支持远远不如李渊。自其祖父李曜以来，李密家族的颓败之势已经不可阻挡，加之其父李宽早亡，不仅未能入仕为官，就连传承的邢国公也被降爵位为蒲山郡公。少年英武的李密虽然颇有才能，却又被隋炀帝的一句"此儿顾盼不常，无入卫"断了仕途。此后，从加入杨玄感的叛军，再到孤身上瓦岗寨，李密已经算不得关陇"体制内"的人，更像是一个"体制外"的创业者。这时的魏公李密代表的是关东各势力的利益，烙印的是瓦岗寨的标签。

此外，有一点还需要注意，那就是关中地位的下降。北周是在长安起家的，它的后续王朝隋和唐也都定都长安。尤其是隋朝，尽管在统一天下的过程中，毁坏了山东的中心城市邺（北齐都城）、江南的六朝古都金陵，让长安成为全国唯一的政治中心，然而自两汉已降长安和关中就不再是中国的经济中心和军事中心。从开皇十四年（594）隋文帝率领臣民去洛阳就食开始，就表明这里已经供养不起一个大帝国的体量。换句话说，关中平原虽然还具有相当重要的战略地位，却不可避免地成为中原的附庸。

在这种情况下，隋唐两朝选择定都长安，最终引起了国家政治经济的失衡，不管是和平时期供应长安物资，还是战争时期保卫长安，都需要付出几倍乃至是几十倍的代价，于是中国在军事战略上也进入一个失衡的时代。

反过来再看李渊定鼎天下的过程，其之所以顺利入主关中，并成功以关中为基地夺得天下,那是因为在他入关之前,隋朝关中的主力部队已经被抽调一空,使得他以很小的代价得到了一个保存完整的关中。此后在关陇贵族窦氏、元氏、陇西李氏等家族的支持下,顺利消灭了薛仁杲、李轨这两个西北小军阀,一举掌握的资源达到了北周灭北齐前的程度。

反观关东,其四分五裂的程度远超过了秦灭六国、刘邦一统天下的时候。更要命的是,李密不惜代价与隋朝争夺洛阳的消磨战,最终让两者几乎同归于尽,这导致关东最精锐的军事资源基本都内耗掉了。余下的佼佼者,如王世充、窦建德,也不过是险胜李密的残兵降卒以及民变起家的军队,自然也就挡不住李世民的东出。

时移而事易,事易则备变。李密劝说杨玄感放弃洛阳直扑关中,自己却死磕洛阳,坐看李渊入主关中,这似乎是陷入了建言者的悖论,实则是李密及其率领的瓦岗集团不具备西取关中的条件。

西取关中难以实行,是否就一定要死磕洛阳呢?

实则大可不必。洛阳及伊洛盆地乃是一块典型的四战之地,瓦岗军虽然兵力雄强,但于此处四面受敌,终归是不利。更要命的是,瓦岗军没有一个成熟而稳固的政权基础,长期处在流动作战的状态。李密坚持以精兵强攻洛阳,一旦交战便无法迅速脱离战事，何况洛阳城坚池深，内外两重城垣高大坚固，强攻根本难以奏效。瓦岗军舍弃自身机动性，展开旷日持久的攻城战，白白错失了发展壮大的机会。

纵观全局，李密坚持攻打洛阳的原因大致有以下几方面：

第一，保护粮仓。李世民曾嘲笑瓦岗军执意攻打洛阳的行为，认为李密此人目光短浅，眷恋三大仓的粮食，是典型的驽马恋栈豆。这种"事后诸葛亮"的评价，看似很有道理，也很高明，实则反映了彼时作为秦王的李世民还不具备真正治国理政的水平，看不清楚隋朝的战略布局。

隋文帝、炀帝父子两代通过对长安、洛阳两京之外的地区实行制度化的掠夺，建构的是一个空前的"盛世"，尽管这个盛世是典型的国富民贫。但诉诸在国家战略上，却成功构建了以都城为中心，以国家级粮仓、行宫为据点的防御体系。且不说在这个过程中，产生的巨大成本和民力损耗，就这个制度设置的目的，其实就充满了防备心理。

这种防备针对的对象，是关东和江南地区，也就是北齐与南陈故地。在关东和江南地区的大批量物资被隋廷集中到两京地区之后，哪怕是再有叛乱者占据州郡，得到的也不过是一个"空壳"，反而还要承担起治民的负担。换句话说，如果没有物资的支持，地方性的叛乱就不可能完成从"乱民"到"乱军"的组织

第二章　欣戴大弟的格局

跨越，最后只能被朝廷军队所剿灭。

这种国富民贫的设计虽然很残酷，但在禁止、防御叛乱上却很有效。往往是不缺反叛者的地方缺少物资，不缺少物资的地方缺少反叛者。李密攻下洛口仓开仓放粮后，迅速就能聚集起百万流民。由此不难看出，粮食、粮仓对于李密瓦岗集团的发展的重要性。

坐拥洛阳坚城的越王集团本可凭借坚城，耗死李密，但却屡屡出兵与之野战，从刘长恭到皇甫无逸，从庞玉到段达，最后再到王世充，虽是屡战屡败，却始终与瓦岗军交战不断，目的之一就是为了夺回洛口仓和兴洛仓，保证洛阳的粮食供应。因为洛阳和洛口等仓在战略防御上是互为一体的。而李密要想维持瓦岗寨的庞大势力，就要保障三大仓城在手，而要想保障三大仓城不受攻扰，就必须要攻克洛阳。对李密和王世充来说，这是一个解不开的死扣。

第二，消弭杀翟让所带来的"后遗症"。李密杀翟让的理由是翟让等人的存在影响了瓦岗军的团结，阻碍了瓦岗军的发展。现在翟让死了，所有眼睛都盯向了他，李密将攻克洛阳作为政治资本，以此证明自己的"政治正确"，重建瓦岗军领袖地位的合法性。

与此同时，因为"反隋盟主"的耀眼光芒，李密也成了隋朝重点打击的目标，隋廷先后组织关中郎将庞玉、河北大使韦霁、河南大使王辩、河内通守孟善谊、河阳郡尉独孤武都、涿郡留守薛世雄、江都通守王世充等七路大军与李密角逐洛阳。庞玉率领的是留守关中的2万精锐；薛世雄带领的是征讨高句丽时，为数不多的打败高句丽追军的3万精锐；王世充率领的是在南方平叛多年的5万江淮劲旅。其他四路的人数尚不清楚，每路仅按1万人计算，前后援助东都的兵力就已达到了14万。加上原来留守洛阳的近20万大军。也就是说，隋廷一共动用了将近40万大军，与李密死磕，而李密只能是迎难而上。

再者，就是李密骄狂的性格在作祟。隋炀帝巡行江都，留下13岁的孙子越王杨侗留守东都，并给他配备了一套辅佐班子，但这些人在李密眼里就是一个乳臭未干的毛孩子和一群无能之辈。后来加入的王世充虽然能在李密的手下坚持几个回合，但也是胜少败多，所以李密也没太看得起王世充这个胡人。

对比瓦岗军与东都军的实力，双方领袖的军事能力，如果不是宇文化及搅局，李密打败王世充，瓦岗军入主洛阳只是时间问题。然而历史没有假设。宇文化及横插一脚的行为确实是打乱了瓦岗军围攻洛阳的计划，给了东都军以喘息之机，但真正让瓦岗军陷入被动的原因，是李密的自我感觉良好。

就在瓦岗军与东都军围绕洛阳打得不可开交之际，逗留在江都的隋炀帝死于思乡心切的骁果军之手。骁果军是隋朝的骁卫御林军,隋炀帝为东征高句丽,在征召的府兵之外,专门招募了这支骁勇善战的精锐,因而骁果军乃是职业雇佣兵。

大业十二年(616),炀帝巡行江都,10万骁果军随其南下。大业十四年(618),瓦岗军逼近东都,而隋炀帝又无意西归,思家心切的骁果军开始集体逃亡,为此隋炀帝一方面将之集体处决,以为震慑;另一方面以江都寡妇和未嫁女子强配给骁果将士,让其在江都成家,以为安抚。但大部分的骁果军将士仍然不愿留在江都。是年三月,在中层军官司马德戡等人的策划下,推宇文化及为首领,煽动骁果军兵变,弑杀了隋炀帝。炀帝死后,掌握大权的宇文化及率领10万骁果军踏上了北归返家之路。

消息传到洛阳,东都方面与李密双双收手停战。骁果军弑杀隋炀帝,宇文化及立秦王杨浩(炀帝侄子)为帝,与东都方面前有君父之仇,后有篡嫡之恨。而骁果军北归必须要经过李密的地盘,对瓦岗军来说,也是一个重要威胁。

隋炀帝死后,越王杨侗在洛阳诸臣的拥戴下登基称帝,年号皇泰。抛开沦为李渊傀儡的长安杨侑不算,洛阳皇泰政权乃是象征隋朝的正统所在,因此皇泰朝廷与宇文化及之间是不死不休的关系。

就在这时,皇泰主杨侗的第一重臣元文都出了一个我们今天看来很蹩脚的主意，那就是通过封官许愿招安李密，然后鼓动李密率领瓦岗军与宇文化及鹬蚌相争，东都朝廷趁机坐收渔翁之利，王世充对此嗤之以鼻。

反观瓦岗军与宇文化及之间的关系，还到不了你死我活的地步。瓦岗军一直奉行的战略目标，就是推翻隋朝，诛杀隋炀帝。祖君彦在《讨隋炀帝檄文》中说隋炀帝的罪行是"罄南山之竹，书罪未穷；决东海之波，流恶难尽"，表明了瓦岗军与隋朝不死不休的敌对立场。从这个角度讲，弑杀了隋炀帝的骁果军和宇文化及虽然是皇泰朝廷的叛逆，却是间接帮瓦岗军完成阶段性任务的"同志"。

对瓦岗来说，最正确的策略是示好于宇文化及和骁果军，然后资助一些物资，放其西行，让东都朝廷与其死拼。这或许会让瓦岗军和李密有损颜面，但绝对会收到实惠。毕竟只要李密不主动出击，宇文化及绝不敢上门找茬儿。

令人意想不到的是，元文都这个想当然的计策真的成了。李密不仅愿意接受招安，并愿意出兵攻打宇文化及。在与宇文化及决战之前，李密派遣使者到东都谒见皇泰主杨侗，杨侗册拜李密为太尉、尚书令、东南道大行台、行军元帅、魏国公。诏书到达瓦岗军中，李密公然北面受拜诏书，接着打出为隋炀帝复仇的旗号与宇文化及展开大战。

第二章　欣戴大弟的格局

　　李密知道宇文化及军粮草有限，假意与之和谈，并许诺借粮。宇文化及信以为真，大喜之下，允许部队放开吃喝，让本就所剩无几的军粮迅速耗尽。李密计划到宇文化及消耗完全部军粮后再翻脸，不料部下叛变，把李密的阴谋告诉了宇文化及。愤怒不止的宇文化及，主动率全军向李密发动了进攻。

　　同年七月，双方在黎阳的童山脚下展开决战。一方是装备精良、训练有素的骁果军，一方是横行天下、义军之冠的瓦岗军，注定了童山之战必定是一场恶战。此战从清晨打到黄昏，李密虽被流矢所中，却依然率领亲军冲锋陷阵，尽管如此，瓦岗军还是被骁果军所围，千钧一发之际，内军骠骑将军秦叔宝不惜身受重创，将李密及其亲军从乱军中救出。坐观战场形势的徐世勣适时从城中杀出，方才遏制住骁果军的攻势。浪荡公子出身的宇文化及哪里见过这样惨烈的大战，在己方占据上风的情况下，却临阵逃跑，就这样瓦岗军拼尽全力，才勉强击退了骁果军的进攻。

　　瓦岗军虽然没在童山之战中正面击溃骁果军，但李密还是胜利了，这是因为骁果军已没有了军粮，无法再与瓦岗军相持。童山之战后不久，骁果军自行崩溃，将领陈智略、樊文超、张童儿纷纷投降瓦岗军，宇文化及率领仅剩的 2 万人，向北逃窜，最后被河北军窦建德所杀。精锐的骁果军没有输在战场上，却败在了宇文化及的无能指挥上。隋末最精锐的一支军队，就这样退出了历史舞台。

　　元文都曾代表东都朝廷许诺李密，只要他战胜宇文化及，给隋炀帝报了仇，就可入朝辅政。因此，在宇文化及出逃之后，李密就迫不及待地回师洛阳，结果得到的却是元文都被杀，王世充入朝辅政的消息。

　　主不可以怒而兴师，将不可以愠而致战。听到王世充这个手下败将抢了自己的胜利果实，李密又犯了此前宇文化及的错误，怒而兴师。童山之战瓦岗军的损失很严重，人马疲惫，史称"劲卒良马多死，士卒疲病"。但刚打了胜仗的李密，对曾经的手下败将王世充有点看不上眼，直接率军驻扎在了洛阳北侧的邙山上，让军士在山上随意扎营，准备养好精神气力再去收拾王世充。

　　就在李密跟宇文化及对峙、决战的时候，王世充也没闲着，通过收买李密的部下邴元真，获得了大量的粮草，待到李密来攻时已是兵强粮足。王世充也不愧为一代枭雄，决定趁着瓦岗军休整的时机出手，"趁他病要他命"。为了毕其功于一役，王世充准备了三招妙计。

　　第一招，通过装神弄鬼来凝聚己方战力。由于此前屡战屡败，东都军一听跟瓦岗军交战，就有些抵触。东都军主力多来自江淮和楚地，士兵都比较迷信。为此王世充装神弄鬼，宣称自己梦见了周公，周公要他们立即讨伐李密，建功立业，否则众人会

第二章 欣戴大弟的格局

被上天降罪，死于瘟疫。这一招果然蒙骗了南方士兵，使得他们踊跃请战。紧接着，王世充又在洛水之畔修了一座周公祠，出兵之前与兵士在这里祷告、立誓，一番操作下来东都军的战意和气势被带向了顶峰。

第二招，提前安排李密的替身，打心理战。王世充深知自身实力不如李密，如果两军鏖战胶着，一定是自己先败，所以他提前准备了出奇制胜的法宝，那就是安排一个跟李密长相酷似的替身，在两军胶着时推出斩首，以此来瓦解瓦岗军的斗志。结果这一招真的很好用，在乱成一团的战场上，两方士兵根本分辨不出来李密的真假，尤其是瓦岗军一见敌方生擒了自己的首领，顿时斗志全无，而隋军将士则高呼万岁，愈加奋勇地拼杀起来，瓦岗军兵败如山倒。

第三招，提前埋伏下伏兵。战前，王世充为扰乱李密的心神，派出了一支数百人的骑兵，埋伏在李密军阵后的北邙山内，瓦岗军对这支小部队也有所察觉，但见其人少，也就没太在意。当瓦岗军阵型散乱后，这支小部队派上了大用场，他们乘机在瓦岗军的背后顺风放火。这让许多原本可以逃离战场的瓦岗军成为瓮中之鳖，最后只能在主将的率领下成建制地归降王世充。显赫一时的瓦岗军就此迅速瓦解，李密率领2万残兵投向关中李渊，王世充的势力范围则从洛阳一城猛然扩展到整个河南道。

我们反过头来再看，难道李密不知道元文都的招安计策就是一个圈套吗？当然知道！

李密早年被清除出宫廷宿卫时，是宇文化及的父亲宇文述奉隋炀帝之命所为，为此他一直痛恨宇文氏，认为是老奸巨猾的宇文述从中作梗。

再者，作为八国柱的后裔，李密看不上匈奴破野头出身的宇文氏，对于宇文化及兄弟以平庸之才而窃据高位，更是嗤之以鼻。所以从内心深处，李密就觉得宇文化及不值得自己与之虚与委蛇，更不要说示弱做小了。

从宇文化及、宇文智及的一系列表现来看，在参与争鼎的一众群雄中，宇文氏兄弟确实是不值得一提，但骁果军却是那个时代数一数二的战力，瓦岗军与之争锋，只能说是过于自傲了。

元文都抓住机会招安李密，其实也是看透了李密这种世家贵族子弟的心思。在李密看来，瓦岗军要消灭宇文化及并不难，难的是两线作战，而要消除来自东都的后顾之忧，接受招安也是一个不错的办法。更何况，战胜后还可以入朝辅政。

可以说，在洛阳皇泰政权抛出的诸项招安条件中，最令李密垂涎的就是入朝辅政。伴随着瓦岗军的做大，李密想要摆脱"盗贼"的身份，继而利用自己关陇贵族的身份，整合洛阳朝廷的政治资源，重组、优化瓦岗势力。后世的朱元璋也有此方面的问

第二章　欣戴大弟的格局

题。以红巾军起家的朱元璋,之所以不顾刘基的劝阻与嘲讽,坚持尊奉小明王的龙凤政权,痛哭流涕为小明王治丧,也是基于对"盗贼"身份的介意以及对体制内资源的渴求。

再者,李渊占据关中,扶植代王杨侑为政治傀儡,自己大权在握,已使得李密失去了施行上策(占领关中)的先机,入东都辅政,挟皇泰主以号令关东诸侯,已是李密成就大业的最后机会。

设想一下,瓦岗军击败宇文化及之后,李密真的入朝辅政,那么已经"篡位"的李渊与仍然有徐世勣、秦琼、魏徵、房彦藻等能臣强将辅佐的李密之间的对决,将会是持续、复杂的局面。结局很可能是二李都不能一统天下,而是重现新一轮的东西对峙,李渊做第二个宇文泰,李密做第二个高欢。但问题的关键是,李密小看了东都城中的王世充,也忘了自己的基本盘是瓦岗军,忘了瓦岗军的"政治初衷"是反隋、反体制。

"六国蚩蚩,为嬴弱姬",意思是六国纷争,极力削弱周王室,到头来却为秦国统一天下提供了便利。在一系列胜利的加持下,原本有实力问鼎中原的李密开始在政治战略上拎不清、犯糊涂。一会儿说隋炀帝的罪恶是罄竹难书,转眼间却又在政治上尊奉皇泰主,打出为隋炀帝报仇的旗号,宇文化及刚被攻灭,覆手之间又与洛阳皇泰政权刀兵相向。

作为一方势力的领袖,有些翻云覆雨的手段是不可避免的,就像杀翟让这件事，虽为当时乃至是后世的道德所摒弃，但要成就大事，该有的心狠手辣也是必需的。重要的是，作为争雄天下的一方势力，奉行的政治战略一定要清晰、要坚定，绝不能是此一时彼一时。

纵观李密的成败得失，我们不能说李密不懂谋略，更不能说李密不懂政治。只能说，谋略有不同的层面，政治有坚持的底线。李密今日反隋、明日拥隋的做法看似很高明，却让曾经与隋军生死相搏的手下变得无所适从，结果内耗了自己，削弱了隋朝，徒然为李唐统一天下做了"嫁衣裳"。

满招损，谦受益。《易经》六十四卦中唯有"谦卦"终吉、无咎。李密一生的成败得失，让我们看到了一个创业者的艰辛，当年那个在牛角上挂着《汉书·项羽传》的少年，可能没想到自己也会像西楚霸王一样，成为一个悲情枭雄。换句话说，李密与瓦岗军的失败虽令人惋惜，却也提醒我们，做人做事不管自己有多大的本事，都应该谦虚谨慎。谦虚不仅仅是一种美德，而且是应有的工作态度和为人处世的方式。因此我们可以说，李密事业由盛到衰的转折，不是杀翟让，也不是攻洛阳不克，而是自收到李渊回信扬扬得意的那一刻。这一封"欣戴大弟"的回信让他忘乎所以，暴露了性格中的诸多缺点，也正是这一封信让我们看到了李渊成就事业的格局。

第三章

称臣突厥的智慧

欲成就改朝换代这样的大事,"瞻前顾后"是有必要的。对李渊来说,摆平李密,让其牵制东都之兵,自己专意西进,这是"瞻前";稳住突厥,不让其在自己的背后捅刀子,这是"顾后"。

而派刘文静主动联合突厥还有另外一层考虑,那便是要借重突厥的声威。当时的形势是,东突厥取代隋王朝成为高居阴山、势压华夏的东亚霸主。李渊父子固然有图霸天下的雄心,但受时势所迫,称臣突厥乃是其势力发展壮大的前提,毕竟如刘武周、郭子和、张长逊、窦建德、高开道、薛举、李轨、王世充等北方的各路割据军阀,都与突厥有着强弱不等的臣属关系。

至于李渊为何要以绛、白两色旗混杂来表达自己的政治态度？回答这个问题前，我们首先要回顾一下突厥能在隋末唐初取得威压中夏、以华制华的发展历程。

一、从柔然煅奴到草原霸主

自184年黄巾起义，至589年隋朝平定江南。除西晋有过短暂的统一之外，中原大地长期处于纷乱之中，这为北方草原族群的兴起提供了广阔的发展空间。至鲜卑拓跋氏进入内地建立北魏王朝，柔然又成为与之颉颃的草原霸主。北魏勃兴，柔然衰落，突厥人崛起于金山之阳（今新疆辖领的阿尔泰山东南麓），又取代柔然称雄于北方。

关于突厥族群起源的传说故事有很多，用杜佑《通典》中的话说："诸说虽殊，俱是狼种。"也就是说，突厥是一个崇拜狼和以狼为图腾的种群，后世的蒙古反而不是。突厥人逐渐有了族群意识是在4-5世纪之间，此时他们活动在阿尔泰山与天山之间。此后突厥将牙帐迁至漠北的于都斤山，但可汗每年会派人祭拜高昌（今新疆吐鲁番市高昌区）西北山中的先窟。

真正带领突厥崛起的首领是阿史那土门。土门的突厥语是Tuman，意思是万户之长。从这个音译后的名字可以看出突厥彼

第三章 称臣突厥的智慧

时的实力。546年，与突厥一样臣属于柔然的铁勒族群，不堪压迫，举兵反抗。

作为柔然锻奴的突厥，同样饱受柔然的欺凌，但他们并未附和铁勒人的反抗，反而是主动请缨镇压。得益于兵甲精良、勇猛善战的突厥人以少胜多，在战役中收服了数万铁勒人，从此势力大增，一跃成为草原强蕃。

从匈奴到蒙古，再到满洲女真，都在用血淋淋的事实讲述着游牧族群的政治经验，那就是欧亚草原上的政治走向，始终是以实力来决定的，而不是中原王朝所提倡的礼仪纲常。

传统史书在记述草原族群时，经常用到"别部""别种"等词汇。所谓的"别部""别种"，是指在政治上相统属，种族上相异的部落。那么，为何在草原游牧政权中会有诸多的"别部"和"别种"呢？

原因是当一个部落强大时，周边的弱小部落就会逐步被吸附，或者被征服，这是千百年来草原游牧政权发展的规律。以薛部和延陀部为主体组成的薛延陀，以内外九姓为主体组成的回纥，是"吸附型"的案例。征服塔塔儿部、蔑儿乞部、乃蛮部、克烈部、弘吉剌部的乞颜部蒙古，则是"征服型"的典范。

突厥也不例外，其族群发展的过程也遵循着这一规律。在吞并、整合大批的铁勒人群之后，阿史那土门一面向柔然汗庭报功，一面向柔然可汗请婚，希望迎娶柔然的公主。收到土门的捷报，柔然可汗阿那瓌先喜后怒，喜的是铁勒各部的叛乱被平定，西方恢复安稳；怒的是突厥趁机坐大，土门恃功放肆。

随即，阿那瓌遣派使者斥责土门，"尔是我锻奴，何敢发是言也"。被拒婚且受到羞辱的土门，一怒之下杀了阿那瓌的使者，自此与柔然刀兵相向。

土门携功邀婚，是想通过姻亲之好，与柔然平起平坐，这无疑是过于乐观。面对土门的求亲，阿那瓌婉拒也就是了，然其却在拒婚后遣使羞辱突厥，也是十足的目光短浅，他忘了南方被他欺凌已久的东魏、西魏都在等待机会，寻求新的盟友来对付他。至于，土门怒而杀使，无疑也是意气用事。

然无论如何，突厥与柔然的反目，让草原与中原各大势力之间的关系进入了新一轮的洗牌和重组，并最终影响了中原势力间的平衡，变更了北方草原的政治形势。

抛开僻居江南的陈朝，北方草原上是突厥与柔然在互争，中原地区是北周与北齐在对峙。一番权衡利弊，突厥最初选择与北周的前身西魏结成同盟关系，对抗柔然。柔然败亡后，突厥的强势崛起对北朝后期的政局产生了重要影响。

自高欢与宇文泰对峙以来，东魏（北齐）的实力长期领先于西魏（北周），掌握着战略上的主动权。西魏（北周）为了扭转

第三章 称臣突厥的智慧

这一局面，竭力结好于突厥。从北周闵帝宇文觉到武帝宇文邕，先后多次遣使向突厥求婚，以求巩固双方之间的联盟。最终在北周君臣的不懈努力下，周武帝成功迎娶了突厥木杆可汗的女儿，即历史上有名的阿史那皇后。

北周与突厥的进一步联盟，给北齐的北疆边防造成了极大的压力。为防御突厥人的进攻，除北齐文宣帝高洋主动出击之外，其他时期多是被动防守，因此在正史中记载北齐年年修筑长城。客观上讲，突厥与北周的联盟，极大地牵制与消耗了北齐的国力，使得北齐在与北周的交锋中无法投入全部的力量，突厥就像一根刺扎在北齐的周围，处处制约着北齐。

随着时间的推移，北齐北周的力量对比产生了较大的变化，由原本的齐强周弱变成了齐弱周强。出于自身的利益考量，突厥开始施行扶齐抗周的策略。北齐在此时也开始极力贿赂突厥，北周担心突厥背盟助齐，也全心全意结好突厥，周齐双方在贿赂突厥的问题上，开启了相互竞赛，突厥则借此坐收渔利，骄矜自傲的佗钵可汗曾说"但使我在南两儿常孝，何忧于贫"，全然不把北齐与北周看在眼里。

后世史书认为，北周之所以以弱胜强"终亡齐国"，乃是得益于与突厥的合纵。这大概是根据北周讨好突厥的一贯政策，与曾经周突双方合讨北齐的经历而下的结论，这显然是与历史不符的。

站在突厥的角度上看,其与北齐、北周之间的政治关系是灵活多变的,先后经历扶西抗东,到维持均势,再到扶东抗西三个阶段。

前期,突厥施行连周抗齐的策略,属于是弱弱联合、抱团取暖。中期,由于北周与北齐间的拉锯对峙,突厥又彻底消灭柔然,全面崛起于草原,这使得周齐双方都有所顾忌而不敢贸然发动战争,突厥成为维持中原政权间和平的重要外部因素。后期,周强齐弱,突厥转而扶持北齐,反过来阻挡北周统一北中国的历史进程,其扶植北齐宗室高绍义、高宝宁盘踞辽西,即是例证。

从维护突厥利益的角度出发,只有中原混乱,东西纷争、南北对峙,突厥才能以华制华、坐收渔利,反观如果华夏一统,其面对的将不再是任凭自己随意拿捏的庞然大物。对于完成北方一统的北朝而言,欲实现对南中国的一统,首先要解决的就是突厥这个后患。历史将这一重任交给了隋朝。

二、东西分裂、臣属隋朝

古来得天下之易,未有如隋文帝者。赵翼如此评价隋文帝的背后,所影射的是隋朝的"得国不正"。杨坚取代北周称帝,好

第三章 称臣突厥的智慧

像是又一个霸府凌驾于皇权之上的故事,然而隋朝最终能并吞南北,结束五胡乱华以来国家四分五裂的局面,这一伟绩丰功绝对是值得赞扬的。

隋朝取代北周建国,最先面临的就是北方突厥的威压。彼时的突厥不仅在辽西地区扶植北齐宗室的残余势力骚扰隋朝,更是鼓动高句丽等中原藩属国与隋对立。实力远胜江南陈朝的大隋,之所以在立国九年后才完成长城以南的国家统一,很大程度上正是由于突厥在战略上的迟滞。因此,降伏突厥或者暂时稳住突厥,也就成为隋朝结束中原300年分裂,实现南北一统的要务、急务。

在杨坚取代北周的前一年,也就是580年,北周朝廷将赵王宇文招的女儿千金公主嫁给了突厥的沙钵略可汗。站在王朝国家的角度上来看,北周与突厥的和亲,不过是一桩常规的政治性联姻,北周欲借此保障北方的稳定,突厥则借此获得经济利益。

新兴的大隋王朝只要愿意继续"付出",突厥就不会在乎自己与北周之间的姻亲关系,毕竟决定双方邦交的是利益,而不是感情。偏偏隋文帝杨坚并不买突厥人的账,登基之后的他马上停止了给突厥的岁币,这极大地损害了突厥的既得利益。

中原王朝停止岁币,为何会让突厥饱受损失呢?

这是因为此前中原分裂,北齐与北周竞相贿赂突厥,突厥坐收汉地丝帛、百货，然后转手再卖给西方波斯人、哒哒人，他们在中间赚取高额的差价。而替突厥经营买卖的是丝绸之路上的天才商人——粟特人。断人财路，如杀人父母。习惯了称王称霸的突厥人，如何会善罢甘休？

一直撺掇沙钵略可汗为自己娘家报仇的千金公主，抓住机会，化悲恨为智慧，再次鼓动沙钵略对隋朝发动战争。

需要注意的是，历史不仅有幽隐的细节，也有大势所趋的宏观。从宏观上来讲，新上台的沙钵略可汗，即使千金公主不吹枕边风、不哭闹，他也会出兵攻打隋朝，因为他要巩固汗位，压服身边的贵族，就得源源不断地从中原地区拿东西、抢东西。如果不能从南方汉地获得财富，人心就会散，队伍也就不好带了。至于为北周复仇，只是其进兵的一个理由。

就这样，不愿意接受隋王朝强势崛起的突厥，在可汗沙钵略的率领下，打着为北周复仇的旗号，对新诞生的大隋王朝发动了进攻。

582年，沙钵略征召国内40万控弦之士，拉上了盘踞在营州的北齐残余势力高宝宁部，分三路南入长城，攻打隋朝。刚刚立国的隋朝君臣并没有恐惧，而是同仇敌忾，奋起迎战。

就在这一战中，隋朝方面涌现出了一批战斗英雄和突厥问题专家，其中最著名的有达奚长儒、史万岁、长孙晟三人。

第三章　称臣突厥的智慧

达奚长儒，是带有东胡血统的鲜卑人，由于其家族在关陇数十年的浸染，至达奚长儒这一代，其已经是汉化很深的鲜卑人。所以在达奚长儒的身上，既有鲜卑人的骁勇善战，也有汉人的智慧与坚韧。

582年七月，沙钵略率领的25万中路军主力一路破关斩将，杀入陇右，负责防守弘化（今甘肃庆城县）的行军统帅虞庆则，派达奚长儒率领麾下2000名士兵，出城探听动静，结果在周槃（今甘肃合水县西南）遭遇了沙钵略率领的突厥主力。

面对一眼望不到头的突厥骑兵，多数隋军士兵露出了恐惧的表情。骁勇善战的达奚长儒知道，这时候绝对不能恐惧，更不能转身逃跑，因为逃跑的结果只有一个，那就是被突厥骑兵踩成肉泥，毕竟人跑得再快也跑不过战马。

为凝聚士气、鼓舞斗志，达奚长儒下马聚兵，将2000名兵士汇聚成一个圆阵对敌。面对排山倒海的突厥骑兵，隋军的圆阵被反复冲垮，但又以达奚长儒为中心反复凝聚。如此这般且战且走，前后三天，这支只有2000人的小部队打退了突厥人14次大规模的进攻。弓箭耗尽了用刀矛，刀矛卷刃了，隋军将士就以拳头为兵器，直至手上的骨头都露了出来，但就是没有一个人屈服。其中达奚长儒的作用是不可忽略的，作为统领的他，身受轻伤13处，重创5处，贯通伤2处，但他始终坚持作战。

十数万精骑拿不下两千隋军，令沙钵略感到很恼火，但转战三天的隋军已靠近了弘化城，城中的隋军主力随时都可以增援，突厥军至此已经没了胜算，尽管不甘心，最后只得下令撤兵。就这样，达奚长儒率领的这支只有2000人的队伍，以1800人的牺牲为代价，取得了歼灭万人的战果，创造了中外战争史上的奇迹。

在中国古代战争史上，以少胜多的战役数不胜数。但在兵力相差如此悬殊的情况下，仍敢于拼杀到底，敢于与敌人亮剑，即便兵器都折断了，也要亮出拳头，在气势上压倒对手，靠的是绝不妥协的意志，靠的是狭路相逢勇者胜的气概。正如《隋书》中所赞美的那样，"长儒以卒二千抗数十万之虏，师歼矢尽，勇气弥历，壮哉"。

收到弘化战报的隋文帝君臣，深受震撼，也深为感动。朝会决议要从精神上到物质上通力嘉奖这支部队，主将达奚长儒策勋四转，进位上柱国，荫受一子为官，两千士兵全部晋升，战亡者追赠官阶三级，子孙承袭。

在三路南下的突厥联军中，东路军的组成最复杂，分别是盘踞在营州的北齐残余势力高宝宁部以及契丹、奚等突厥属部。从全局战略上来看，这一路属于策应。如果中、西两路突厥大军占据上风、打开局面，这一路联军会势如猛虎、威压幽燕；如果是

第三章 称臣突厥的智慧

隋军占据上风，便会出工不出力。

率领中路突厥主力的是大可汗沙钵略，与之对阵的隋军分别是宰相虞庆则部、宰相高颎部及隋文帝的幼弟卫王杨爽部、堂弟河间王杨弘部，云集了双方的主力军团。

反而是阿波可汗统率的突厥西路军，在兵力和战略上都占据优势。负责抵御阿波可汗的是隋文帝的姐夫、凉州道行军总管窦荣定。面对气势汹汹的突厥军，窦荣定决定以攻代守，御敌于城外，结果两军在凉州城北的高越原（今甘肃民勤西北）相持不下。

高越原地处沙漠地带，干枯少水，隋军因为干渴而造成的战斗减员高达十之二三。相比之下，突厥人更能够忍饥渴、耐风沙，战斗力依旧保持旺盛。于是，窦荣定想出了一个斗将的办法。他派人跟阿波可汗说"士卒何罪过，令杀之，但当各遣一壮士决胜负耳"。自诩英雄的突厥人，欣然允诺，并期望借此打击隋军的士气。

窦荣定敢夸下如此海口，那是因为大隋第一勇将史万岁在其军中。史万岁的骁勇，在平定尉迟迥的叛乱时就已初露峥嵘，并因此积功至上大将军。后受到上司的牵连，发配敦煌（今甘肃敦煌西），贬为戍卒。在戍边的过程中，史万岁常常单独一人深入突厥境内，掠夺羊马，突厥无论多少人，没有敢抵挡他的，因此敦煌戍卒史万岁之名威震北夷。

栖身在窦荣定军中的史万岁，本就抱有立功赎罪的打算，所以比平时更加卖力。突厥一方先后派出数名骁将出阵挑战，结果都被他斩于马上。万军之中取上将首级，用来形容史万岁是再恰当不过的。有史万岁在，突厥人斗将就没有胜的希望，而大军会战又因斗将输了士气，不敢再战，本就与沙钵略有矛盾的阿波借机退兵。

如果说达奚长儒和他率领的队伍体现的是隋军英勇顽强的集体面貌，那么史万岁代表的则是隋朝将领的个人英雄主义精神。有如此英勇的将领，有这样坚韧的士兵，隋朝也就成功抗住了突厥的第一波攻击。

此次突厥南下因为隋军的顽强抵抗，被迫撤军，但隋朝的北疆边防形势依然很严峻。加上隋廷当时奉行的是先南后北、南攻北守的政策，驻扎在江淮南线的军队不能轻易北调，而只靠北疆的卫戍军队又不足以击败突厥。这种军事上的势均力敌，决定了隋突双方必须要在"伐谋"与"伐交"上出奇制胜。

就在此次战役中，隋朝方面还涌现出了一位优秀的突厥问题专家——长孙晟。

长孙晟出身于北魏的皇族，是北魏上党文王长孙稚曾孙、北周开府仪同三司长孙兕第三子，也是大唐贤后长孙皇后、凌烟阁

第三章　称臣突厥的智慧

第一功臣长孙无忌的父亲。金庸小说中"一箭双雕"的射雕英雄郭靖的原型也是他。他是那个时代最出色的"外交家",是隋朝平定突厥的主要功臣,更是影响隋唐两朝与草原游牧族群政治关系走向的第一谋略家。

580年,北周千金公主和亲突厥,长孙晟因文武双全、长相出众,被选为送亲副使。突厥可汗沙钵略看不上宗室出身的送亲正使宇文神庆,但对长孙晟这位副使却是青睐有加,并邀请他在突厥小住。为了双方的和平,长孙晟欣然允诺。

一次出游,路遇两只大雕为争夺一头山羊而相互搏击,沙钵略给了长孙晟两支箭,让他射杀两雕。长孙晟只接过一支,而后盘马弯弓,一箭射中了双雕,精于骑射、崇拜勇士的突厥人对此无不喝彩,这就是成语"一箭双雕"的出处。惊异于长孙晟的箭术,沙钵略命突厥国中的子弟贵人与其亲近,学习其射箭的本事。就这样,长孙晟在突厥前后住了两年。

长期以来,突厥一直是北周的大患,犹如匈奴对于汉朝。因此,每次行猎、出游,长孙晟都会将沿途经过的山川地理、水源草场一一记下,并暗中打听突厥各部之间的恩怨与实力强弱。

沙钵略的弟弟处罗侯,年轻有为,很能服众,结果遭到了沙钵略的猜忌,长孙晟主动交往,并与之歃血为盟,结为兄弟。处罗侯也非常愿意与长孙晟结交,大小事情也不瞒着他,甚至就连突厥内部的机密问题也一一讲述给他听,是以长孙晟对突厥的军政问题了如指掌。

此次突厥南下,长孙晟第一时间就给隋文帝上了平突方略,概括起来就是八个字"远交近攻,离强合弱",从后来历史的发展来看,这份对突厥问题分析和谋划的报告,不仅应对了燃眉之急,也成为隋唐两朝经略北方草原族群的指导性纲领。

为加强属部、属国的管治,草原游牧政权一向施行的是分区治理的方式。例如,匈奴的左、右王将制度,鲜卑的左、中、右三部大人制度。突厥的崛起与匈奴、鲜卑并无本质上的区别,也属于部落联盟体制。

因此,在突厥大可汗之下,还有数位统辖一方的小可汗。小可汗在名义上要臣服于大可汗,实则对本部落拥有绝对的控制权,所谓"各统强兵,俱号可汗,分居四面,内怀猜忌,外示和同,难以力征,易可离间"。

根据相关突厥史料考察,隋朝初年突厥共有大小七位可汗,其中实力强劲、怀有异心的有五位,分别是:

沙钵略可汗,阿史那摄图,突厥大可汗,是突厥各部的共主。

达头可汗,阿史那玷厥,突厥西面可汗,沙钵略的再堂叔。

阿波可汗，阿史那大逻便，突厥西北面可汗，沙钵略的堂弟。

突利可汗，阿史那处罗侯，突厥东面可汗，沙钵略的亲弟弟。

第二可汗，阿史那菴罗，突厥北面可汗，沙钵略的堂弟。

除政权组织方式外，诱使突厥内部产生尖锐矛盾的，是汗位继承方式。

春秋时期，有一桩著名的刺杀案——专诸刺王僚。故事说的是，吴国国君诸樊、余祭、夷昧三兄弟相继王位，在三兄弟全部谢世后（老四季札主动避位），老三夷昧的儿子公子僚坚持父死子立，引起了老大之子公子光的不满，最后引发了刺杀案。

突厥的汗位继承情况，与吴国很类似，也是兄终弟及与父死子继交叉进行。

突厥第一任可汗土门去世后，他的三个儿子相继承继汗位，依次是阿逸可汗、木杆可汗、佗钵可汗。包括突厥在内的北方草原游牧族群，之所以经常采取兄终弟及的传位方式，是为了保证部落时时有成年、强壮、有力的首领。上一代兄弟轮流担任可汗后，再由下一代最年长的儿子继承汗位。这个制度的优点是有利于部落发展，但关键点或者说缺陷，就在于两代之间总会有权力传承，进而产生继承矛盾。

佗钵可汗临终之际，遗命次兄木杆可汗的长子大逻便为大可汗，这引起了他另一侄子摄图的不满，佗钵死后，摄图联合国人以大逻便"母贱"为由，推举佗钵的儿子菴罗为大可汗。

摄图联络的"国人"，不是普通百姓，而是指在突厥汗国中拥有"决定战、和、可汗继位人选以及各种重大问题"的蓝突厥族属，这种蓝突厥族属组成的贵族会议，在权力和行使方式上，类似于后世蒙古帝国的库力台大会。

菴罗性格懦弱，既不能在实力上压服大逻便，也不愿接受摄图的政治扶植，故而将大可汗之位再次越过大逻便，让给摄图，即突厥的第六任大可汗，史称沙钵略可汗。

为弥补大逻便和菴罗，沙钵略分别册封他们为阿波可汗与第二可汗。然而，这并不能化解阿波可汗对沙钵略的敌意。我们上面提道，582年，阿波可汗率领的西路军，在与窦荣定斗将失败后，依照约定撤兵。但背后促使阿波愿意"依约"的是阿波与沙钵略的矛盾。隋军方面（彼时长孙晟也在窦荣定军中）也正是看出了这一点，才以斗将为名，给阿波一个撤兵的"理由"。

简而言之，佗钵可汗亡后，二代子弟因为汗位已经是矛盾深

第三章　称臣突厥的智慧

种、弥缝难合。如果说菴罗属于暗恨沙钵略，那么阿波则属于明恨沙钵略。而突利可汗处罗侯又因个人才能问题与沙钵略这个哥哥离心离德。

除了汗位承继这个"旧"问题之外，突厥内部还有一个"新"问题：即西面突厥的坐大。突厥第一任可汗土门，为了专心对付柔然，经营东方草原，留下自己的弟弟室点密经营西面，这种分工与后金时期努尔哈赤与舒尔哈齐兄弟很相似。

室点密的才能一点也不输于土门，他先后向南征服了高昌、龟兹等塔里木盆地周缘的绿洲城国，向西联合波斯瓜分了西域霸主嚈哒。此后，又击败柔然残部阿瓦尔人，将其逐往伏尔加河一带。凭此功绩，室点密被土门册封为西面可汗，名义上仍继续接受大可汗的管辖，但随着土门的过世，大可汗先后是他的三个侄子，因此西面突厥拥有极大的自主权。

至沙钵略时代，西面突厥的势力已经超越了大可汗沙钵略，出任西面可汗的是室点密的儿子阿史那玷厥，即达头可汗。双方之间不仅是血缘开始疏远，就连上下关系也变得紧张。以堂叔自居的达头可汗，与大可汗沙钵略，名为君臣，实则是分庭抗礼、各霸一方。

经过长孙晟这一番介绍和分析，隋文帝按照"远交近攻，离强合弱"这八字方针，对突厥展开了离间、分化工作。

首先是"远交"达头。隋文帝派太仆卿元晖出伊吾道至西面突厥牙帐，联络达头，并将象征权力与地位的金狼头纛赐给达头，表明隋朝认可达头是突厥各部的共主，达头对此欣然接受。闻听了这一情况的沙钵略可汗，很快就与达头相互猜忌。

其次是"离强"处罗侯。处罗侯是沙钵略的亲弟，两兄弟之间虽相互猜忌、多有龃龉，但在重大问题上却能彼此呼应、一致对外。基于此前的香火情分，长孙晟自请至处罗侯处施行离间计。隋文帝非常高兴，立即以长孙晟为车骑将军，携带金帛锦缎，去结好契丹、奚等部族，力图在处罗侯处广布心腹，诱其内附。

再次是"合弱"阿波。在与沙钵略有矛盾的四位小可汗中，阿波对他的恨最深，但自身实力却是最弱，所以他成为隋廷主要扶持的对象。更巧的是，隋廷还没有专门派使者至阿波可汗处离间，沙钵略就偷袭了阿波的驻地，收拢了阿波的部众，杀死了阿波的老母妻儿，阿波本人只能仓惶逃窜至达头可汗处栖身。

本就与沙钵略水火不容的达头，听到阿波的遭遇，既同情又愤恨，随即拨出一支兵马为阿波报仇，阿波也无愧英勇之名，先后数战数捷，不仅夺回了部众、草场，而且还打得沙钵略大败亏输。自此，突厥内部分化为以沙钵略为首的东面突厥和以阿波为首的西面突厥。

第三章 称臣突厥的智慧

原本是突厥以汉制汉，坐观北齐与北周互斗。然而风水轮流转。现在变成了突厥东西分裂，隋朝坐山观虎斗。自此以后，在与突厥的交战中，隋军虽还有过失败，乃至是大败，但隋突之间的攻守已然易势，隋朝掌握主动的大势已是不可阻挡。

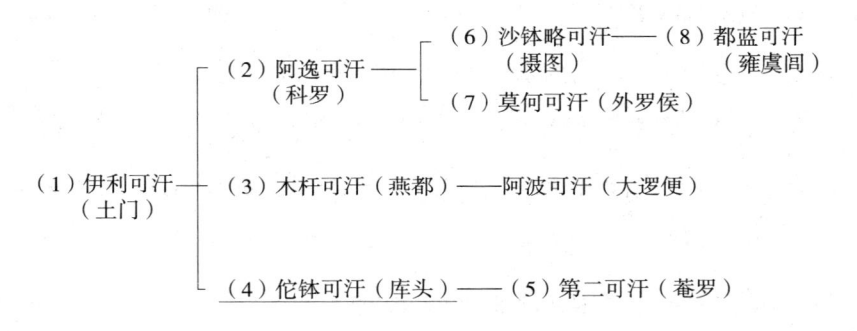

```
                    ┌─（6）沙钵略可汗──（8）都蓝可汗
        ┌（2）阿逸可汗─┤      （摄图）         （雍虞闾）
        │  （科罗）    └─（7）莫何可汗（外罗侯）
（1）伊利可汗┤
  （土门）  ├（3）木杆可汗（燕都）──阿波可汗（大逻便）
        │
        └（4）佗钵可汗（库头）──（5）第二可汗（菴罗）
```

图 3-1　突厥汗国前期大可汗世系

伴随着"远交近攻，离强合弱"策略的初步奏效，西抗阿波、南抗大隋的沙钵略有些顶不住了。向隋朝请和，成为其君臣的一致性看法。如此一来，急坏了北周的和亲公主、时为突厥可贺敦（王后）的千金公主。

汉家青史上，计拙是和亲。用冠冕堂皇的话说，和亲是政权与政权之间通过婚姻之好，达到停战、摒弃前嫌，建立和平、友好关系的行为。但对当事人而言，尤其是那些被迫和亲的公主，这种婚姻并不是你情我愿的。在古代一众和亲公主中，千金公主的遭遇最坎坷，也最悲哀，因为在她的背后已没有了"娘家"的支持。

现在突厥势弱，隋朝势强。聪明的千金公主闭口不提报仇之事，而且一反常态，主动请求认隋文帝与独孤皇后为干爹、干妈，放弃宇文旧氏改姓杨，并希望由她代表隋朝继续与突厥和亲。对急于用兵江南的隋朝来说，这算是一件好事。

于是，隋文帝顺水推舟，改封千金公主为大义公主，由她完成隋与突厥的首次和亲。"大义"这个封号，细细品来，颇值得玩味！可以理解为"大义灭亲"，也可以理解为"深明大义"，然而不管是哪一个都饱含着强烈的讽刺感。

按理说，此时的沙钵略应该认清时势，卧薪尝胆、韬光养晦。然而，在给隋文帝的国书中，却依旧表露出倨傲的态势。

作为双方通好的国书，当事人既要在内容上把握好分寸，也需要在彼此的称谓上保持得体。为拔高自己的地位，沙钵略在自己的可汗号前添加了一连串的头衔，自称"天生大突厥天下贤圣天子、伊利俱卢设莫何始波罗可汗"，对隋文帝则直接称为"隋皇帝"。较之木杆可汗"我两儿在南常孝顺"的蔑视语气，沙钵略此举虽有所郑重，但仍然表现出对隋王朝的藐视。

自汉魏以来，"皇帝"的称呼，皇帝的玺印只对内使用，对外则是以"天子"的名义和符印。换句话说，皇帝之名只适用于

第三章　称臣突厥的智慧

华夏，天子之名才是针对华夏之外的四夷。沙钵略以"天子"自称，以"皇帝"称隋文帝，虽是弱势下的主动求和，但骨子依然浸透着昔日的桀骜。所以，隋王朝仍有必要采取"远交近攻，离强合弱"策略，继续分化东突厥。

结果还没等到隋朝出手，沙钵略就一命呜呼了。其后继位的是突厥内部的亲隋派代表——处罗侯，隋突双方进入了一个相对和平的时期。隋朝利用这一空当消灭江南陈朝完成了统一，而东突厥也在处罗侯的率领下积蓄实力。

处罗侯在位不足两年，汗位又传给了沙钵略的儿子雍虞闾，史称都蓝可汗。都蓝其人相貌不扬，看似是病虎、睡鹰，实则时刻想着噬人。先后嫁给佗钵、沙钵略、处罗侯叔侄的千金公主，现在又嫁给了突厥第三代汗位继承人的都蓝，而夫妻二人对待隋朝问题，都有强烈的敌视感，于是通力合作，与隋朝针锋相对。

隋灭陈后，隋文帝将陈后主曾使用过的一架精美屏风赐给了千金公主。表面上看，这是隋文帝在得到江南好物时，惦念着自己的干女儿，以示双方的亲好关系，实则这也是一种变相的警告。久居塞外的千金公主见到如此华美的屏风，睹物思人，一时间国仇家恨涌向心头，悲愤哀伤之余，写下了流传千古的《书屏风诗》：

盛衰等朝暮，世道若浮萍。

荣华实难守，池台终自平。

富贵今何在？空事写丹青。

杯酒恒无乐，弦歌讵有声。

余本皇家子，飘流入虏庭。

一朝睹成败，怀抱忽纵横。

古来共如此，非我独申名。

惟有明君曲，偏伤远嫁情。

仅从文学的角度上来看，这首诗写的可谓是动人心弦、感人肺腑，以自己的亲身遭遇比附昭君出塞的经历，更是情真意切，感人至深。然而，缺少浪漫主义文学情怀的隋文帝却并不这么看，他从这首诗中看到的是千金公主对隋朝的怨恨和对自己这个"干爹"的不满和嘲讽，因此下定决心除掉千金公主这个隐患。千金公主也万万没有想到，一时的感慨竟给自己带来了杀身之祸。

又是突厥问题专家长孙晟，站出来给隋文帝出谋划策。其方法就是继续离间分化东突厥。处罗侯将可汗位传给都蓝，这引起了一个人的不满，那就是处罗侯的儿子——阿史那染干。

处罗侯即位大可汗后，染干代统契丹、奚等东方诸部，成为

第三章　称臣突厥的智慧

突厥内部的三号实权派。基于汗位继承的矛盾，在隋廷许诺和亲的诱惑下，染干最终与都蓝决裂，亲附隋朝，成为隋朝前出长城牵制突厥的楔子。而染干的附隋，又引起了东、西突厥的联合攻击，继而导致了其部落离散。

此时的隋朝并未因为染干部落失散而放弃他，反而是给予全面的扶持。在政治上，隋文帝没追究染干亡失和亲公主的罪过，而是再次下嫁义成公主与之和亲，并且册封其为"意利珍豆启民可汗"（简称启民可汗），意思是英明勇健的可汗。在经济上，给予其部丰厚的粮草、牛羊，让他们休养生息。在军事上，为了保护染干所部不受都蓝的侵扰，隋廷又将其部从黄河前套平原南迁至鄂尔多斯高原。

感念隋文帝的收留和扶植之恩，为表达诚意臣服的染干，在开皇十八年（598）所上的谢恩表中，首次尊称隋文帝为"圣人莫缘可汗"。

谢恩表的大意是，大隋圣人可汗，您怜爱天下的百姓，就像是天地一样，没有一处是不覆盖的、不承载的。我染干不幸被自己的堂兄针对，兵败而投奔您，您不仅没有嫌弃我们突厥百姓，还将我们安置在安全的地方，给予我们经济上的援助。我染干有幸得到您的恩赐，就像是枯树又长出了树叶，枯骨又长出了血肉一样，重新活了过来，为报答您的恩情，就让我和我的子孙们，世世代代为大隋朝典养羊马吧！（隋圣人莫缘可汗，怜养百姓，如天无不覆也，如地无不载也。染干譬如枯木重起枝叶，枯骨重生皮肉，千万世长与大隋典羊马也。）。

无论是基于分化突厥的目的，还是试图通过扶立染干来展示隋廷建立天下秩序的怀柔心胸。正是因为有了隋朝的庇护，染干才由溃败南逃时的一无所有，到人民羊马遍满山谷。换句话说，没有隋廷的经济援助和武力保护，也就没有启民部的兴盛。从此后染干与其所部蕃兵积极为隋朝东征西讨、效命疆场的结果来看，隋文帝这种制度与恩义相结合的治理方式，在突厥身上取得了成功。

总的来看，染干是隋朝一手扶植起来的可汗，在隋朝与突厥的关系中，他是一个转折性的政治人物。基于种种原因，沙钵略与都蓝虽与隋文帝建立了翁婿关系，但主体上双方还是处在博弈、互争之中，而启民可汗与隋朝之间，基本上就是上下有别的君臣关系了。

至仁寿四年（604），也就是隋文帝在位的最后一年，东、西突厥彻底分化为两部分，西突厥将势力重心转移至中亚地区，东突厥全心归附隋朝，成为隋朝的"内臣"。至此，隋朝北方的突厥问题得到了完美解决。

第三章　称臣突厥的智慧

三、雁门兵变、制隋压唐

经过隋文帝君臣的又打又拉、又拉又打，元气大伤的东突厥彻底臣服在了隋文帝的脚下，尊崇其为"圣人可汗"，即突厥可汗的可汗。

同时，突厥利用隋朝对自己的政治庇护与经济扶植，也得到了井喷式的发展，其统治重心和基本核心区也已由漠北转移到了漠南。换句话说，经过隋朝扶植而建立的东突厥汗国，不再是一个纯粹的——定都漠北——草原式游牧政权组织，而是一个与汉地文化、经济有着深厚联系的中原藩属。

至隋炀帝即位时的东突厥，已经是人民滋繁，羊马满溢山谷。可以说，突厥已经缓过劲儿来了。因此，隋炀帝想要通过北巡来震慑、打消其野心。不料，两次隋炀帝的北巡不仅没有达到理想效果，反而让突厥在"一暗一明"的谋划下，为隋王朝埋下了两颗"炸雷"。

隋炀帝杨广是一个艺术气质很浓的帝王，他的许多想法往往是天马行空，行事也多因此而具有浪漫主义的英雄色彩。在十余年的帝王生涯中，他不喜欢待在皇宫中发号施令、驾驭群臣，更喜欢用亲临现场的方式解决问题。为此，巡塞北、巡河西、下江南、征辽东,他的足迹踏过阴山下、登过单于台,走过青海湖、翻过祁连山,渡过辽水也越过长江。粗略估算下来,在他14年的帝王生涯中,真正待在大兴、洛阳两京的时间很短,几乎大多数时间都是"在路上"。

大业三年(607),隋炀帝北巡突厥的目的"不是世界那么大,他想去看看",而是作为游牧部族的东突厥和附汉的南匈奴一样,都具有桀骜不驯、骁勇善战的特性,尽管启民可汗还很恭顺,但复盛后的突厥已然是隋朝北部的一个不安定因素。所以隋炀帝的北巡是为了震慑突厥。为此,他搞了一场极其盛大的巡行。

首先是随行大军结成方阵前进,以排山倒海的气势震慑突厥兵马。

此次北巡,隋炀帝携带有50万甲士、10万匹马,选择哪条路走,如何行军,是很重要的事情。关于如何行军,随行的隋廷文武有两种截然不同的意见。

一是,太府卿元寿认为此次携带50万大军北巡本就是意在夸耀、震慑突厥,所以行军的场面一定要够排场、够威风。具体做法是,学习汉武帝当年的北巡故事,将50万大军分为25路,隋炀帝携御营居后,其他24路大军,每天出一军,每军相隔30里,鼓角相闻,首尾相继,旌旗前后连绵,以此展示隋军之盛。

第三章 称臣突厥的智慧

二是，定襄太守周法尚建议全军结成方阵，皇帝御营与百官及其家眷居中，骑兵分布两翼，前军配备战车，全军逐次推进。

众所周知，隋炀帝是一位好大喜功、讲究排场的皇帝，但这一次不仅采纳了周法尚的建议，还擢拔周法尚为左武卫将军，负责前军军务。不难看出，隋炀帝君臣对复盛后的突厥还是颇为忌惮的。

周法尚这种刺猬结合乌龟的行军方式，虽然不像"元寿建议"中的那般威风，但这种行军却充分体现了隋军的战斗素养与战斗特长以及隋廷君臣的谨慎与警惕，反而更让突厥人产生畏服心理。

在大军之外，北巡队伍还有众多的僧、尼、道士、女冠以及百戏班子。为什么要带这些人呢？

清朝乾隆皇帝一句"兴黄教，即所以安众蒙古"的总结，全面展示了宗教活动、文化传承在国家边疆治理中的作用。突厥汗国强盛时期，北齐为与之交好，就曾派大德高僧赴突厥，与佗钵可汗讲论佛法。隋炀帝携带僧道等宗教界的大德高人，让他们在突厥讲法说经，既是为展示中原文明的成果，也是导其向善。

携带百戏班子就更好理解了。艺术是不分族群的，没有国界的。多姿多彩的艺术表演自古至今乃是国家之间、族群之间交流、交往的重要纽带。更重要的是，隋炀帝携带的百戏里有许多让突厥人感到神秘的幻术,如喷水、喷火等行为。春风化雨,润物无声,不经意间又加强了突厥人对隋朝的尊崇。

此次北行途中让隋炀帝感到非常有面子的,另有两样东西,一个是会客大帐,一个是观风行殿。

此次北巡,大隋突厥问题专家长孙晟的任务是负责联络启民可汗,做好接驾工作。到达突厥牙帐的长孙晟,秉持朝廷立威塞北的原则,给启民可汗这位结义兄弟提了两点要求。

按照规矩,皇帝巡行一地,当地文武百姓要黄土垫道、净水泼街,以示恭敬之心。然而,突厥启民可汗的牙帐却在茫茫草原之上,周围都是青草。对草原人来说,这是司空见惯,没什么不妥的。因此长孙晟的第一要求是,突厥要在突厥牙帐至榆林之间开辟出一条御道,以供隋军前进。

听到长孙晟的要求,启民二话不说,拔除佩刀,亲自割起了牙帐周围的杂草,部下文武也随之加入到割草队伍中。牙帐周围清理干净后,启民可汗又征集部落百姓,以其牙帐为枢纽,一路向西南直到榆林,一路向东南修至涿郡。此举不仅修建了隋炀帝来突厥牙帐的路,也考虑到了隋炀帝离去时要走的路。经过突厥全体军民的紧张赶工,此路全长3000余里,宽150步,在当时也算是最高等级的草原高速了。

长孙晟的第二个要求是,修建接待大帐。长孙晟认为突厥可

第三章 称臣突厥的智慧

汗牙帐的居住条件太差，不能作为接待天子的行宫，这下子可愁坏了启民可汗。修建华美的宫帐可不是修路那么简单，这其中需要建筑设计等技术，启民自知不能胜任。隋炀帝本来就没打算住突厥的毡帐，正好启民请求，于是建造大帐的任务就交给了隋朝最著名的工程建筑专家——宇文恺。

作为设计督造大兴与洛阳两都城的总工程师，建造一个大帐对宇文恺来说，只是小菜一碟。经过宇文恺设计建造的大帐，最大的特色就是"大"，一座帐篷可以同时容纳上万人。启民可汗携带着麾下文武，北族各部酋长3000多人浩浩荡荡来到大帐朝觐隋炀帝，结果这些人连帐篷的一角都没填满，包括启民在内的各部酋长一下子就被镇住了，想到自己的帐篷，一个个真是自惭形秽。

如果说宇文恺修建的大帐带给突厥人的是震撼，那么观风行殿带给突厥人的则是敬畏。观风行殿，顾名思义就是可以移动的宫殿，上面可容纳千余人，在宫殿的两边配有"行城"护卫，仅"行城"就长达2000步。按照《隋书》的记载，观风行殿的下面安装的轮轴，可以通过人推着前进，而一旦推动起来速度非常的快，所谓"推移倏忽，有如神攻"。不要说突厥人了，就是制造业发达的今天看起来都觉得很神奇。

启民与其麾下的部分酋长大都见过大隋巍峨壮丽的太极宫与

洛阳宫，但却从来没见过可以移动的宫殿。普通突厥百姓别说行殿了，哪怕是高大些的房子都没见过，所以当隋炀帝与萧皇后坐着观风行殿在草原上前行的时候，沿途的牧民百姓都以为是神仙降临，离着很远就赶紧跪下磕头。

隋炀帝本就是一个好大喜功的人，看到敬服的突厥百姓，看到跪在自己脚下双手奉酒而不敢抬头仰视的启民可汗，那是心花怒放、高兴不已，即兴赋诗一首：

鹿塞鸿旗驻，龙庭翠辇回。
毡帷望风举，穹庐向日开。
呼韩顿颡至，屠耆接踵来。
索辫擎膻肉，韦鞲献酒杯。
如何汉天子，空上单于台。

启民可汗表现得如此忠心，隋炀帝当然要奖赏他，如此才可以展现出圣人可汗的至尊地位。隋炀帝历来出手大方，此次也不例外。在政治待遇上，允许启民可汗赞拜不名，朝拜排班位在诸侯王之前。另外，赐给启民与可贺敦义成公主金瓮两口，金银器皿若干，绢帛20万匹。一来表明隋朝与突厥的友好关系；二来强化突厥的臣属地位。

第三章　称臣突厥的智慧

到这里，隋朝借助对突厥的震慑，巩固了其在东亚的政治地位，得到了面子；突厥通过伏低做小、称臣表忠心，获得隋朝巨额赏赐，得到了里子，可谓是各有所得，皆大欢喜。但接下来在突厥汗庭发现高句丽使者的事件，让此次北巡成为引爆隋朝东征高句丽的导火索。

隋炀帝君臣在突厥汗庭遇上高句丽前来联盟突厥的使者，是巧合？还是突厥的阴谋？应该说后者的可能性更大一些。

高句丽，是存在于公元前1世纪至公元7世纪的中国古代边疆政权，地跨今中国东北地区与朝鲜半岛北部。隋文帝杨坚取代北周建国后，野心膨胀的高句丽居中联络江南陈朝和草原突厥，组成联盟针对新兴的隋王朝。开皇九年（589），隋朝平定江南、收服突厥之后，高句丽的野心有所收敛，但依旧在东北地区跳梁。隋文帝遣幼子汉王杨谅领兵征讨，虽未能取胜，却也给予其极大的震慑，高句丽王高元为此称臣纳贡，自称"辽东粪土臣元"，以平息隋文帝的怒火。

现在东突厥兴起，高句丽很希望突厥能与隋朝再次对峙、抗衡，如此一来其便可以在辽东、辽西上下其手。可以说，高句丽派使者联络突厥的目的是清晰可见的。甚至我们可以推测，像这样的联盟使者，高句丽在此之前绝对派过不止一批。

有一点需要说清楚，大业三年（607）高句丽派往突厥联盟的使者，不是隋朝方面发现的，而是启民可汗主动献出的。这其中可值得玩味的地方就多了。

首先，隋炀帝北巡从准备到出发，从长孙晟打前站，到隋炀帝一行到达突厥牙帐，中间所隔的时间，别说启民与高句丽使者会谈了，就是双方正式达成盟约都来得及。

其次，隋炀帝率领50万大军北巡，乃是轰动朝野的大事，一直关注隋朝动静的高句丽怎么可能不知道隋炀帝一行的目的地。也就是说，高句丽使者不可能是在隋炀帝一行到达突厥后才到的，而应该是早在隋炀帝北巡突厥之前就到达了突厥。那么他为何不走呢？

再次，启民可汗既然如此忠诚隋朝，为何不早早就将使者交给打前站的长孙晟，而要在隋炀帝接见北族诸蕃君酋长时交出。须知，高句丽屡屡挑衅中原王朝的权威，乃是四夷所共知的。

所以不难看出，高句丽原本是想通过派一"死间"破坏隋突关系，继而利用突厥抗衡大隋。结果由于启民可汗在隋炀帝北巡过程中表现出的极度恭顺，高句丽使者反而被突厥不露声色地推到了隋炀帝的面前。

之所以说突厥在其中扮演了阴谋者的身份，还有一个原因，那就是在隋朝三征高句丽的过程中，突厥始终没有派兵参加。要知道，无论是隋炀帝还是隋朝的著名外交家裴矩，在斥责高句丽

第三章 称臣突厥的智慧

使者时,都提到了"率突厥"共往。也就是说,隋朝原本是要和突厥一起问罪高句丽的。但结果突厥一方始终是坐山观虎斗,看着隋朝三征辽东,然后被高句丽拖垮。

总的来说,大业三年(607)隋炀帝北巡突厥、震慑草原诸部的战略,既成功了,也失败了。成功了,是因为此后数年以东突厥为代表的草原诸部恪守臣礼,春朝秋贡,未尝有缺。失败了,是因为隋朝被东突厥成功转移了战略注意力,放松了对他们的监控和管治。

通过梳理隋朝首次北巡的起因、经过、结果,也就明白了隋炀帝为何要在大业十一年(615)国内动荡不堪的情况下再次北巡了。这一年隋朝通过第三次东征终于获得高句丽的再次臣服,所以隋炀帝要通过这次北巡,挽回面子,继而重建国际秩序,以便于外患攘除后,安心靖平内忧。

隋炀帝的出发点是好的,可惜物是人非。大业初年"兵马之强,自古以来不过一两代耳"的大隋已是明日黄花,反观高居阴山、控扼漠南的突厥已从昔日的颓势中走出,如冉冉升起的新星,且以不可阻挡之势崛起于东亚。所以此次北巡,迎接隋炀帝的不再是割草袒肩、匍匐膝行的草原各部酋长,而是骁勇剽悍的40万突厥精骑。

大业十一年八月九日,隋炀帝的北巡队伍刚过雁门郡(今山西代县），继续向定襄郡（今内蒙古和林格尔县西北土城子乡）出发时，隋炀帝的族妹、身为突厥可贺敦的义成公主，送来了始毕可汗率大军南下的密信。此次随从炀帝北巡的人马近20万人，但真正的战斗部队却不多，正面野战肯定敌不过始毕的40万精骑。于是，赶紧南撤到了最近的雁门郡。

作为启民的长子，始毕可汗见证了自己父亲草创东突厥的艰辛，也知道隋文帝对于东突厥的再造之恩，故而对隋朝他虽然不像父亲那样恭顺，但大体上还是保持臣服的。伴随着东突厥的兴盛，隋朝不可能将边疆的安危寄托在突厥人的忠诚上，因此先后对东突厥实施了一系列的制衡、分化策略，引起了始毕可汗对隋朝的怨恨。

其一，扶植西突厥。自当年土门可汗率部向东，其弟室点密可汗向西开始，就埋下了东西分裂的种子，因此东、西两部是天然的死对头。后来隋朝施行分化离间策略，也只是加快了两者分裂的进程。

隋文帝后期，步迦（达头）可汗统领漠北草原，启民可汗蜗居漠南，在形势上是西强东弱，隋朝扶植启民。现在东突厥崛起，西突厥内乱，所以隋廷转而支持西突厥。为此，隋炀帝册封西突厥泥撅处罗为曷萨那可汗，以信义公主为妻。为感念恩遇，曷萨那可汗上尊隋炀帝为"圣人可汗"。简直就是当年隋文帝与启民

第三章　称臣突厥的智慧

可汗的翻版，这让始毕可汗非常的不高兴。

萨那可汗为了报答隋朝，也是处处与东突厥作对，发挥自身的制约作用。武德元年（618）十月，萨那可汗投奔唐高祖李渊，始毕可汗听到这一消息后，立即派使者出使唐朝，要求唐朝方面杀掉萨那。为保持威望和名声，李渊委婉拒绝了始毕使者的要求。但始毕可汗却是不依不饶，为此不惜与唐朝兵戎相见，刚刚立国的唐朝还要仰仗突厥，也不敢过于得罪，只得将萨那交给始毕的使者，当日萨那便被东突厥使者虐杀。始毕杀萨那而后快的举动，也从侧面反映了他对此前隋朝分化、离间策略的愤恨。

其二，隋炀帝君臣试图通过扶植始毕的弟弟叱吉设，在东突厥内部搞分化、离间。隋文帝、长孙晟君臣通过"远交近攻，离强合弱"八字方针成功分化了不可一世的强大突厥，导致隋炀帝君臣对其非常推崇，甚至到了痴迷的地步，所以有时在不具备实行条件的情况下，不惜创造条件也要践行。

长孙晟之后，排名第二的突厥问题专家裴矩，建议隋炀帝册封一位宗室女为公主，嫁给始毕的弟弟叱吉设，然后再册封叱吉设为南面可汗，让他与始毕分庭抗礼，隋朝居中坐收渔利。这套组合拳与当年长孙晟利诱启民对付都蓝可汗的手法如出一辙。

但裴矩忽略这其中最关键的一环，那就是叱吉设的态度和能力。当年的启民与都蓝是存在竞争关系的堂兄弟，长孙晟与启民

125

是结义兄弟，知道他暗藏野心，乃是知己知彼，所以最后成功分化了二人的关系。但现在的始毕与叱吉设乃是同胞兄弟，也知道突厥当年的衰弱是由于隋朝的离间，所以自始至终叱吉设都对裴矩有所防备。

再者，东突厥自启民可汗重建之后，就废除了大小可汗分统一方的制度。故而，作为先可汗子嗣的叱吉设虽有部分典兵之权，却不是拥兵一方、自主权极大的小可汗，政治地位根本不足以挑战大可汗始毕。时移世易，彼时的蜜糖已成为此时的草糠，至少隋廷在突厥实行离强合弱的制度性条件已经不存在了。

加上，始毕是启民临终指定的下一任可汗，所以叱吉设还是很有自知之明的，他既不敢接受大隋的公主，也不敢当南面可汗，如此一来，这让隋炀帝与裴矩的如意算盘落了空。更糟糕的是，叱吉设为了撇清自己，将此事报告了始毕，这使得始毕更加怨恨隋炀帝。

其三，隋廷设计杀害了始毕可汗的谋主史蜀胡悉。说起来这件事还是裴矩策划与主导的。裴矩对隋炀帝说，突厥人原本朴实憨厚，对付起来很容易。因为有了许多胡人给始毕出谋划策，这才让突厥人变得狡诈。

隋唐时期，中原地区所说的"胡人"不再是指代北方游牧族群，而是指高鼻深目、发密多须的西域粟特人，也就是唐朝人所

第三章 称臣突厥的智慧

说的昭武九姓。粟特人是一个独具特色的商业民族，他们通过漫长的丝绸之路频繁往来于西亚、中亚与中国之间，成为中世纪东西方贸易的承担者。也因此到过许多地区，见过许多世面，人也就比较精明。

史蜀胡悉便是一众粟特人中的佼佼者，他在东突厥政权的地位很尊崇，平时负责对外贸易，是突厥的"钱袋子"，战时出谋划策，也是始毕可汗的重要谋臣。裴矩要杀掉史蜀胡悉，就是抱有断突厥一臂的打算。

粟特人重商逐利，只要有利可图，无所不至。裴矩抓住这一点，准备以利诱杀史蜀胡悉。裴矩私下派人告诉史蜀胡悉，隋朝方面准备在马邑与突厥开展互市，此次隋炀帝也参与其中，因此互市时会有许多宫廷珍宝，到时候谁先到，谁就先得。史蜀胡悉虽然做了突厥的高官，但骨子里流的还是粟特人的血，一听到这个消息，根本没有报告给始毕可汗，就直接带着自己的部落，赶着牛羊到马邑参加互市。没想到，刚到马邑城下，就被隋朝官军给一锅端了。

杀掉史蜀胡悉，这事还不算完，还需要给突厥一个交代。裴矩以隋炀帝的名义给始毕可汗写了一封信，解释了隋朝方面杀史蜀胡悉的原因。信中说：前些日子，也不知为何您的谋臣史蜀胡悉突然来到马邑城下，要投奔我大隋。天下人都知道可汗您是我大隋的臣子，现在史蜀胡悉背叛你，也就等于对大隋不忠，所以我替你杀掉了他。现在跟你通报一声，免得双方产生不必要的误会。

见惯了权力纷争、尔虞我诈的始毕可汗，当然知道裴矩这是得了便宜在卖乖，但史蜀胡悉瞒着他私自跑到隋朝边境去互市也是不争的事实，他是有气也没处撒，对隋朝的怨恨只能憋在心里。

趁着隋炀帝此次北巡，始毕可汗终于有了报仇的机会，而且隋朝内地已成分崩之态，此时抓住隋炀帝，将隋朝上层一网打尽，不说一雪前耻，甚至还可以效仿鲜卑拓跋氏那般入主中原，建立王朝。不料，义成公主的一封密信，让突厥原本计划好的围歼战变成了围城战。

游牧骑兵最擅长的是野战，最害怕的是攻坚。自秦汉至隋唐，在北疆一线的边郡中，依托雁门关防御的雁门郡，不说是固若金汤，却也是易守难攻。

雁门郡的形势，之所以危若累卵，一是突厥突然发难，隋朝方面一时应对不暇，除雁门郡治和隋炀帝次子齐王杨暕镇守的崞县（今山西原平）外，包括雁门关在内的其他39城尽数沦陷。二是粮食短缺。作为一郡治所，原本是有些存粮的，但一下子涌入20万人，储备的粮食只够吃20天，即使省着吃，最多坚持一

第三章　称臣突厥的智慧

月。如果一月之内不能解围，就算不战死，最后也要饿死。

危急时刻，当年那个平定江南、允文允武的晋王又重新回到了隋炀帝的身上。他先是拒绝了大将军宇文述率精骑突围的建议，然后采纳苏威等人坚守的策略。坚守不等于死守，为早日解围，萧瑀等人谋划了三步策略。

第一步，安抚、激励城中将士，令其坚守城池。冒着箭雨，隋炀帝亲自登上城头巡视，并承诺将士们此次只要能打退突厥军队，一定给予封赏，现在是普通的白丁，解围后直接封为六品勋官，另赏赐布100端（一端是半匹）。已经有官职的，六品以上的按功升迁，六品以下的按照六品升迁。

皇帝亲自封官许愿、慰问伤残，一时间士气高昂，个个摩拳擦掌，人人奋勇杀敌。本就缺少攻城器械的突厥军队，屡屡受挫，即使一些勇猛彪悍的突厥人攻上城头也会被隋军赶下去。

稳住了城防，第二步是联络义成公主，让她想办法劝始毕撤兵。

在突厥政权的组织体系中，可贺敦不仅地位崇高，还可以参与军国大事，拥有一定的军权。这并不是突厥的特色，而是草原游牧部族大都如此，匈奴的阏氏、契丹的皇后、蒙古的大妃，都有自己的宫帐百姓、兵车卫队。

由于此前"娘家"（大隋）势强，突厥势弱，这让义成公主在突厥内部掌握了很强的话事权。现在隋炀帝求救，义成公主不仅以自身权势向始毕施压，还给始毕带去了漠北铁勒叛乱的消息。

第三步，招募天下诸郡北上勤王救驾。不得不说，隋文帝给隋炀帝打下的基础还是很牢靠的，再加上隋炀帝早年折节下士、招揽人才的举措，也攒下了一大批能臣武将。所以当隋炀帝求援诏书颁布天下后，诸路援军纷纷北上。时年16岁的李世民也奉父亲李渊的命令，率领数千精兵加入到了北上勤王的队伍。

至九月十五日，围城37天的始毕可汗在强攻雁门不克、后院失火、隋朝援军已到的情况下，被迫解围而去。

原本想着北巡突厥给自己长长威风，稳定边疆形势，没想到事与愿违，丢尽了颜面。"我梦江南好，征辽亦偶然。但存颜色在，离别只今年。"经历此次挫败的隋炀帝从此前的轻率对外用兵变为退缩自保，两京、太原这些重镇交给自己的孙子、表兄留守，自己则一头扎进了江南的温柔乡。

雁门之围后，隋突之间的实力地位发生重大变化，突厥由隋朝的附庸，一变而为东亚的霸主。如果说，在雁门之围前，突厥始毕可汗只是联合草原各部南下反隋，那么此后的东突厥则无疑是北方边境地区的太上皇。

隋末唐初，诸多北方反隋势力大都在名义上奉突厥为主，从

第三章 称臣突厥的智慧

东到西,如渔阳的高开道,河北的窦建德、刘黑闼,马邑的刘武周,离石的刘季真,榆林的郭子和,朔方的梁师都,五原的张长逊,兰州的薛举,凉州的李轨,都曾向突厥称臣,以此与之结好,进而获得其支持。

为了操纵各反隋势力,突厥册封刘武周为定杨可汗、刘季真为突利可汗、郭子和为平杨可汗(后降为屋利设)、梁师都为大度毗伽可汗、张长逊为割利特勤,其他没有接受突厥册封的也多接受了突厥属部象征的狼头纛。

谈到这里,有一点需要我们注意:从东突厥启民可汗臣服于隋文帝,到始毕可汗围困隋炀帝于雁门,再到隋末沿边诸割据政权臣服于突厥,可以明确看出,长城南北诸多势力的归服与否,纯粹是以军事、政治实力的强弱为转移,至于族群与文化的背景并不具备决定性的作用。

突厥分化操纵北方诸多反隋势力乃是为了获取经济利益。概括起来说,突厥以支持中原反隋势力来换取子女玉帛;以经济利益的得否决定战端的开启或进退;以贿赂的厚薄决定支持的对象。

太原是控扼边疆、锁钥北疆的重镇,李渊奉命为太原留守、晋阳宫监,任务之一就是抵抗突厥。在历经雁门之围后,李渊乃是大隋北方边境中抵御突厥的得力干将,他勇于学习突厥的骑兵长技，多次打退突厥的进犯。因此，李渊也是东突厥汗庭重点关注的人物之一。

太原起兵后的李渊要想西进关中，太原势必会空虚。而自己的家眷和士兵的家属基本都在太原，一旦太原被偷袭攻占，不仅老巢丢失，对进军关中的兵将也将会产生巨大的影响。当时对太原威胁最大的就是北边的突厥与刘武周，而刘武周又是依附于突厥。因此如何确保突厥不趁势进攻太原，就成为李渊进军关中成败的关键之一。

客观上讲，李渊的文武才能算不得多么优秀，但作为领袖，尤其在用人方面，李渊还是很值得称道的。他深知专业的事需要专业的人来做，自己的职责就是果断决策、确定战略、协调资源。此次出使突厥的使者需要在坚守政治底线的情况下，与突厥斗智斗勇、虚与委蛇，因此擅长谋略、机敏练达的刘文静成为出使突厥的最佳人选。

刘文静在临行前，李渊将自己联络突厥的政治意图和盘托出。他明确指出，此次联络突厥，厚赠财物也好，称臣也罢，这都是虚与委蛇的政治手段，目的是要稳住东突厥，解除其与刘武周对太原的威胁。

另外，向突厥请求援兵，一定控制规模。

事实证明，李渊的顾虑是很有必要的。当始毕可汗在见到携

第三章 称臣突厥的智慧

带大量财宝前来的刘文静，又知道了李渊起兵的消息，很是高兴。但高兴之余，还带有一点遗憾，那就是太原起兵的旗号是"远迎主上"，匡扶隋朝。

隋末唐初，东突厥为处理与中原各势力之间的关系形成了一套方法。这套方法总的来说，就是分化操纵中原的各派势力，维持分裂割据的局面，确立巩固东突厥的霸主地位。具体说来，东突厥在不同的时期，又有不同的政策措施。根据这些政策措施的特点、变化，后世将其分作三个阶段。

第一阶段，当隋朝尚为统一国家之时，突厥竭力支持各地势力反隋起兵，造成天下四分五裂的局面，以便从中称霸。第二阶段，隋朝已经土崩瓦解之后，突厥改而奉行扶植隋朝后裔的政策，企图建立一个突厥控制下的傀儡政权，作为诸割据势力的共主，以维护突厥的霸主地位。第三阶段，当唐朝逐个剿灭割据势力，显现统一中原气象的时候，突厥转而与唐对抗，以挽救突厥的霸主地位。

李渊太原起兵，突厥对隋战略正处于第一阶段，所以始毕可汗希望李渊可以和刘武周、梁师都一样，直接打出反隋的旗号，如果李渊同意，突厥愿意以倾国之兵帮助李渊夺取长安，定鼎关中。

李渊太原起兵，打出的旗号是匡扶隋室，李家父子要的是改朝换代，要做的是一统天下的大皇帝，而不是受制于人、割据一方的小诸侯。所以李渊并不愿意接受突厥大军的帮助，他要的只是借助突厥壮壮声势。

此外，突厥始毕可汗撺掇李渊直接做中原的皇帝，表示愿意予以最大的支持，无疑也是一个政治阴谋。李渊委婉拒绝突厥"好意"，宁愿俯首称臣，改旗换帜，也不做皇帝。一方面是他需要以扶隋为旗号，收揽人心，但另一个重要原因也是不想与突厥有过深的政治牵扯。换句话说，即使迫于形势对突厥称臣，他李渊也是以隋朝将领，而不是以唐朝开国皇帝的身份。

李渊以娴熟的政治手腕去解决与突厥的问题，是李唐王朝成功建立的一个重要因素。如前所述，李渊在给突厥始毕可汗的信中，不顾部分幕僚的反对，用"启"而不用"书"，一下获得了始毕的好感。

又如，始毕派手下康鞘利携带千匹战马，与唐军互市。明明资金充足的李渊却只购买了其中的一半。分管后勤工作的铠曹参军武士彟对此很不理解，对李渊说道，咱们现在进军关中，人马多多益善，您如果因缺钱而不能全部买下，我愿意散尽家财资助您。李渊听此，莞尔一笑，回顾四下无人，对武士彟说，突厥人贪利，而粟特人尤甚，我之所以只买一半，为的是表示咱们财政紧张，没有多余的钱帛，这样可以防止突厥以后再来高价卖马。

第三章　称臣突厥的智慧

唐军亟须招兵买马，但李渊却对突厥使者表现出自己买不起战马，这与他让刘文静去突厥请兵而又不欲多的谋划，是如出一辙的。我们不得不佩服李渊长远的战略眼光，也不得不叹服他洞察人心的本事，他懂得请神容易送神难的道理，时刻为自己留有后路。这比起刘武周、梁师都等毫无底线的军阀来，无论是能力还是眼界简直是高了不止一个层次。

就在李渊大军连续攻占霍邑、绛郡，而到达龙门的时候，刘文静不负所托，自突厥带回了500名兵士和2000匹战马。李渊高兴异常，对刘文静说"吾已及河，突厥始至，马多人少，甚惬本怀"，这都是先生您的功劳啊！按正常情况来讲，来援的突厥军有些迟到了。李渊对此反而很高兴，这是为什么呢？

首先，突厥来援的队伍只有500人，这符合李渊借兵时"数百人之外，无所用"的期冀，这样既可以壮大唐军的声势，也不会发生主客易势、主遭客欺的后果。

其次，突厥援兵姗姗来迟，一来是攻取霍邑，直到黄河，没有突厥的功劳；二来，突厥援兵南下，也消除了突厥与刘武周联合进犯太原的顾虑。

这些情况都说明李渊想要利用突厥大壮声威，却又不愿受制于突厥，所以敬而远之。然而，如此一味地与突厥疏远关系，一旦被突厥察觉，很容易让自己的大好局面功亏一篑。所以李渊需要进一步向突厥表明自己的政治态度，因此他让义军打出绛（红）白两种颜色的旗帜。

旗帜具有标识身份的功能，旗帜的选择便是立场的选择。以五德始终而推，隋朝是火德，尚红，所以隋朝的旗帜用绛色；突厥人崇敬太阳，所以旗帜多用白色。李渊打绛色旗帜，是表明他此时还是隋臣，起兵是反隋炀帝，而不是隋王朝。打白色则是向突厥示好，并意在重申自己称臣的态度，以此来消除东突厥的猜忌。

明眼人一看就知道，所谓的旗杂绛白就是政治上的骗人把戏，李渊也知道这种行为是"掩耳盗铃"。然而，在突厥强盛、自身尚不足以与之抗衡的情况下，他只能伏低做小、委曲求全，所谓"尺蠖之屈，以求信也。龙蛇之蛰，以存身也"。事实证明，李渊配合突厥的情势不断改变自己的策略，促使其势力逐步壮大，继而抓住突厥政策的转向让自己从诸多割据势力中脱颖而出。

从一个开国君主或者是创业者的角度上来说，李渊向突厥称臣的事情，既不用避讳，但同时也不必站在道德的角度上，骂其是汉奸、卖国贼。无论是民族主义盛行的当下，还是强调夷夏之防的古代，人们对于向外族称臣这样的事通常都很愤恨。然而，这只是一般民众的心理，对于帝王尤其是开国之君则需要审时度

第三章　称臣突厥的智慧

势，作出非同一般的抉择，即使民众不能理解，也在所不惜。我们读历史，如果总是用常人的眼光和观念去衡量帝王的心思，非气死不可。

在李渊、刘文静等君臣看来，比之创立大唐王朝的伟大事业，策略性地向突厥称臣不过是小事而已。诚然，对突厥玩两面派的手段确实不太地道，但这何尝不是一种高明的智慧。至少后来的石敬瑭、吴三桂就没有学到李渊称臣外族、借师助剿的真谛，画虎不成反类犬，落下千古骂名。

第四章
建成出场，进军关中

在儒家经典著作《论语》中，记述了孔子师生对商纣王史事的讨论，可算作对"历史书写"的第一次反思。在此次讨论中，子贡的见解得到了孔子师生的一致认可。

子贡说："纣之不善，不如是之甚也。是以君子恶居下流，天下之恶皆归焉"，意思是说，商纣王的无道，不像现在流传得那么严重。之所以会这样，是因为纣王身前的名声太臭了。所以，仁人君子最忌讳的就是身染污行，一旦沾上污行，天下的坏事都会归集到他身上。

作为"孔门十哲"之一，深得孔子真传与儒学精髓的子贡，

第四章 建成出场，进军关中

说这段话的深层含义，旨在警诫士人君子要注重修身养德，不要居于下流。在道德与礼法并重的古代社会里，一日为贼，终身是贼。从今天传播学的角度上来讲，即是指舆论对一个人的评价往往带有从众的惯性。说某人好，要说得比某人实际做的还要好。说某人坏，则要说得比某人实际做的还要坏。

历史是由胜利者书写的，用今天历史学的话语来讲，历史记录的首要目的是维护统治的合法性，因此史官会有选择地记录真相。

帝制时代，在争雄天下、角逐皇位的过程中，赢的一方可以上下通吃，而输的一方不仅是身败，还要名裂。唯有如此，才能凸显胜利者的正义性。在大唐开国的历史中，诸多历史人物、历史事件的模糊，都与玄武门之变、贞观朝修国史有着直接或间接的关系。其中，隐而不彰、书写最严重的，无疑是被唐太宗追谥为"隐太子"的李建成。

一、智云身死，建成埋单

太原是大唐创业肇基的起点，一直被李渊带在身边的李世民参与了太原起兵的全过程。李渊主攻官场，李世民主攻江湖，父子两人大肆网罗人才、扩充势力。也就是说，在整个起兵筹划阶段,未来的大唐太子李建成,是缺席的。

作为嫡长子,在父亲之官、母亲亡故的情况下,李建成承担起留守家业、看顾弟妹的责任。在世家门阀尚有余温的隋唐时代,家族的兴衰远比个人前途更重要。只要家族兴盛,个人就有依凭,就有东山再起的机会。在李渊心目中,稳重大气的长子可以承担起家族发展的重任,反而是聪明有干劲的次子世民需要带在身边时常教导、磨砺。

历史中,李建成第一次出场的形象是非常糟糕的,甚至可以说是糟糕透了。太原起兵前夕,李渊临时通知寓居河东的李建成携家人来太原,以免遭到隋朝官吏的捕拿。史书记载,李建成在携带家眷逃走时,故意丢下幼弟李智云,来转移隋朝官吏的视线,为自己逃跑争取时间,所谓"建成潜归太原,以智云年小,委之而去"。短短十余字,就将一副冷血无情的长兄形象描绘得淋漓尽致。

李渊一生有22个儿子,老六李元景生于武德三年(620)。换句话说,太原起兵前的李渊只有五个儿子。前四子是嫡子,正妻窦夫人所出。老五李智云是侍妾万氏所生。后人评价李渊是好色之徒,这不是空穴来风,从他51岁登基后又连生17位皇子、14位公主,就可见一斑。

那么李渊早年为何子女不多,且多是正妻所生呢?

第四章　建成出场，进军关中

这大致与当时官场的大背景以及李、窦二人的夫妻感情有着直接的关系。

隋朝文帝、炀帝两代天子皆以专情相标榜，尊敬皇后（正妻），号召臣民在嫡子之外，少生庶子。隋文帝的五个儿子都是独孤皇后所生，隋炀帝的长子、次子为萧皇后所生，幼子是萧皇后的妹妹小萧妃所生。

此外，独孤皇后非常厌恶大臣纳妾生子，甚至出现过逼臣子侍妾堕胎的事情。大隋第一开国功臣高颎，既是隋文帝的左膀右臂，也被独孤皇后倚为可亲可信的"娘家人"（高颎父高宾是独孤信的幕僚，曾改姓独孤），但最后失宠受冷遇，一个很重要的原因就是家中小妾有了身孕，引起了独孤皇后的不满。在这样的氛围下，身为皇后外甥的李渊当然也不敢逾越。

再则，正妻窦氏贤明聪慧，让李渊既爱又惧。窦氏出身扶风大姓因聪慧伶俐被舅舅周武帝宇文邕养在身边，因此比之普通贵族的闺中女子，窦氏身上既有豪门贵女的雍容，也有男儿般的气度胸襟与政治谋略。杨坚代周建隋，待字闺中的窦氏闻听后，义愤填膺，愤恨地说"恨我不为男，以救舅氏之难"，言语之间的悲壮慷慨，丝毫没有女儿家的作态。当嫁之年，摆下擂台，比武招亲，李渊凭借着一手优秀的箭术，雀屏中目，才抱得美人归。

婚后，窦氏与李渊相处极好，自小在皇宫长大的窦氏，对揣摩人心、勾心斗角的一套非常熟稔。在家里，她孝顺婆婆，和睦妯娌，照顾宗族，深得婆母的喜爱。丈夫在朝中，她也摸得透，并能为丈夫陈说利害，条析谋划，多次助李渊化险为夷。所以李渊对这个老婆是又爱又怕、又惧又敬。

万氏原是窦夫人的陪嫁侍女，相貌品行极佳，深得夫妇二人的信任，后经窦夫人许可，成为李渊的姜室，万氏才有机会为李渊生下儿子李智云。

史书记载，李建成不带智云出逃，是因为智云年幼，怕拖累他人。这种解释非常牵强，为什么这么说呢？

其一，太原起兵的这一年，李智云十四岁。在那个男子普遍早熟的年代，14岁已是娶妻生子的年龄，无论如何也算不得年幼。

其二，李智云虽是庶出，但从小就接受了良好的教育，史称"（智云）精骑善射，工书、弈"，大意是有骑马射箭、书法、围棋等特长。总体上也算是文武兼备。如果连这样的少年都视为拖累，那其他妇孺岂不更是麻烦？

其三，从李渊遣人到河东通知建成，到建成带领家人抵达太原，中间相隔近两个月。如果是急于逃奔，为何要用这么长的时间呢？

其四，如果智云被杀是建成的过错，那就是建成没有尽到长兄护家的职责，那为何事后李渊没有一点责怪，更没有见到建成

第四章　建成出场，进军关中

主动站出来认错呢？

其五，如果李建成真的是一个弃弟逃生、不顾手足之情的人，那为何"东宫慈爱""东宫慈厚""皇太子仁孝"成为（李渊）后宫妃嫔、李唐宗室们的共识呢？

考虑到时代背景，李智云被留在河东，并非是因为年龄小，而是蕴藏着李渊父子更深层次的政治考量。

首先，时间太紧迫。当是时，李渊内有高君雅、王威二人的威胁，外有刘武周的压力，举兵时间被迫提前，从容召唤所有家人到太原已经来不及。加之分散各处，不可能将所有家人都安排妥当。比如平阳公主李秀宁，就因官府监视而滞留长安，幸亏平阳公主巾帼不让须眉，拉起了一支队伍，才幸免于难。

其次，李渊父子认为隋朝官吏不会贸然杀死李智云。在王朝国家的治理过程中，制度是一个维度，人事也是一个维度。政治运行，明面上要遵循国家的各项典章制度，但私下里却又有"故事"遵循、人情牵绊。世上没有千年的王朝，却有千年的世家，在门阀政治还有余温的隋唐时代，出身士族的官员在政治斗争、党派博弈上，大都顾忌脸面，凡事不做绝、留一线，也算是那个时代的政治特色之一。

懂得其中弯弯绕的李渊父子，认为隋朝官吏不会真的杀掉李智云，毕竟大隋王朝覆亡，改朝换代的形势已经很明朗，然而他低估了大兴守将阴世师的疯狂。隋炀帝安排的大兴留守是自己的孙子——代王杨侑，副留守是刑部尚书卫玄（字文升）与左翊卫大将军阴世师。杨侑年幼，实际权力掌握在卫、阴二人手中。卫玄年老多病，久居病榻，阴世师因此成为实际上的大兴留守。阴世师为何要杀掉李智云呢？

一是，他本人对隋炀帝十分忠心，愿意做大隋王朝的殉葬者；二是，在李渊举兵太原之际，阴世师就派人挖了李家的祖坟，可以说他与李氏宗族已结下了不死不休之仇，再多杀个李智云也没什么压力。

能够劝阻阴世师的卫玄对此不置可否。一来，他的子孙、近支尽殁于杨玄感之乱，虽然在战后受到了隋炀帝的旌表、重用，但他这一房已是名存实亡；二来，他本人也已是行将就木，去日无多。不管是为了战死的儿孙，还是保存家族的荣誉，他也愿意做大隋王朝的殉葬者，因此也不在乎李智云的死活。

种恶因得恶果。不管是出于政治考量，还是自私无情，丢下李智云而导致其被杀的结果，都是在李建成这个长兄身上留下了抹不去的污点。更让李建成没想到的是，这件事给他留下了无穷的后患。

李渊称帝后，追封李智云为楚王，谥号"哀"。窦夫人身故后，智云的母亲万氏虽然是妾室，却是李家后宅的主要话事人。

第四章　建成出场，进军关中

出于对智云之死的愧疚，李渊登基后册封万氏为四妃之首的贵妃，在窦氏亡故、后位空悬的情况下，万贵妃是实际上的六宫之主，史称"万贵妃，性情恭顺，为帝所礼，宫中事一一咨决"。也就是说，凡是涉及家事的，李渊总是会征求下万贵妃的意见。

智云之死，让李建成灰头土脸、名誉有损，却给李世民壮大势力带来了"及时雨"。因为万贵妃可以在李渊身边吹枕边风，所以李建成和李世民都想与之交好。问题是，万贵妃一直记恨着李建成，只是迫于李渊的存在，不能与其撕破脸，是以任凭建成如何弥补、示好，万贵妃都放不下心中的杀子之仇。

相比而言，李世民则要聪明得多。首先，在李渊册封李智云为楚哀王时，主动请求将自己的次子李宽过继给智云为嗣子，此举直接将万贵妃拉到了秦王府一方。

其次，施行夫人外交。比之荥阳郑氏出身的太子妃，将门勋贵之后的秦王妃长孙氏既有鲜卑女子的气度与胸襟，也有汉家女子的细致与恭谨，这与已故的窦氏十分相似。所以，无论是公公李渊还是庶母万氏对这个儿媳妇都非常满意，长孙氏借此往来宫廷，跟万贵妃把关系搞得很好。

深谙韬晦的万贵妃，从不主动说李建成的坏话，却源源不断地说李世民的好话，李渊又听得进万贵妃的劝说，这让李建成很是被动。可以说，在秦府与东宫的争斗过程中，万贵妃的枕边风是影响双方的重要"砝码"。

为抗衡万贵妃与秦王府的联合，李建成、李元吉全力结好张婕妤、尹德妃为佐助。然此二人的贪欲、权力欲非常强，导致其与东宫的联合很不稳定。加之，身份贵重的太子妃不能以儿媳的身份给张、尹二人请安，调和矛盾，维护这一联盟的工作只能由建成、元吉亲自来做，故而有了正史中"东宫、齐王秽乱宫廷"的记载。

草蛇灰线、伏脉千里，智云之死的影响还不止于此。玄武门兵变，李世民痛下杀手，也与李智云之死有着千丝万缕的关系。作为长兄的李建成既然可以为了自保，抛弃幼弟，无情无义，那么胸怀天下的弟弟又为何不能大义灭亲呢？也正是这种"大义灭亲"，让后代子孙认为皇位"可经营而得"，从此手足相残、宫廷喋血便如厉鬼附体般在唐王朝反复上演。

二、兵略西河，谁是主帅？

从出任河东讨捕大使，将势力植入山西，到担任太原留守，获取地方政治资源，再到起兵举义，李渊经略山西前后大约有三年的时间。所以，当山西各郡县守令接到太原举兵的檄文时，多数选择支持，只有个别人表示反对。

第四章 建成出场，进军关中

在持反对立场的三人中，最机敏的是马邑郡丞李靖，李渊还在招兵买马时，他就察觉到了不对，于是他伪装成囚徒，前往江都告变。最积极的是辽山（今山西左权县）县令高宾廉；而影响最大的，则数西河（治所在今山西汾阳）郡丞高德儒。

马邑是刘武周的地盘，李靖也到了大兴。辽山位于太原东南，僻居太行山西麓，不值得兴师讨伐，所谓"辽山守株，未足虑也"。而西河郡就不一样了，它不仅扼守在唐军西进关中的要道上，而且紧邻太原，如果连家门口的西河郡都摆不平，起兵又能有什么前景，所以必须先拔掉这个家门口的钉子户。

作为隋炀帝的幸臣，高德儒狐假虎威以二把手的身份掌握了西河郡的大权，但其本人的军事素养和西河郡的军事力量，都不足以挑衅太原义军。所以说，平定西河郡不难，难的是如何快速安定西河郡，为大军西进打开局面。

关于此次出兵西河的主帅，史书中有两种说法：一是，李建成、李世民共同将兵，《大唐创业起居注》称"大郎、二郎将兵……"；二是李世民单独率军，《旧唐书》记载"命太宗将兵徇西河"。根据史料的原始性和时间先后，可以推定李世民单独将兵的说法，是在美化自己，掩盖建成的功绩。换句话说，此战李建成和李世民都参与了。至于二人谁是主将，根据形势和史事稍加分析就可一目了然。

军队在外,最忌讳的是令出多门,在唐以前的历史上,三国时期的孙权最爱玩这一套,军队出征在外不设主帅,施行左右都督的双元制指挥体系,例如赤壁之战中的周瑜实则只是左都督,同时还有老将程普为右都督,负责监视和牵制。然而,就是这个左右都督的统兵体制差点败了东吴的大业。安史之乱时,唐军九节度、数十万大军围安庆绪于邺城,结果被史思明数万大军横扫,其中最主要的原因是唐军号令不一,没有统帅。久经战阵、老于行伍的李渊不可能会违背军队一元化领导的原则,让两个儿子同为主将。

作为起兵后的第一战,李渊把此战提到了关系大业成败的高度上,他说"事之成败,当以此行卜之,若克西河,帝业成矣"。直至出发前仍不断地告诫和勉励两个儿子说:"出兵西河,不仅关乎大业,也关乎我们李家一门的生死荣辱。你们都还很年轻,没有经过什么大事,此战是对我军的考验,也是对你们兄弟的考验,所有人都在看着你们,等着你们的战果,好好努力干吧。"李建成、李世民连忙跪下回答:"儿子多年蒙受您的教诲,进退行止都不敢违背。这次出征既是为国尽忠,也是为家尽孝。儿子一定遵从命令,完成这一任务,否则甘受军法处置。"

面对李渊的勉励,站出来回答的只能是主将。但迷惑人的地方是,在《大唐创业起居注》这本书中,大郎、二郎总是相提并

第四章 建成出场，进军关中

论，尤其是涉及大郎的功绩时，一定少不了二郎的身影，兄弟二人好似珠联璧合、配合默契。实则这是在模糊李建成的功绩，抬高李世民的地位。

换句话说，如果主将是李世民，温大雅会直接写"二郎"，没必要在前面加上"大郎"。偏偏是"大郎"为主将，所以温大雅就不能不顾忌二郎是最后赢家的这一现实。

不可否认，《大唐创业起居注》的部分内容有为李世民上位寻找政治合法性的瑕疵，但我们也要理解当时大时代背景下温大雅的苦心孤诣。此书已经如实记录了李渊在大唐建国的地位与功绩，如再不掩饰建成的功绩，抬高太宗的地位，能否传之后世就是个未知数了。毕竟李世民是中国历史上第一个敢于索看《起居注》、删改《国史》的皇帝。

因此可以说，《大唐创业起居注》中许多"大郎、二郎"同时说或同时做的记录，大多数情况下都是李建成在说、在做，李世民可能根本没有参与，即便是参与了，也是以李建成为主。

此次西河之战，李建成率领的是一支未经训练的新兵。因为担心这支新军打不了仗，所以是一边行军，一边训练。"加强纪律性，革命无不胜"，近代以来，湘军的成功、解放军的胜利都很好地践行了这一点。因此，此战的首要工作是制定军法、严明军纪。

为了让兵士认同、不抵触，李建成以身作则，一路上与兵士同吃同宿、同甘共苦，每次遇到敌踪也都身先士卒。沿途遇到成熟的瓜果蔬菜，非买不吃，军中有士兵偷吃的，立刻找到物主照价赔偿，也不责备犯错的士兵。遇上箪食壶浆前来犒劳的乡贤绅老，也都好言宽慰。有人车载肉酒等厚礼前来馈赠，李建成一律婉言拒绝，为避免之后再有人效法，就整日不食以表明态度。

罔顾百姓死活，是隋朝失去民心的重要原因。大业时代的百姓，在各种应付不完的徭役之外，献食也是一项非常"要命"的负担。隋炀帝喜好巡游，帝王生涯的大多数时间都"在路上"，而皇帝出行，沿途最大的经济负担之一就是献食。

李唐若要取而代之大隋，就必须革除诸多隋弊，如此才能顺民意、得民心。在李建成看来，吃拿沿途百姓的瓜果，接受酒肉的款待，这就是时弊，所以他唯恐避之不及，坚称这是"隋法，吾不敢受"。李建成的这种行为，无疑是践行了义军"除旧弊""安天下"的方针大略。

大军兵临西河郡治，李建成不着铠甲，带着李世民到城下去晓谕劝降敌军。面对那些要进城的百姓，无论男女老幼一律放行，西河郡治的官吏、军民见到义军如此宽容，大都起了投奔的心思。

客观上讲，李建成这种不着甲胄的行为，尽显了一个领导者的智慧与勇气。如无智慧，则无法对敌我双方的形势做出准确判断；如无勇气，则不会有胆量如此行事。这和炫耀武力在战场上冒险逞强好胜的举动，是有着本质区别的。

战前准备充分，战时措施得力，将士奋勇争先，再加上此前一路招抚而产生的效果，义军很快就拿下了高德儒、占领了西河郡治。义军进入城后，对百姓更是秋毫无犯，西河士民无不心悦诚服。

算上往返行军，此次出兵西河前后只用了9天。纵观李唐开国的全过程，西河之战只能算是牛刀小试，难得的是此役成功塑造了太原义军克己爱民的形象。初战告捷，李渊高兴不已，两个儿子都通过了战争的考验，尤其是李建成，其胆略和才能远超他的期望，表现得十分成熟。对于长子的表现，李渊给予高度肯定，他说"以此用兵，虽天下横行可也"。西河之战令李渊夺取天下的雄心倍增，三军将士也更加坚定了进军关中的信心。

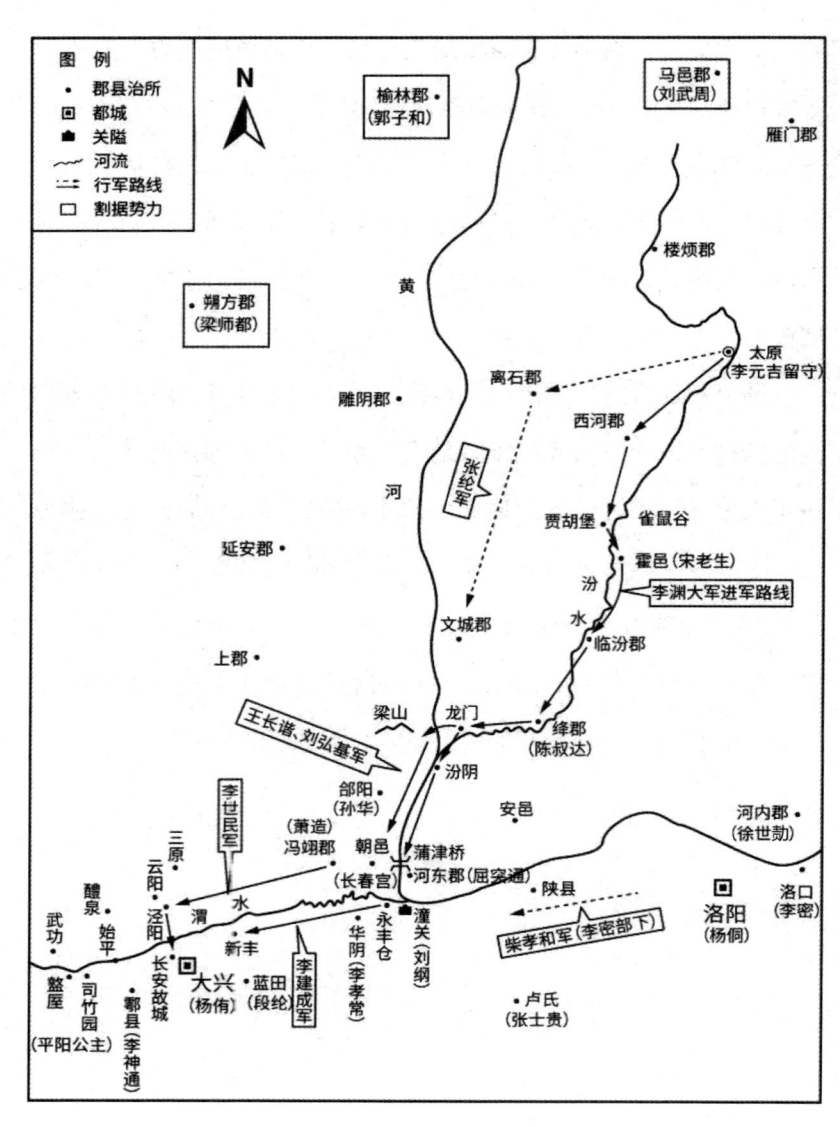

图 4-1 西河之战示意图

第四章　建成出场，进军关中

三、进军长安，独当一面

　　为解决后顾之忧，李渊通过伏低做小，暂时稳住了北方的突厥与东方的李密。这两大势力不搅局，西进长安就算成功了一半。剩下的"一半"，就是如何解决隋朝留守关中的军事力量。幸运的是，这部分隋军力量是分散的。分别由虎牙郎将宋老生率领精锐2万驻守霍邑，阻挡李渊南下；左骁卫大将军屈突通率领5万驻防河东，兼防潼关方向；左翊卫大将军阴世师率5万镇守京师大兴城，弹压关中。

　　西进关中，最先要解决的就是霍邑宋老生部。霍邑北临汾水，东靠霍太山，是一个易守难攻的险要关口，更是南下关中的咽喉要道，大军想绕都绕不过去。

　　义军自太原出发，经西河郡、过雀鼠谷，七月十四日到达离霍邑50里的贾胡堡。正逢秋雨连绵，道路泥泞难行，人困马乏，粮草将尽，大军只得暂时驻歇。就在这时，军中流传起了刘武周引突厥掩袭太原的消息。

　　在这种情况下，是继续前进攻取霍邑，还是后撤救应太原，需要当机立断。原则上讲，刘武周若是真的联合突厥南下，不管是出使突厥的刘文静，还是留守太原的李元吉，都会有书信驰报。此时谣言甚嚣尘上，但始终没有收到后方的求援信。所以李渊本人并不相信这个消息是真的，只是出于对突厥的顾忌，心中仍不免有些疑虑，于是召集幕府僚佐商议对策，麾下对此产生了两种不同的意见。

主流意见是还救太原。裴寂等人认为，宋老生与屈突通毗邻，两军掎角互助，短时间内攻破霍邑是不可能的。而李密诡诈，突厥贪利，臣服突厥的刘武周如果在中间挑唆、引诱，突厥南下是极有可能。后方没有传来消息，有可能是被拦截了。总之，太原是重镇，义军家眷之所在，回救是最稳妥的策略，继续南进恐会陷入前进无路、后退无家的死地。

李建成、李世民兄弟极力反对这种意见，并提出了他们的看法。

其一，刘武周名义上称臣突厥，暗地里却时刻提防，这是因为刘武周掌控的马邑郡、雁门郡紧邻北地，是突厥人一直垂涎的地盘。刘武周怕突厥假途灭虢，短时期内不会与突厥同谋太原。也就是说，刘武周联合突厥南下的消息极可能是假的，是有心人故意散播的谣言，以达到迟滞大军、釜底抽薪的目的。

其二，李密与王世充围绕洛阳的争夺战正打得难分难解，瓦岗军的壮大又依靠洛口仓等物资，短时间内西进也是不可能的，所以东方之事不必忧虑。

第四章　建成出场，进军关中

其三，太原举兵的口号是匡扶隋室、吊民伐罪，现在一个谣言、一座坚城就让义军望而止步，退守太原，即便能保住老巢，也终将会失去人望，沦为割据一方的"自守之贼"。

其四，宋老生的精锐就在附近，撤军并非易事。现在我军驻屯贾胡堡，隋军不敢轻易出击，但要撤军，隋军就会出城追击，反而让义军陷入腹背受敌的危险境地。

对突厥与刘武周的关系，李建成、李世民二人既看到他们联合一致的一面，也看到他们矛盾、龃龉的一面。对李密的战略估算也是精准到位的。可以说，二人确是政治敏锐、眼光独到。

说到这里，顺带提一下，传统史书中关于此事记载的三种版本。

第一种版本，李渊父子三人都倾向于继续进军。代表著作是《大唐创业起居注》。

第二种版本，李渊倾向于撤兵回救太原，李世民主张进兵，李建成赞同李世民，最后李渊在李世民的一再苦劝下改变了主意。代表著作是一向取材严谨、史料考订精详的《资治通鉴》。

第三种版本，李渊、李建成都倾向于后撤，只有李世民主张继续前进。而且为劝说父兄改变主意，李世民不惜跪在帅帐外，高声痛哭，最后感动了李渊，这才让义军继续向霍邑前进，继而让李渊集团踏上成功的大道。代表著作是研究唐史的主要依凭——两《唐书》。

哪个版本更真实呢？

从时势与情理上来看，第一个版本无疑更接近史实。作为亲身经历此战的温大雅，其记录的真实性要远高于成书五代、北宋的两《唐书》与《资治通鉴》。如果此事的功劳只是李世民一人，温大雅如何敢冒着得罪当朝天子的风险，给李建成这位"隐太子"搽脂抹粉。作为贞观朝的中书令，颇受李世民信重的宰相，温大雅难道连这点"政治正确"和政治敏锐度都没有吗？温大雅将李世民与李建成并列，反而显得李世民在此次决策过程中的作用比不上其兄长。

约略而言，李渊父子三人在此次前进还是后退的抉择中，想法大体是一致的。相比李建成兄弟二人的英明果敢，作为全军首领的李渊，不是庸弱无能，而是其顾虑的问题更多，麾下各方意见也都要适当听取，因此在决策时也就更谨慎一些。

攻取霍邑，是太原义军第一次与有战斗力的隋军精锐进行较量。七月十四日，李渊驻军贾胡堡，因天气和后方的原因，在此驻足多达半月。八月三日清晨，李渊大军抵达霍邑城下，即日攻城；八月四日清晨，大军破城，进占霍邑。也就是说，霍邑破城战，满打满算，只用了一天的时间。

两军实力大致相当，隋军方面又有坚城可以依托，却在一天

第四章 建成出场，进军关中

内被攻克。如果说这完全是出于军事上的原因，可能吗？

在没有重型攻城武器的情况下，李渊军想要强攻坚城是不可能成功的，而围城对峙更是耗不起，唯一快速有效的办法就是以调虎离山之计，诱使宋老生出城，继而将其在野外围歼。因此，此战的关键就在于如何诱使宋老生出战。

为诱敌成功，李渊亲率百余骑兵出战，另派建成、世民各率数十精骑近城探视城防，同时故意将部队分为十余股，绕城巡视，摆出安营攻城的架势。对付宋老生这种勇猛善战、性格急躁的将军，反客为主之计乃是妙策。汉末黄忠、法正就是以此计成功诱斩了性格急躁的夏侯渊。

遥见城外李渊军的所作所为，宋老生怒不可遏，于是亲率3万大军，出城接战。大喜过望的李渊命李建成指挥攻城，自己则负责诱敌，引诱宋老生追击。

宋老生一路追奔李渊，但负责攻城的义军由于没有攻城器械，只能肉搏而上。指挥攻城的李建成被流矢所中，坠落马下，但随即起身上马再战，最终派军抢占了东门。与宋老生边战边撤的李渊，让身边士兵高喊"城池已破""已斩宋老生"之语，埋伏在侧的李世民适时杀出，隋军大溃，宋老生欲逃回城中据守，却被紧张的守城士兵关在门外，被追击在后的义军军头卢君谔斩首，太原义军乘胜登城，顺利攻取了霍邑。

和之前所提到的一系列问题一样。两《唐书》将此战的功劳归于李世民。实际上，这是不合适的。

此战义军将士上下用命，都有大功。年过五旬的李渊亲身犯险，诱敌出战；李建成轻伤不下火线，抢占城门，断敌归路；军头卢君谔斩首宋老生，破灭隋军将士继续守城的勇气；以及正面拖住宋老生主力的义军将士。缺少哪一方、哪一环节，霍邑之战都不可能取得成功。

说完李渊军一方的成功，不妨再看一下隋军的失败。

留守京师的代王杨侑，派屈突通、宋老生带领半数以上的关中精锐驻守霍邑和河东，本意是要保障这两座城池的安全。只要这两座城池还在隋军手中，李渊的太原义军就跳不出山西，更不敢随意进入关中。作为百战宿将，这个战略目标宋老生是清晰的。

既然如此，宋老生为何要出城野战呢？难道仅仅是因为中了李渊反客为主的激将法吗？恐不尽然！

站在宋老生的角度上来看，义军气势汹汹而来，无外乎两种选择：战与守。趁李渊立足未稳之际出城野战，重创其主力，乃是上策。然而这个上策实施的最佳时间，不是在霍邑城下，而是在李渊军尚未到达贾胡堡之前。

贾胡堡距离霍邑只有50里，傍山依水，是控遏太原至霍邑

第四章　建成出场，进军关中

的南北通道，也是兵家必守的险要之地。李渊原以为宋老生会抢先据守，然而宋老生并未注意到这个军事要地，结果让李渊大军顺利逼近霍邑。

也正是有了贾胡堡，太原义军才得以免受半月的雨淋之苦。霍邑之战前，李渊曾对麾下文武说："宋老生不能逆战贾胡堡，吾知其无能为也。"这话虽是为了鼓舞士气，却也道破了宋老生防守的漏洞。

那么坚持守城，不外出野战，是否就可以挫败李渊的进攻呢？历史没有假设，但我们不妨根据当时的形势稍加分析，提出一个"假设"。

如果宋老生坚守霍邑不出，李渊就真的太难受了。且不说，太原义军的实力比不上李密的瓦岗军，实际上就连刘武周、薛举都不比他差。太原义军要发展就必须目标明确地西进关中，只有如此，才可以不断地壮大队伍，利用隋朝体制内的政治资源。李渊一旦顿兵霍邑城下，被宋老生拖住，其优势就会大减。

这么看起来，守城的优势很大，但宋老生想要安稳守城，恐怕也是不可能的。彼时的隋炀帝避居江都，各地风起云涌的"叛乱"已成为时代的主流，宋老生困守孤城，固然能拖得住一时，但城外地区很快就会被太原义军拔光。

驻防在河东的屈突通，看似与之守望相助，实则也提供不了强有力的支援。其一，屈突通的特长是伏路把关，"野战非其所长"，所以他不敢弃长用短。其二，河东军怕被围点打援，如果其主力被消耗，李渊军就可以直接绕过霍邑，先破河东，而后直入关中；其三，河东军还要兼顾潼关、洛阳方向的防务；其四，河东与霍邑之间隔着一个临汾郡和绛郡，救援并不方便。打个不恰当的比喻，隋朝在霍邑、河东、长安之间的布防，有些类似于长春、沈阳、锦州之间的关系，彼此之间没有连接点，都是孤零零的。在这种情况下，看不到胜利希望的城中将士，很可能不再忠心于风雨飘摇的大隋。

更关键的是，李渊经略山西数年，人脉关系广阔，城中愿意与之里应外合的人不在少数。所以，宋老生先胜后守的计划，算是守城一方惯用的策略，虽不出彩，但也是中规中矩，结果却因一次败阵，被自家将士关在城外。由此也不难看出，此时的隋军精锐空有强大的战力，却没有充沛的战心。

拔掉霍邑这颗钉子，继续向南，是临汾郡和绛郡，义军兵不血刃轻松拿下了两郡。绛郡太守陈叔达是南朝陈宣帝的第十六子，爵封义阳王，陈朝覆亡后，随兄长陈叔宝归附隋朝，历任内史舍人、绛郡通守。此人有两个特长，一是文采斐然，二是识时务。当李渊大军达到绛郡后，陈叔达象征性地做了些抵抗，也就顺势归降了。

第四章 建成出场，进军关中

黄河自北而南横穿晋陕大峡谷，分割东西，阻断交通，但山陕之间，自古却有秦晋之好，这其中的一半功劳要归于勾连东西的古渡口。自最北侧的君子渡到最南侧的风陵渡，山陕之间的渡口有十余处。而历来为兵家所争的，主要是蒲津渡，其次是龙门渡和风陵渡。

占据临汾郡和绛郡，让李渊西进关中有了两个选择。一是自临汾与绛郡之间的龙门西渡黄河；二是继续南进，从河东的蒲津桥过黄河。

对太原义军来说，一劳永逸的办法是攻下河东，而后自蒲津桥过河。因为有现成的黄河浮桥，攻占河东、自蒲津桥过河，既可消除进攻关中的后顾之忧，同时也可以借助河东地理优势，快速进占潼关和永丰仓。而完成这一战略的阻碍是，屈突通率数万精锐驻守的河东。

自龙门渡河的优点是，不与屈突通部纠缠，抢在其他各方势力之前，快速进入关中。缺点是，路途较为迂回，同时需要解决河西反隋的孙华势力以及隋朝的冯翊郡太守萧造。如果这两处势力不解决，大军就不能深入关中。战国初期称霸中原的魏国，占据河西地区十年，始终不能深入关中，就是因为此处距离关中腹地较远。

在李渊攻下临汾后，当地名士薛大鼎前来投奔。薛大鼎建议李渊在龙门渡西进，急行入关中，待关中底定，再返回攻灭河东的屈突通部。饱读诗书，又曾沦为"官奴"的薛大鼎，并不是纸上谈兵的儒生，而是文武兼备的实干家。他久居河东，综合各方形势提出自龙门西渡、抢占关中的策略，可谓是眼光独到。

李渊听后也颇为认同，随即以薛大鼎为大将军府"察非掾"，监察幕府文武。然而，薛大鼎之策却遭到了义军将领的集体反对，接连取胜的义军将士认为，屈突通部不足为虑，应先取河东，然后自蒲津桥西进，如此便可浩浩荡荡，直入关中。

眼见众意难违的李渊，只得率军继续南下。义军抵达河东后，屈突通死守城池，严阵以待，义军无机可乘，可谓是进退维谷。就在李渊徘徊为难之际，河东县（河东郡治所，今山西永济）户曹任瓌前来献策。任瓌与屈突通同居河东，熟知隋军虚实，建言李渊尽快放弃河东，抓紧时间自龙门西渡黄河。

任瓌看出了李渊的顾忌，紧接着又说，自龙门西渡，好处是一目了然的。至于难处，无外乎是盘踞河西的反隋势力孙华部和隋朝冯翊太守萧造部，现在趁攻打河东不利，诸将不再反对，自荐去游说孙华和萧造来降。

英雄所见略同。薛大鼎、任瓌两位熟知当地形势的人才，都如此建议，李渊决定对河东攻而不取。然后将大军分出一部，自龙门渡河，经略河西，而后在蒲津渡对岸做好迎接工作。一部继

第四章 建成出场,进军关中

续围困河东,随时在蒲津桥西渡。

关中是大隋王朝的基本核心区,举兵反隋的势力虽不少,但多是一些流寇、盗贼。势力比较大的只有两股:其一,是盘踞在扶风郡(治所今陕西凤翔县)汧源县(今陕西省陇县)的唐弼;其二,是盘踞冯翊郡(今陕西大荔)的孙华。左冯翊、右扶风,一东一西,正好包夹中间的京兆尹。

为拉拢孙华,李渊在汾阳停驻时,就曾致书于他。谦卑厚辞,于润物细无声之间拉拢人际关系,是李渊的强项。收到唐公李渊的来信,孙华受宠若惊,认为只有傍上李渊这棵大树才能有所作为,于是在李渊进军壶口(今山西吉县西)时,孙华自郃阳(今山西合阳)轻骑渡河来面见李渊。

见到孙华后,李渊高兴地拉着孙华与自己同坐、畅谈。随即,封孙华为左光禄大夫、武乡县公、冯翊太守,其麾下有功之人,由孙华自行任免。既得了面子也得了里子的孙华,拿着李渊给的委任状回到关中,准备迎接渡河的大军。

孙华承诺在河西接应,李渊也就不再担心西渡的困难。随即分派麾下统军大将王长谐、刘弘基、史大奈率领精锐步骑六千,自龙门渡河,与孙华部一起驻军于朝邑(今陕西大荔东旧朝邑),接应自蒲津西渡的大军。

临行时,李渊嘱托刘弘基、王长谐说:"屈突通麾下精兵众多,与咱们相持这么久,却始终不敢出城野战,足以说明隋军战心不足。如果坐视我们西渡,屈突通又怕朝廷问罪。你们过河后,就在朝邑屯驻,屈突通如果过河阻击,我当率军进攻河东,如果屈突通固守不出,你们就阻断蒲津桥,使其孤立于河东,我大军也可趁机渡河。"

不出李渊所料,屈突通派麾下大将桑显和率精锐数千,夜袭刘弘基,刘弘基、王长谐出战不利,幸好孙华部从背后杀出,桑显和大败,逃回河东,并自断蒲津桥。此时的李渊并没有急于渡河,而是率领全军对河东城发动了最后一次攻击。

隋文帝开皇年间,长安市井间流传着这样一句话:"宁食三斗艾,不见屈突盖;宁食三斗葱,不逢屈突通。"屈突通与屈突盖是兄弟,因为他们两人政令严明,执法严酷,所以市井百姓编出了这样的歌谣,意思是宁可吃下三斗难以下咽的食物,也别犯在这兄弟二人手中。

隋末农民起义风起云涌,屈突通奉命镇压叛乱,因杀伐果断,得到了一个善战的美名。降唐后,担任兵部尚书,参与国家军机,被贴上了能征惯战的标签。实际上,屈突通的军事才能只能算是合格。《旧唐书》对他的一生戎马有过一个十分中肯的评价:"(屈突)通每向必持重,虽不大克,亦不败负"。意思是说,屈突通此人谨慎有余,进取不足,虽不会遭遇大的败仗,却也打

第四章 建成出场，进军关中

不了大的胜仗。显然这种性格不适合野战，但却适合守城，所以李渊这次攻城依然是失败而归。

好在此次攻城只是为了示威，李渊见事不可为，也就点到为止。屈突通没有立即意识到这是义军渡河的前奏，是以继续龟缩在城中。

就在李渊收拾舟楫准备渡河时，冯翊太守萧造前来归附。相比之孙华，萧造来得有些晚，但作为体制内的关中郡县官长，他却是第一个。为收揽关中士民之心，李渊千金买马骨，以才能平平的萧造为刑部尚书。紧接着，关中万年、醴泉等诸县，相继派人向李渊投诚。直至收到华阴县令李孝常归附的消息后，李渊才率领大军渡河，进驻朝邑的长春宫（北周宇文护筑，因三面悬崖，东临黄河，面对蒲津关，登高可远望太华、中条二山，俯视黄、洛、渭三河，花木茂盛，四时如春，遂名长春宫）。

李孝常的归附为何会受到李渊的如此重视呢？这是因为华阴县内的永丰仓。

永丰仓，原名广通仓，是隋朝六大粮仓之一，也是关中地区最主要的粮仓。隋朝在此处设仓，本是为了节级转运，省减人力，不料却落到了李渊手中。义军自太原出发后，粮草跟不上的现象越来越严重。绕过河东后，李渊迟迟不渡河入关，一方面是为了震慑和迷惑屈突通，另一方面则是担心手中无粮，无法保证后续的军粮供应以及赈济饥荒稳定民心的需要。

李孝常携永丰仓归附,使得李渊据永丰仓定关中,而后东向争天下之战略得以迅速实现。更重要的是,永丰仓在手,也彻底断绝了隋炀帝率骁果军西归的希望。可以说,李孝常归附,不仅为李唐夺取天下提供了大量粮食,同时作出了突出的政治贡献。这也是李孝常为何能以宗室疏属的身份获封义安郡王的原因。

义军占据永丰仓,让关中的许多有识之士看到了李渊的优势,纷纷呼朋唤友结伴来投,李渊一律量才授官,一时间"三秦士庶,衣冠子弟,郡县长吏,豪族弟兄,老幼相携,来者如市",由此也不难看出,关中一带的士民官吏已对隋朝、隋炀帝失去了信心。

第五章
定鼎关中，大唐立国

回顾中国历史上的改朝换代，往往会伴随着剧烈的冲突，其中最明显的表现是人口下降、经济萧条，而最深刻的政治变化则是统治阶层的重大变革，例如秦亡汉兴后的布衣将相、五代十国的军将武人、元明鼎革后的淮西勋旧、明清易代后的满洲女真。然而，隋唐两朝的易代却并非如此。北朝以来的贵族阶层被完整地保存下来，这种现象在中国历史上是很罕见的。

唐人苏冕曾扬扬得意道："尧舜禹三代之后，创业君臣都是贵族的，只有我们大唐。"高祖李渊是西魏八柱国李虎的孙子，也是北周明懿皇后、隋朝独孤皇后的外甥，李渊的妻子是北周太师窦毅的女儿,而窦毅又是周太祖宇文泰的女婿。宰相萧瑀、陈叔达,曾是南朝梁、陈的皇子,裴矩、宇文士及分别是北齐与杨隋的驸马。北朝以来的贵族与隋唐政权高层一体相沿的情况,是确实存在的。然而为什么会有这种现象呢?这与义军进入关中、李唐的建国方略又有哪些密切的关联?

一、东守西攻,先拔隋都

唐史大家陈寅恪先生认为,李渊于隋末一众群雄中脱颖而出,在于他速取关中策略的实现。对于李渊速取关中的意义,陈寅恪从关陇本位政策角度进行解释,即"在'关陇本位政策'犹未完全破坏以前,凡操持关中主权之政府即可以宰制全国,故政治革命只有中央政治革命可以成功,地方革命则无论如何名正言顺,终归失败",他认为这一点也可以解释史书"唐高祖速据关中,所以独成帝业"的记载。那么,李渊为什么能迅速攻克关中呢?其凭借的是什么?

李渊大军在进入关中后,下一步如何发展,是需要认真考虑的。

西渡黄河,占据永丰仓,打开了进军关中的大好局面。但此时的李渊大军是回过头来消灭手握重兵的河东屈突通,还是继续

第五章　定鼎关中，大唐立国

西进直扑隋都大兴城，众文武对此产生了严重分歧。

李渊的头号幕僚、大将军府长史裴寂建议，先消灭屈突通部，解决进军大兴的后顾之忧。理由是，屈突通部实力强劲，是关中的军事倚仗，义军西进，屈突通一定会在后方跟来，到时候前有大兴坚城难克，后有屈突通拦阻，情况便会非常的危险。如果能集中全力先灭屈突通，失去外援的大兴城就好打了。

未虑胜先虑败。裴寂的分析是有一定道理的，他看透了河东屈突通部与京师大兴的掎角关系，但却忽略了一点，那就是在屈突通死守的情况下，义军很难攻破河东城，更灭不了隋军的有生力量。尽管过河后的义军规模迅速扩大了数倍，但其真正战力仍不足以全歼守卫河东的隋军精锐。

以李世民为代表的诸将认为，应该率领新归附的人马急速西进，趁大兴守将阴世师来不及反应，迅速攻城，就会如迅风扫秋叶般轻松。至于反攻河东，且不说难以攻克，即便能够攻克，也必将是死伤惨重。到那时，得时间准备的大兴城，将会变得固若金汤。更关键的是，关中四周的诸多势力也都在窥伺大兴，如不进军，恐被别人捷足先登。

相比裴寂，李世民的建议更高屋建瓴，他还看到了军事之外的政治问题。但缺点是，太小瞧屈突通了。坐拥数万精锐在手的屈突通，不仅可以随时救援大兴，也可以随时进攻永丰仓，切断义军的粮草。

可以说，裴、李两策都不全面。如果说是裴寂的建议是知彼而不知己，那么李世民的建议则是知己而不知彼。

虑事周详的李渊最后决定兵分两路、东守西攻。"东守"，即由陇西公、左军大都督李建成率领司马刘文静、统军王长谐等屯守永丰仓，注意屈突通的动向，防止其在背后捣乱；"西攻"，即是以李世民为先锋，李渊亲率义军主力直扑大兴城。

两路大军谁的任务最艰巨呢？从具体形势上来看，应该说是"东守"的这一路。

就兵力而言，李建成部与屈突通部大致是势均力敌，具体在武器装备与战力方面，李部要略逊于屈部。加之，李部在屯守永丰仓同时，还要注意关东李密、王世充的动向，真正用来与屈部周旋、交锋的兵力，可谓是捉襟见肘。反观西进的李渊，在兵力和战略上，可选择的空间就很大了。

两汉以来，王朝数度兴衰，而门阀士族却能屹立千年不倒，凭借的不仅仅是婚媾与仕官，还有士族本身源源不断的人才。在隋末一众逐鹿者中，李渊家族成员的成才率是最高的。就在李渊正式向大兴城进军时，他的女儿平阳公主、女婿段纶、堂弟李神通已为他扫清了大兴外围的军事阻碍，西进之路已是畅通无阻。

平阳公主，也称平阳昭公主，是李渊与窦氏的嫡女。平阳，

第五章 定鼎关中，大唐立国

是李渊登基后给她的封号。昭，是她去世后的谥号。因为历史上有多个平阳公主，故而史书多称其为"平阳昭公主"，以示区别。实际上，这是多余的。

因为在所有的平阳公主中，最令人铭记难忘的，就是这位历史上唯一一位以军礼下葬的皇家公主，这位巾帼不让须眉的娘子军统领。许多稗官野史、武侠小说还给她杜撰了一个名字——李秀宁。

平阳公主早在大业初年就已经出嫁，丈夫柴绍出身官宦世家，祖父柴烈是北周的骠骑大将军，父亲柴慎是隋朝的太子右内率，柴绍本人曾是元德太子杨昭（隋炀帝的嫡长子）的东宫千牛备身。因此，柴氏举家居于长安。

如无意外，嫁给这样一位勋贵子弟，平阳公主将会在相夫教子、锦衣玉食的生活中安然度过一生。然而，父亲李渊在太原举兵彻底打乱了她的后半生。

617年，李渊决心起兵时，想到了文武双全且在关中一带颇有侠名的女婿柴绍，于是秘密派人送信给柴绍夫妇，让他们到太原相会。接到信后，柴绍表态坚决响应，但顾虑到平阳公主出行不便，犹豫不决，言道："尊公将扫清多难，绍欲迎接义旗；同去则不可，独行恐罹后患，为计若何？"大概意思是说，岳父现在起兵反隋，我本想前去支持，如果我们一起离开，很可能会被隋朝官吏发现甚至是拦截，若是我一个人走，又怕你会有危险，到底该怎么办呢？

平阳公主说："父亲那里正是用人之际，夫君文武双全，可以帮到大忙，你只管前去，不用担心我，我一个妇道人家，躲过官府的追捕，还是很轻松的。"拗不过平阳公主的柴绍，只好兵分二路，自己跑回太原李渊处，将平阳公主留在长安家中。

豪气干云的平阳公主怎么可能会像普通妇人一样东躲西藏呢？她深知乱世降临，只有占据城池，坐拥兵马，才可以保障自身安全，继而帮助父亲成就大业。于是，她回到鄠县（今陕西西安市户县区）的李家别业，散尽家财，招兵买马。

同样滞留在大兴的李神通，在得知堂兄李渊起兵的消息后，也逃进了鄠县的深山里，他积极联系京师大侠史万宝、河东人裴勣、柳崇礼等聚众起兵，响应太原。李神通自称关中道行军总管，以原乐城（今安徽亳县东南）县令令狐德棻为记室，四出攻打城镇。

除李神通、平阳公主叔侄外，盩厔（今陕西周至）一带还有数股反隋势力盘踞，其中势力最大的是胡商何潘仁部。何潘仁，原是西域粟特人，隋朝初年跟随其父定居盩厔，因其家往来西域经商，得以富甲一方，然由于其胡人的出身，父子两代始终没能得到相应的社会地位与政治地位，后来因触犯律法逃入司竹园一

第五章　定鼎关中，大唐立国

带，纠集亡命之徒，众至数万，自称总管。大业末年，尚书右丞李纲被右仆射苏威陷害罢职，在鄠县隐居，何潘仁胁迫李纲为长史，树旗立号，频频出兵攻掠关中西部郡县。

了解这一情况的平阳公主，立即派家童马三宝（大唐开国功臣，因出身相似，李渊曾将其与西汉大将军卫青相提并论）前往游说。颇识时务的何潘仁知道，身为胡人的他要想在关中成事，几乎是不可能的，扯旗占山头既是出于不得已，也是想在乱世中寻找一个好的归宿，现在有关陇贵族的李家前来招揽，一番待价而沽后，顺势归降了平阳公主。当然，这其中也离不开李纲的劝说。

得到何潘仁的数万人马后，平阳公主联合李神通一起攻占鄠县，正式在关中有了立足之地。之后马三宝又陆续游说南山一带的群盗，如李仲文、向善志、丘师利等人，纷纷率众来归。

留守关中的代王杨侑集团，为稳固关中后方，数次派军队，甚至是部分骁果精锐前去围剿，皆被平阳公主击败。平阳公主与李神通趁势反击，先后攻下了盩厔、武功（今陕西武功县武功镇）、始平等京畿诸县。由于平阳公主在作战过程中指挥若定、进退有方，同时又能申明法令、严明军纪，很快就吸引了大量关中士民前来投奔，麾下兵力骤增至7万。

客观上讲，平阳公主能以一己之身，以鄠县庄园为基地成功聚拢群盗，主要凭借的还是李渊家族在关中固有的政治影响力。这些前来投奔的"关中群盗"，虽在族属上有胡有汉，地位有高有低，但是他们有一个共同的特征，那就是政治失意者，像李仲文、丘行恭、何潘仁本身就是在逃犯，他们起来反对隋朝最主要的诉求，就是希望改变自身在当时受压制的政治状态，恢复其家族和个人原有的政治利益和地位。平阳公主是唐国公李渊的女儿，投奔她就等于投奔李渊。

当然，平阳公主的个人能力、胆识绝对是毋庸置疑的。敢于在京畿之地为贼做盗的没有几个是良善之辈，甚者更有一些亡命之徒、桀骜不驯之辈，比如丘师利的弟弟丘行恭，以吃人心肝为乐。李仲文是李密的叔叔，李唐立国后，李渊以其为并州总管、镇守太原，抵挡东突厥，是文武双全的大将。能让这些鱼龙混杂之人投归麾下，听从指挥，并不是一件容易的事，甚至可以说是很危险的。例如何潘仁率数万人来投时，平阳公主麾下不过千余人，精锐不过百余人，如何让何潘仁马首是瞻，为自己所用，这都需要足够的勇气与智慧。

在平阳公主于关中西、南部活跃的同时，李渊的另一个女婿段纶也在大兴东方的蓝田招募兵马，举兵响应。与柴绍一样，段纶也出身官宦世家，祖父段威起自微末，后为北周地方刺史，父亲段文振才智过人、明达世务，被隋炀帝倚为臂膀，先后辅助隋

第五章 定鼎关中，大唐立国

炀帝镇抚突厥、平灭吐谷浑。年少任侠的段纶，因父荫任职左亲卫，在关中一带的勋贵子弟中颇有影响力。

收到李渊太原起兵的消息，段纶很快就在蓝田聚集起一万多兵马，关中一带的段氏宗亲党羽、门生故吏也纷纷响应。从兵力上来看，段纶部不是很强，但就战略影响力而言，其在蓝田举兵不仅呼应了太原义军，也缓解了平阳公主、李神通等人在鄠县的压力，同时更是与鄠县二李势力，一东一西将大兴城包夹在中间。

另外，有一点值得关注，那就是蓝田南接商山、武关，段纶于此举兵彻底隔断了关中通过"商山—武关道"与东南江都行在的联络。此外，段纶之兄段确以县令的身份在郑县（今陕西省渭南市华州区华州街道附近）举兵，又卡住了京师大兴至潼关的必经之路。作为姻亲，段氏兄弟一并反隋，对李渊西进关中无疑是助益颇大。

有了三秦士民的投奔，有了李神通、段纶、平阳公主等各路兵马的支持，李渊大军的实力迅速扩张，仅李世民的右军就在短短一月之内增加到13万人。关中西部的凤翔郡、关中北侧的上郡（治所五交城，今陕西富县城）、延安郡（治肤施，今陕西延安东北）也先后遣使来降。至此，阻止李渊定鼎关中的，只有那座孤零零的大兴城了。

反观隋朝留守关中的军事力量，先是由将军庞玉抽调精锐3

万救援东都洛阳；后又分出宋老生、屈突通两部把守霍邑与河东；再除去征剿李神通、唐弼、孙华等关中反隋势力而损失的兵将，此时留守大兴城的兵力，虽仍有数万之众，但想要守住大兴城已是困难重重。

作为大隋以举国之力修建的新都，大兴既是坚城，也是大城。"百千家似围棋局，十二街如种菜畦。遥认微微入朝火，一条星宿五门西"。白乐天此诗，一是赞美大兴城设计巧妙、修建规整，二是表明大兴城宏伟庄严、壮丽隆盛。对比历代都城的占地面积，拥有87.27平方公里的隋大兴城，是汉长安城的2.54倍，是明清北京城的1.45倍。

明英宗遭遇土木堡之变后，京师内外人心惶惶，担任北京保卫战总指挥的兵部尚书于谦，收敛各处老弱残兵20万，出城列阵，迎战瓦剌。许多人对此大为不解，作为弱势一方的于谦，为何要出城野战呢？这其中一个很重要的原因，就是北京城太大了。20万兵力看似很多，一旦分散在九门，很容易被敌军集中兵力各个击破。再者，如此军民众多的大城，久守必失。因为粮草难以持久保障，人心士气更难以长久维持。

对比于谦，大兴守将阴世师的处境更困难。且不说城池大小与兵力多少，仅就对敌的决心，两者就不可同日而语。守卫北京的于谦可以以忠义、华夷之分来鼓舞兵将士气，凝聚朝野人心，

第五章 定鼎关中，大唐立国

保障上下同仇敌忾。而一心死忠隋室的阴世师，却只能得到京兆郡丞骨仪等个别官员的支持，就连同为副留守的卫玄，也在此时模棱两可。可以说，自李渊踏足关中的那一刻起，大兴城的陷落就已经开始了倒计时。

就在李渊进军大兴的时候，东方的李建成部也不负众望，成功且超额完成了东守的任务。

屈突通部奉命驻守河东的任务，是阻止李渊过河，将其困在山西。不管是持重也好，谨慎也好，李渊大军主力在蒲津桥渡河，进入关中，这就是屈突通的失职。现在李渊大军直扑大兴城，无论如何屈突通都要出兵救援，于是他留下大将尧君素守河东城，亲率数万精锐主力渡河西进，围堵李渊。

足智多谋的东路军司马刘文静为阻拦屈突通西进，提前在交通要道扎下了三座大寨。深知利害的屈突通派大将桑显和率部夜袭之，东路军抵挡不住，连失左右两寨，只有刘文静驻守的中寨勉强支撑，但也是摇摇欲坠。幸得李世民的亲信将领段志玄，不避箭雨，率领骑兵来回冲杀，才保障了中寨的安全，但刘文静、段志玄都中箭负伤，军队士气因之衰落到了极点。

就在此时，桑显和犯了一个致命的错误：收兵回营，埋锅造饭。他觉得士兵连续赶路，又苦战了半夜，已疲惫不堪，应该吃点东西补充下体力。有基于此，不少人认为，桑显和是一位爱兵如子的好将军。

实则不然！中国历史上的名将大都爱兵如子，同吃同卧、同甘共苦对他们来说这都是基本操作，甚者如吴起为兵士吮脓吸疮，但这些将军绝不会在战斗的紧要关头，撤出战场，埋锅造饭。桑显和的行为，只能说明此时的隋军空有战力，却无战心。

抓住这一千载难逢的良机，刘文静派人悄悄进入被隋军攻破而又放弃的东、西两寨，同时又派出数百精锐骑兵迂回到桑显和的背后，约定时间，与中寨主力一起出击，桑显和部没有防备，又因饱餐战饭，战斗力大减，结果多数兵将做了俘虏。

桑显和部是屈突通大军的主力，桑部惨败，即代表了屈突通的失败。兵败的屈突通本想退回河东，却被义军截断归路，只得向东退往潼关。没想到，东路军王长谐部早已斩杀了潼关守将刘纲，成功占领了潼关都尉南城。屈突通无奈，只得退保潼关都尉北城，自此进退两难。

接到战报的李渊高兴道："屈突通东行不可，西归无路，已是笼中困兽，我军再无后顾之忧，可以全力攻城了。"

穷途末路之中，不断有兵将劝说屈突通投降，屈突通说："我受大隋两代皇帝的恩遇，绝对不背叛大隋"，最后被部下劝急了，愤恨道："我甘心为国家挨一刀"。李渊派心腹家童前来劝说，也被他斩杀。

第五章　定鼎关中，大唐立国

就在屈突通做困兽之斗时，大兴城陷落，大部分隋军家属成了俘虏。闻听消息的屈突通万念俱灰，连夜东奔，准备归附洛阳的越王杨侗，结果桑显和先一步投降了刘文静，愤恨的屈突通准备奋力一战，以死明志。

见此情况，刘文静派屈突寿去游说，看到儿子的屈突通不但没有欣喜，反而是怒不可遏，屈突寿劝降之话尚未说完，屈突通就命人放箭。看到屈突通如此固执，桑显和转而劝说被围困的隋军将士，大喊道："大兴城已经陷落了，皇帝也丢下我们逃到了江都，你们都是关中人，父母妻儿都在关中，你们想跟着屈突通去洛阳，能有什么好结果。"关中人本就安土重迁，现在又大势已去，胜利无望，当然也不愿意再打了，所以桑显和的话刚说完，隋军就一哄而散。

看到大势已去，无力回天的屈突通，面向东南江都方向倒地叩拜，大声号哭道："臣力竭兵败，对得起陛下您了。"而后摘盔解甲投降了刘文静。

屈突通被送到大兴，李渊见后笑道："将军你可来晚了。"屈突通说："我不能为国家尽忠职守，兵败被俘，实在没脸见人，现在来见，依然是太早了。"李渊听后赞叹不已，当即加封其为兵部尚书，赐爵蒋国公，安排在李世民麾下担任元帅长史。屈突通也甘心为李唐开国鞍前马后，建功立业，最终成为凌烟阁

179

二十四功臣之一。

　　说到这里，有一个疑点不得不提，那就是击败屈突通、攻占潼关这两仗的东路军总指挥是李建成？还是刘文静？

　　《大唐创业起居注》并没有详写东路军的作战经过，两《唐书》与《资治通鉴》只提到了王长谐引兵袭斩潼关守将刘纲，刘文静、段志玄险胜桑显和。作为李渊钦定的东路军主帅，李建成在干什么？

　　北朝以来，皇子、宗室领兵的现象十分普遍，从政治目的上讲，这是为了保障兵权不旁落在异姓手中。由于皇子、宗室成员的能力参差不齐，配备高质量的辅佐班子就成为确保军事胜利的重中之重。

　　延续至隋朝，以皇子挂帅，以长史、司马具体负责战事，几乎成为定制。所以，无论是晋王杨广挂帅平陈，还是汉王杨谅挂帅征辽东，都只是名义上的主帅，具体负责前线战事的另有其人。从这个角度上讲，李建成还真有可能就是名义上的主帅。

　　事实上，在李渊开国创业的过程中，李唐宗室成员挂帅，都是名副其实的主帅，长史、司马虽是主要僚佐，但军权和决策权始终掌握在主帅手中。只有在战败背责任的时候，长史、司马才会被推到前面，比如辅佐李世民的刘文静、殷开山，承担了第一次浅水原失败的罪责；辅佐李元吉的宇文歆，承担了太原城失陷

第五章　定鼎关中，大唐立国

的罪责。

也就是说，李建成才是东路军实际操盘的主帅。刘文静与王长谐分兵对付屈突通与潼关的刘纲，也是李建成在居中指挥、运筹帷幄。所以《大唐创业起居注》才会说"世子陇西公将司马刘文静、统军王长谐、姜宝谊、窦琮诸军数万人，屯永丰仓，守潼关，备他盗"，明确了建成为主帅，刘文静、王长谐等皆为其部下，受其节制。

相关史书，直接隐去了三人之间的从属关系。两《唐书》把李建成与刘文静并列，看起来互不辖制，王长谐部属于单独行动，与李建成也毫不相干；《资治通鉴》更是将李建成与刘文静并列为帅，王长谐不知听谁指挥，所谓"渊遣世子建成、司马刘文静帅王长谐等诸军数万人屯永丰仓，守潼关以备东方兵，慰抚使窦轨等受其节度"。

《大唐创业起居注》凡是提到"大郎"建立功勋时，后面必定跟着"二郎"，让人难分主次。此次东守西攻，兵分两路，是第一次大郎、二郎不在一起，却又出现李建成与刘文静并列难分的情况。凡此种种，其目的无非是割裂建成与部属的关系，模糊李渊委派建成的军事目标，继而湮没建成的功绩，淡化他的历史形象，这是唐初纂史者抹杀建成功绩的一贯手法。

从太原到长安这一路上所历经的战役，对李唐军事集团的前途至关重要，无论哪一战失败或延误，都将导致战略上的被动，甚至走向覆灭。而在这些战役的关键之处，我们都能看到李建成的杰出表现。

东路军的主要任务是监视屈突通部，当屈突通败退至潼关后，东路军的善后扫尾工作是由刘文静来完成的，因为此时的李建成已接到李渊会攻大兴的命令。

摆平屈突通，拿下潼关之后，大兴城就像是一个熟透了的苹果，就等李渊来摘了。汇合了各路20万大军的李渊，命李建成率左军攻打东城和南城，李世民率右军进攻西城和北城。十一月九日，李建成麾下军头雷永吉从东面的景风门冲入城中，随即李渊大军破城而入，大兴陷落。这座隋文帝以倾国之力修建的新都，将成为此后300年大唐的首都——长安。

二、从大丞相到大皇帝

攻城前，李渊与诸军约法十二章，严令不得侵犯隋朝宗庙，不得伤害代王杨侑，不得侵害百姓，因此破城后军民安堵如故。李渊接收大兴"一如汉初入关故事"，先是封存府库，查抄图籍，而后也像刘邦还军灞上一样，居住在城外的长乐宫，并与关中百姓约定，废除隋朝的严刑峻法，以收揽民心，为取隋而代之做准

第五章　定鼎关中，大唐立国

备。

一番施恩之后，李渊命人将挖了李家祖坟、毁了李氏家庙的阴世师以及死战不降的骨仪一并斩首，其余人等不问，使得隋朝旧臣们迅速安定下来，城中秩序也得以恢复。

占据大兴后，如何处理与代王杨侑的关系，如何实现改朝换代，成为摆在李渊面前的急务。

李渊打着尊隋的旗号攻取长安。"尊隋"肯定不能再尊隋炀帝。一是尊隋炀帝就无法实现改朝换代；二是隋炀帝的所作所为已是天怒人怨。因此，只有采取一个过渡的办法，作为改朝换代的第一步。

攻克大兴六天后，即十一月十五日，李渊扶立代王杨侑登基，改年号"义宁"，是为隋恭帝，遥遵江都的隋炀帝为太上皇。

十七日，隋恭帝以李渊为假黄钺、使持节、大都督内外诸军事、尚书令、大丞相，进封唐王，以武德殿为丞相府，每日于虞化门处理政事。虞化门紧邻隋恭帝居住的大兴殿，李渊在此处办公，目的之一是为了随时掌握小皇帝的动向。

十八日，榆林郡、灵武郡、平凉郡、安定郡等郡守皆派遣使节入京，尊奉新天子和新朝廷，实际上就是归附李渊。

十九日，隋恭帝再次下诏"军国机务，事无大小，文武设官，位无贵贱，宪章赏罚，咸归相府。"也就是说，一切军政大权皆归于李渊，皇帝只保留郊祀天地和祭封宗庙社稷的事务。

　　李渊假意拒绝，在幕僚的再三劝说下勉强接受，叹息道："王家失鹿，遂使孤同老狼"，其实他就是一匹盯着皇位的狼，一匹隋朝两代天子都没有养熟的白眼狼，一匹来自北方、为逐鹿而拼杀的老狼。随即，李渊任命裴寂为丞相府长史，刘文静为司马，佐理事务。

　　占领大兴，拥立代王，使得李渊获得了"挟天子以令诸侯"的权力，尽管这个权力已经不能号令真正的天下，但起码半壁江山还是尊奉隋室的，榆林、灵武、五原等关中北部诸郡来归，汉中、河池的萧瑀等人愿意配合围剿西秦，李孝恭顺利招抚巴蜀，这都是拥立代王而获得的政治红利。

　　处心积虑，一心要取隋而代之的李渊为何不直接称帝呢？

　　其一，真正的隋朝天子隋炀帝还在江都，尽管其政治威信和人气指数已经降到了即位以来的最低点，可毕竟他人还活着，只要隋炀帝还在一天，大隋的正统就存在，尊奉隋朝的正朔也就有必要，否则他李渊就变成了篡位谋反的乱臣贼子，到那时"挟天子（杨侑）以令诸侯"的行为将丧失合法性与道义基础。

　　帝制时代，名分、忠义、正统等传统伦理所携带的压力，今人已不能感受，古人却身处其中，受其影响。名不正则言不顺，言不顺则事不成，这绝不是儒家老夫子的简单说教，这是古代社会的运动规律。名正言顺从哪里来？就是在那些名分大义、忠君孝亲的道德中生发出来。

东汉末年的曹操，迎奉汉献帝，平定北方，三分天下有其二，如此大权在握，仍不敢觊觎皇位。建安二十四年（219），夺占荆州的孙权上表称臣，撺掇曹操称帝，曹操说孙权是把他放在火炉上烤（是儿欲踞吾着炉火上耶？）。曹操麾下文武也都曾劝曹操称帝，而曹操的回答是，天命在我，我为周文王。意思是他要将改朝换代、登基称帝的事，留待儿孙辈去做。

功劳之大如曹操，都不敢轻易称帝，这是因为曹操知道自己一旦称帝，就会戴上篡位的"帽子"，继而成为各种反对派势力攻击的焦点，甚至还会引起内部势力的疏离，如荀彧、杨彪等人。而"挟天子以令诸侯"的好处是，对手明明知道皇帝只是一个傀儡，但以皇帝名义发出的诏令，却又不得不接受。

可以说，从唐国公、大将军到唐王、大丞相乃是一次质的飞跃，同样具有鸡犬升天的效果。李渊在受封为唐王的同时，册封李建成为世子，李世民为秦公、李元吉为齐公。从这个角度来看，朝廷虽然有一位13岁的皇帝，但真正的权力还是掌握在李渊父子手中，具体负责政务、行使权力的，也是设在宫中武德殿的大丞相府，隋恭帝杨侑不过是李渊手中的"皇帝图章"。

其二，李渊只据有关中一隅之地，实力还不足以支撑帝业。

战略眼光精准的李渊，抢在一众诸侯前面占据关中，并且能够在新朝廷的势力范围内"挟天子以令诸侯"，但天下仍然是四分五裂，大部分地盘要么被四方群雄割据，要么依旧掌握在隋朝的官吏和军队手中，最终究竟鹿死谁手还很难说。

马邑的刘武周，在突厥的支持下称定杨可汗；朔方的梁师都，也在突厥下称解事天子；金城的薛举，起事后自称西秦霸王，后感觉不过瘾，自称秦帝。这三家要么是有突厥背景，需要通过称帝来表明政治立场，要么就是自大妄为，视天下英雄为无物。

反观占据河北的窦建德，只称长乐王；雄踞中原，被诸路义军奉为盟主的李密，在连续取得重大胜利的情况下，坚持称魏公；其他如鼎足江淮的杜伏威，被江南士民拥戴的南朝萧梁后裔萧铣，或称总管、或称梁王。也就是说，当时实力最强的几家割据势力都没有急着称帝。

帝王的事业，是唯一的事业。乱世争雄，大家都想混一天下，建国称帝，而真正能做成的，一定要解决所有的竞争对手。然而变家为国乃是孤注一掷的赌博，更是一条艰辛无比的荆棘之路，稍有不慎，就会满盘皆输，祸连家门。

梁师都、刘武周等人在偏远的边疆地区称帝称汗，除了鄙视之外，大家并不认为他们会成为威胁。而拥有关陇贵族光环、

第五章　定鼎关中，大唐立国

"李氏为天子"等谶语加持的李渊就不一样了。他若是过早称帝一定会遭受各方势力的针对。

大业十三年（617），作为彼时最强大的反隋势力首领，李密不关心近在咫尺的窦建德、杜伏威是否臣服，反而逼迫尚未起兵的李渊表态。当李渊伏低做小，表示"臣服"（欣戴大弟）的时候，李密大喜过望，扬扬得意地对手下人说"唐公见推，天下不足定矣"。由此不难看出，在李密的心目中，李渊才是自己最大的竞争对手。李唐创业初期，李密是最强劲的对手，李渊不称帝也可以让李密对其放松警惕，一心死磕洛阳。

隋末，高居阴山的东突厥对中原各路势力虎视眈眈，李渊在实力尚不够强大的时候称帝，处理双方之间的关系也将成为一个难题。此前迫于形势，李渊以隋朝臣子的身份臣服于突厥，但他绝不能以大唐开国之君的身份向其称臣。

其三，坚持"尊隋"，中间有个过渡阶段，可以团结旧统治阵营中的一部分人，建立起一条广泛的统一战线。在政治斗争中，争取力量，壮大自身这是必须要考虑的问题。过早称帝，与原来政权公开决裂，就无法联合那些坚守忠君信念的人物，这等于人为地增加了改朝换代的难度。

自汉魏以来，权臣觊觎君位，继而改朝换代，已成为政治上的家常便饭，像于志宁、令狐德棻、长孙无忌、颜师古、房玄龄

大唐创业：从太原起兵到统一全国

等明眼人早就看出，李渊父子是要改朝换代的，却坚定立场，加入这一团体；再如屈突通战败归降后，立即在李世民帐下效力，中间毫无过渡，正是基于李渊的"扶隋"、不急于称帝，给这些文武臣将、士大夫们一个投奔的理由、一个台阶下。可以说，正是由于李渊前期的"尊隋"策略，让他最大限度地调动隋朝体制内的资源，为建唐开国服务。

总的来说，隋唐之际，在政权合法性构建的问题上，李渊做出了一系列政治举措，而这些都是在其"尊隋"旗号之下有条不紊地进行的，充分体现了他敏锐的洞察力与过人的政治智慧。

以李渊、萧铣为代表各路首领，他们不是不想称帝，而是缺少一个合适的契机。618年三月，江都兵变，隋炀帝毙命，正式宣告隋朝的灭亡。对于大兴城中的李渊而言，这是一个划破夜空的信号弹，一场争夺天下最高权力的战役开始了。

隋炀帝死后，群雄逐鹿、争雄夺鼎的局势已越发地清晰明朗，继而引起了称帝浪潮。同年，萧铣在江陵置百官，设坛祭天，登基称帝，国号梁，年号鸣凤；次年王世充毒杀皇泰主，于东都洛阳称帝，国号郑。

同年五月，炀帝的死讯传入大兴，李渊率领百官军民为其举哀、发丧，其间李渊失声痛哭，历数自己与隋炀帝的君臣之义、亲戚之情。李渊的失声痛哭一半是做戏，哭给别人看，一半也是

第五章 定鼎关中，大唐立国

真的有所伤心。隋炀帝的下场，主要是他自己造成的，但他们这些臣子却是推波助澜的间接促成者。

回想当年，少年丧父的李渊，因为族中叔伯兄弟觊觎唐国公府，是自己的小姨和姨夫多番照拂，才得以长大成人。隋朝建立后，隋文帝、独孤皇后更是对自己百般提携、千般赏赐，就算是刻薄寡恩的表弟隋炀帝，虽屡屡猜忌自己，却始终不曾对自己这位表兄有过激的举措，最后还将北疆重镇太原托付给自己，也算是信任和重用。至于连番的试探、打压，乃是作为一个多疑皇帝的通病。于公于私，李渊都要表现出哀伤的样子，他跟大臣们说，我作为隋臣，在关键时刻没能勤王护驾，哪里敢不尽哀呢！

政治家的眼泪是不会白流的，同样李渊的眼泪注定不廉价。给隋炀帝又是发丧，又是致哀，这一切的表演都是在为改朝换代、建立大唐做舆论准备。随后，迫使隋恭帝封其为相国，加九锡和殊礼，这也意味着所有的禅让活动准备完毕。自魏晋以来，禅让的把戏已经在历次改朝换代中不断上演，九锡和殊礼也就是禅让的代名词。

李渊如此急迫地登基称帝，一点也不奇怪。毕竟为了这一天，他已经谋划了许多年。五月十四日，隋恭帝杨侑禅位给李渊，其间又是一番三辞三让的把戏。五月二十日，李渊在太极宫中的正殿太极殿即皇帝位，大赦天下，改年号为武德，改大兴为长安，改郡为州，以太守为刺史，推求五行的运行属土德，颜色以黄色为尊。

三、东征洛阳

唐王朝统一天下的特点，是四面开花、多处同步；统一天下的方式，是军事征伐与政治招抚双管齐下。统一天下的步骤，是先西后东，重北轻南。实际上，唐朝统一天下的步骤和方式都并非是一夕而就的，而是一个不断尝试与修正的过程。

占领关中后，唐朝统一北方的次序是平定陇右、河西的薛举父子和李轨，而后扫平山西的刘武周，再一举东出消灭洛阳的王世充与河北的窦建德。实际上，在稳定关中局势之初的李渊父子，首先出击的军事目标乃是东都洛阳。

此次东征发生在李渊登基之前，又是由唐王世子李建成担任主帅，再加上没有完成拿下洛阳的战略目标，以致后人忽略了此次东征以及其所产生的影响。

此次东征，被《旧唐书》《大唐创业起居注》称之为"救洛阳"。之所以称之为"救"，其一，此次东征李唐一方没有拿下东都，却间接保卫了洛阳，称"救"算是实至名归；其二，此时的李渊还是隋臣，称"救"洛阳可彰显其隋室忠臣的形象。

第五章　定鼎关中，大唐立国

得知李渊占据关中的消息，兵强马壮的李密既生气又哀叹，痛恨李渊一边跟自己虚与委蛇、装孙子，一边却断了自己的"上策"。既然上策已行不通，他只能率领瓦岗军猛攻洛阳。被隋炀帝赋予平叛事宜的"救火将军"王世充，不愧是一位很难缠的角色，尽管连番失利，却总能收拾残局，整兵再战。

618年正月，迫于江都和洛阳两方面的压力，已经连败三次的王世充只能率领东拼西凑的7万洛阳守军出城迎战。养精蓄锐已久的瓦岗军，也想通过野战来消灭洛阳守军的有生力量，进而占领洛阳。一方是被动出战，一方是主动求战，结果可想而知。

相比于王世充的无奈，李密已经有了细致的谋划，先是诱敌深入、战场围歼，而后是伏兵四出、断桥截击。一番大战下来，7万大军最后跟随王世充逃出生天的只剩下数千人，可谓是损失惨重。害怕被问罪的王世充也不敢回到洛阳，只得暂屯河阳休整。

隋朝的东都洛阳位于今天河南省西部的伊洛盆地。伊洛盆地位于第二级与第三级阶梯之间，西面通过崤函古道可通往关中平原和黄土高原；东面途经嵩山的关隘，就是华北平原；向北渡过黄河，穿过轵关陉、太行陉可通往山西，或向东北通往华北平原；向南经汝颍地区或伏牛山，可到达南阳盆地。因此，像洛阳这样一个处于各个地理单元过渡地带的交通枢纽，一旦中国北方东西分裂，其必然会成为反复争夺的焦点。

自夏商周三代以来，洛阳被视为"天下之中"，也是"中国"一词最原始的意义。西周初年，周公征服了中原广大地区后，决定在伊洛盆地营建新都。这主要是因为伊洛盆地位于华夏族群活动范围的中央，水陆交通发达，便于节制四方，各地诸侯朝贡里程也都差不多，可以作为周王朝控制东方的政治中心。此后，直至隋唐时代，中国的政治中心始终在洛阳与长安之间东西徘徊、左右往复。

借助王世充大败、洛阳危急的局势，李渊以隋朝丞相的名义颁布教令，声称"东都洛阳危在旦夕，随时有被瓦岗军攻陷的可能，作为大隋的忠臣，我们理应出兵相助"。随即命世子李建成为元帅、李世民为副将，萧瑀为司马、刘文静为长史，率领屈突通、殷开山、窦琮等十余万兵马，东进救援。

表面上，关中大军做出一副急救东都的坚定姿态，但实质上，这只是冠冕之词，反而透露出李渊的一种投机侥幸心理，希望利用东都困难之际，以不战而屈人之兵的方式夺取东都。从政治战略上来看，占领关中之处的李渊是想复制当年杨玄感的道路，即战术上以战立威并扩大军队，战略上抢占两京要地以吸引隋室旧官归附。

留守洛阳杨侗、元文都君臣，一眼就看穿了李渊想趁乱拿下

第五章 定鼎关中，大唐立国

洛阳的伎俩，所以当关中大军逼近洛阳芳华苑时，洛阳四门闭之不应，任凭其百般忽悠，东都城中始终是严阵以待。

原本想借救援为名进行军事突袭的计划被东都识破，利用正统天命进行招诱，又被元文都拒绝。进退两难的关中大军反而遭到了瓦岗军的袭击。关中的快速鼎定带来的军队扩张和声望增长，使得李渊对政治形势的估计过于乐观，他想摘李密辛辛苦苦浇灌的"桃子"，李密又如何会答应？再者，李渊想尝试杨玄感占领两京号令天下的老路，而作为杨玄感谋主的李密又何尝不是？所以，双方围绕着洛阳交战就势不可免了。

在河东、关中一路克捷的唐军，对依靠府库聚集的瓦岗农民军并不十分重视，但经过交战才认识到了瓦岗军的实力之强，所以接下来的战斗中始终保持着谨慎的态度。左有洛阳坚城在侧，后有王世充舔舐伤口，意在洛阳的李密也知道轻重缓急，与关中大军死拼，对自己没有任何益处，所以也是小战即退。

可以说，此次东征是李渊君臣对于天下局势的乐观估计，和对于东都信息的错误预判。本来是洛阳与瓦岗两方角逐，互相消耗，但随着关中大军的加入，关中一方成为洛阳与瓦岗共同的敌人。前有洛阳、瓦岗两方默契抵制，后有薛举父子虎视眈眈，打不开局面，又无利可图的关中大军只得班师而回。

史书称此次班师的原因是"时逼农时"，大军需班师急农。

隋唐两朝实行府兵制，百姓战时为兵，忙时务农，因农忙而撤军的情况在当时算是很普遍的现象。但实际上，真正促使李建成兄弟撤兵的，是同年三月隋炀帝在江都被杀的消息。在李渊那里改朝换代是第一重要的事情，即使东都因粮食短缺而旦夕可下，但这也已经顾不得了。可以说，李建成东征的匆匆班师，是一个典型的政治影响军事的例子。

此次东征的经过虽很短，但对此后的影响却很大。由于关中大军的来去匆匆，让李密错过了一次围攻洛阳的好机会。此战关中军虽然没有达成攻取洛阳真实的目标，却阴错阳差地救了洛阳，并且间接促使了王世充的崛起和壮大。

对李渊一方来说，此次班师影响了李建成的政治命运。从太原起兵到此次东征洛阳，李建成在政治和军事上的地位均高于李世民，乃是军方的第一负责人。然此次班师之后，李渊称帝建国，留守京师、襄理朝政，成为李建成的主要任务，李世民则成为李唐对外征战的主要负责人。而随着权力的扩大和功劳的累积，威望日隆的秦王李世民逐渐激起了夺嫡争位的野心。

此次东征也并非一无所得，在大军回师的路上击败了出城追击的隋军，保住了新安、宜阳二郡。宜阳与新安是关中沿函谷南、北两路东出的要隘，李建成留下行军总管史万宝、盛彦师镇守宜阳，吕绍宗、任瓌统兵镇守新安，既构筑了东面护卫关中的两道防线，又可作为将来李唐东进中原的跳板。三年之后，李唐第二次东征洛阳，正是从新安出发的。

此次东征结束后，代隋而起的李唐政权逐渐放弃了抢占两京号令天下的急进式策略，开始转为先西后东，先平后院，然后东出的统一天下策略。如此一来，解决陇右的薛举，就成为大唐全面扫荡群雄的开始。

第六章
平定后院的战争

著名学者倪健中在《东西论衡》一书中指出,"十"字是中国人的天下,先横后竖,先左后右,从上到下,十字的运笔方向竟然与中国历史重心(尤其经济重心)由西向东、从北向南的转移轨迹惊人地吻合。

可以说,一个"十"字,潜藏着中国历史从西向东、从北向南的历史趋势和惊天秘密。对于这个"秘密",西汉时期的司马迁曾看出了一丝端倪,其在《史记》中总结道:"夫作事者必于东南,收功实者常于西北",简单说就是王朝斗争常发端于东南地区,而最终统一天下的却往往是西北的势力。

第六章　平定后院的战争

为什么胜利的一方总是西北的"关中势力"呢？

司马迁这段话，并不是放之四海而皆准的定律，但却是对秦汉王朝以"关中模式"统一天下的高度概括。"得关中者得天下"，这好像是一个很神奇的预言，从早期的大一统王朝秦汉，到以弱胜强、逆风翻盘的前秦和北周，再到中世纪巅峰时代的隋唐，无不践行着这一预言。

毫无意外，隋末地处关中的隋都大兴城，也成为了北方尤其是关西众割据势力极力争夺的对象。太原李渊与金城薛举几乎是同时从东、西两个方向朝着关中进发。李渊抢先一步占据了长安，但以薛举为首的西秦政权，又岂甘放弃？最后双方还是要通过战争来决定关陇的归属。而稳固了关中地区的李唐政权，若要削平群雄，一统天下，陇右这个关中"后院"，一定要最先清扫。

一、西秦建国，扶风初战

说起李唐与西秦的争雄，就不能绕过薛举及其建立的西秦政权。

薛举，河东汾阴（今山西万荣县）人，隋朝初年跟随父亲薛汪移居到金城（今甘肃兰州市区）。《新唐书》称他是"容貌魁伟，武敢善射，殖产数万，好接纳边豪，为长雄"。意思是说，薛举家产丰厚，本人精明强干，做事豪爽、大度，在当地的人脉很广，因此被当地官长举荐，出任金城府的鹰扬校尉。

纵观古今，像薛举这样的人，无论在什么时代都能做出一番事业，更何况是隋末乱世呢！

大业四年（608），隋炀帝亲征吐谷浑，巡行河西。灭吐谷浑后，隋朝在吐谷浑故地建置了西海、河源等四个郡，开创了中原王朝以州县全面治理青海地区的先河。随后，隋炀帝一行经大斗拔谷（今青海扁都口）翻越祁连山，到达张掖郡，在张掖（今甘肃张掖市）召开了"万国博览会"，以彰显大隋的强盛，扩大华夏文明对西域的影响力，试图为之后经营西域铺垫基石。

然则过犹不及。隋炀帝的好大喜功让原本成功的国家战略蒙上了一层阴影。此次西巡，陇右与河西百姓的赋税徭役因之加重，破产亡家者比比皆是。《资治通鉴》中就说过，为了对外战争，大批粮饷需要从西京长途转运到塞外，其间路途凶险，常遇到强盗，但是无论是人或者牲畜死亡没有运到的话，地方官府一定要他家赔偿，导致百姓流离四散。因此，隋末陇右一带的农民起义可谓是风起云涌。

大业十三年（617）四月，在全国各地纷纷叛乱的浪潮下，金城郡（今甘肃兰州）再次爆发了大规模的农民起义，精明强干的金城县令郝瑗，及时招募数千兵勇，打造武器装备，准备镇压

第六章 平定后院的战争

民乱。就在此时，薛举也动了造反的心思，只是苦于手中无兵。而最快捷的办法就是反客为主，吞并金城郡的官军，于是便盯上了郝瑗手上的这支装备齐全的精兵。

为提振士气，稳定城中军民，在正式出兵前，郝瑗大摆酒宴慰劳部下。作为地方豪强代表的薛举、薛仁杲父子自然也在受邀之列。就在大家觥筹交错、酒酣耳热之际，薛仁杲率领13名门客暴起发难，将郝瑗等金城郡长令全部擒获，在座者无不大惊失色。早就做好准备的薛举，不慌不忙地说，郝瑗谋反，我奉上级的命令将其拘捕，大家都不要慌。就这样兵不血刃地夺取了金城郡的军政大权。

明眼人都知道，郝瑗谋反是假，薛举造反才是真。但席间众人却愿意以薛氏马首是瞻，一方面是薛举此人在当地确实很有威望；另一方面，天下动荡，人心思乱，金城郡的"肉食者"们也想在乱世中分一杯羹。顺便说下，此时的李渊还在晋阳蛰伏。

乱世之中，有粮就有兵。薛举起兵后的第一件事，就是开仓赈济。因此，很快就聚集起了数万兵马，实力大增。薛举麾下最能征惯战的大将宗罗睺就是在此时加入的。

"高筑墙，广积粮，缓称王"，这是元末老儒朱升给朱元璋的建议，此后朱元璋遵照这九字方针低调隐忍，闷头发展，笑到了最后。在隋末一众枭雄中，薛举的实力虽然不是最强大的，但其做事风格却是最高调的。部下实力刚刚有所扩充,薛举就迫不及待地自称西秦霸王,年号秦兴,封长子薛仁杲为齐国公,少子薛仁越为晋国公。

当然,薛举之所以敢这么做,也是有些资本的,那就是武力强劲。自古"秦兵耐苦战"中的秦兵,多是指陇右劲卒,加上薛举本人能征善战,所以他的军队规模虽不是很大,但战斗力却是很强。尤其是在夺得隋朝的陇右牧监之后,装备了凉州大马的西秦军更是"兵锋甚锐,所向皆下"。

夹在河西走廊、关中平原、河湟谷地之间的陇右,借助东侧的陇山,西、北两侧的黄河,南侧的白龙江、秦岭,形成一个独立的自然地理单元。这一地缘板块的优势是四通八达,向南可以经略汉中、巴蜀,向西可以监控河西、西域,统领西北边防,因此被称之为"秦陇锁钥,巴蜀咽喉"。

缺点是,盘踞此一地缘板块内的割据势力很难独立于乱世。仅从地理角度来看,这是因为陇右地区本身没有足够的向心力。一个独立自然单元的形成,离不开大山大河。一个完整的水系干流,对地理单元内所起到的互联、互通作用,在交通不发达的古代尤为重要,比如渭水中游的长安、汾河中游的太原、湘江之畔的长沙,赣江下游的南昌,等等。反观陇右地区虽有黄河、渭水流过,却没有一个完整的水系,千沟万壑的陇西高原更是让陇西

第六章 平定后院的战争

各个重要城池散居各处，难以整合。

所以陇西地区的割据势力要想发展壮大，防止像汉末隗嚣、马腾那样被慢慢耗死，就需要打出去。从长远来看，向西开拓河湟，向北吞并河西，都不过是割据一方；向南占据巴蜀，或许可以像李氏成汉那般偏安一隅，但终将困死在巴山蜀水之中；惟有效仿秦人东出陇山，占据关中，将关陇连为一体，才能有"大出天下"的机会。

薛举要想东出关中，首先要稳固后方。除金城郝瑗之外，在陇西地区隋朝还有一支编制万人的正规军，由虎牙郎将皇甫绾率领，驻扎在陇右重镇——枹罕城（今甘肃临夏县）。枹罕东邻洮水，西望河湟谷地，南连白龙江，西南依积石山，北接兰州，是连接河西、陇右、汉中、河湟四地的重要枢纽。隋廷在此处驻兵，一是为了经营青海四郡，二是为了镇抚青藏高原东麓的诸羌部落。因此，皇甫绾这一万人也算是隋朝在西方布置的精锐。

薛举明白，如果自己率领数万人进攻，皇甫绾很可能会据城死守，避而不战，如此一来，既迁延时间，也会消耗物资储备，暴露己方新募之军的不足。于是，他留下长子薛仁杲守卫金城，自己亲率两千精锐直扑枹罕。

看到西秦军才2000余人，皇甫绾随即出城野战，准备将其全歼。双方列阵城外，正准备交战时，突然刮起了大风。最初，大风是朝着西秦军方向刮去的。按理说，也是宿将的皇甫绾应该抓住这个千载难逢的机会，主动进攻，然而他却无动于衷。天予不取，必受其咎。不一会儿，风向突转，大风开始刮得隋军睁不开眼，大阵动摇，原本就想着速战速决的薛举，哪会放过这个机会，随即下达进攻命令，并身先士卒，直扑隋军，西秦军士气振奋，一时间杀声震天，结果隋军大败，枹罕城被攻破。

枹罕失守，河湟之地的门户大开，占据河湟肥美之地的廓州（今青海化隆县西南群科镇）、鄯州（今青海乐都）先后归附西秦。积石山一带的羌人也陆续前来投奔，其中羌人大首领钟利俗率军2万人归附。自此，西秦军实力大涨，兵众骤增至13万。

按理说，收拾完后方，全据陇西后的薛举应该集中力量全力东出，抢先攻占关中。结果却干了两件蠢事。

其一，急于登基称帝。李渊还在贾胡堡淋雨，犹豫进退的时候，一片形势大好的薛举却在金城自立为帝，以薛仁杲为太子，以妻子鞠氏为皇后，以母为皇太后，立太庙，"其月，举陈兵数万，出拜先人墓，礼毕大会"。

登基称帝，修建先人坟茔，礼敬拜祭，不是不可以，但陈兵数万，而后大会酒宴，活脱脱一副炫耀的嘴脸。如此一来，前后耽误了两个月的时间。顺便提一下，在隋末各股武装势力中，薛举是最早称帝的一批。一方面这是薛举本人对自身实力的自信，

第六章　平定后院的战争

但同时也反映了其人的轻狂。

其二，分散兵力，四处出击。搞完场面活动之后，薛举终于做出了军事部署，命令太子薛仁杲攻击天水郡（今甘肃天水市秦州区），打开东出陇山的通道。但同时却又分散兵力，命令次子薛仁越攻击南面的河池郡，大将常仲兴攻略西侧的河西诸郡。

三路大军看似气势汹汹，实则犯了"军分则力寡"的兵家大忌。河池郡守萧瑀死守城池，使得薛仁越挫兵于坚城之下。常仲兴部的进展也不顺利，与李轨手下的大将李赟在昌松（今甘肃武威市东南）交战，不仅大败亏输，还一连丢掉了新占领的西平郡与枹罕郡。幸好薛仁杲不负所托，攻下了天水郡。为避免与西面的李轨再发生冲突，也为了进军关中更便利，薛举随即将都城由金城迁往天水。

前面多次提到薛仁杲，也已介绍了他的勇猛善战。然而，薛仁杲此人还有一个致命的缺点，那就是严苛酷虐、残忍好杀，尤其是对俘虏，经常施以断舌、割鼻、舂斲（把人给捣成碎末）等酷刑。攻灭天水后，两件事将薛仁杲的残忍酷虐展现得淋漓尽致。

第一件事是拷掠富豪。说到抢掠富豪，历朝历代的农民军大都这么做过，做得最成功的是朱元璋的检括、寨粮，做得最失败的是李自成的追赃拷饷。为什么要这么做呢？两个字：粮饷。

义军起兵之初，往往是通过开仓赈济，免赋免粮，来聚集人心，壮大势力。这样做，短时期是可以的，然而时间一长，就难以支撑了。拷掠地方上那些为富不仁、劣迹斑斑的豪强大户，无疑是最佳的选择。从这一点上看起来，薛仁杲的出发点虽不符合传统儒家"为政不得罪巨室"的治理原则，却也算不得伤天害理。

但问题是，他的做法太简单、太粗暴了。秦军进入天水城后，将城中豪强富贾都集中一起，逼迫其上交家财，凡是不上交的，不是被悬起来，用醋灌鼻子，就是用各种手段严刑拷打。

君主专制时代，真正跟皇帝共治天下的，不是朝中的文武百官，更不是底层百姓，而是地方上的刺史、县令。汉宣帝曾称"与朕共治天下者，其唯良二千石"，2000石是郡守的俸禄，在这里代指地方守、令。这也是百姓为何称郡守、县令为"父母官"的主要原因。

汉魏以来，由于刺史、县令任官要回避本籍，很难在一地扎根，真正在地方上配合国家施政的，实则是那些亲戚胶固、盘根错节的地方豪强大户。孟子所说的"为政不难，不得罪巨室"，正是中国2000年君主专制时代，在皇权不下县的情况下，保持地方稳定的秘诀。薛仁杲用如此严酷残苛的方式对待天水豪强，不仅不能收拢本地士民之心，得其拥戴，同时也刺激了其他地方豪强士绅的反抗决心，这让秦军后续的攻城略地变得愈发困难。

第二件事是虐杀名士。中国古代的所谓"名士"，有名副其

第六章 平定后院的战争

实的真名士，也有名不副实的假名士。然而，想要裂土称雄、争龙夺鼎，就离不开人才的投奔。因此，无论真假，对名士群体以礼相待还是有必要的。在这一方面，不仅李渊、李密、萧铣这些贵族出身的人做得很好，就连百姓出身的窦建德也知道尊重读书人、借用隋朝体制内的资源。

招揽名士，有真才实学固然好，没有就当是千金买马骨，树立招贤的标杆。然无论如何都不能因为对方不愿投降，就虐杀之。天水城破后，秦军俘获了著名的北朝文学家庾信的儿子庾立。庾立此人虽没有其父的文采风流，却颇有气节忠心。对待这种人，就是先搁置起来，等时机合适了，再想方设法让其出来做事。但残暴的薛仁杲听到庾立不肯投降，立即将其放在火上分尸、烧烤，然后一点点地割下肉来让军士们吃，此举简直是骇人听闻。

薛举听说此事后，严厉告诫薛仁杲说："你的才能谋略足以成事，但是性格太严苛、太酷虐，对人不能施恩，终归要倾覆我薛家和大秦！"薛仁杲对此置若罔闻。

不管薛仁杲听不听，薛举还得依靠、重用他，毕竟残暴的另一面就是能打仗。大业十三年（617）十二月，薛举命薛仁杲东进扶风（治所今陕西凤翔县），正式进攻关中。此时的扶风郡，除郡治是由隋朝官吏控制外，大部分地盘被一个叫唐弼的反隋首领控制。

作为关中西部地区的反隋首领，唐弼在大业十年（614）就举起了反抗隋朝暴政的大旗。很有意思的是，他拥戴一个叫李弘芝的人做天子，自己称唐王。找一个李姓之人，乃是为了对应当时"李氏将为天子"的谶语，既是为了服众，也是为自己起兵塑造合法性。至于自称唐王，与李渊并没有什么关系，纯粹是因为他姓唐而已。

为了快速占据扶风，在薛举一番封官许愿的招诱下，本就幸图苟安的唐弼，当即杀掉李弘芝，投降了西秦。莽撞自大的薛仁杲为兼并唐弼所部，发动袭击，毫无准备的唐弼只得率领少数亲信去投奔隋朝的扶风太守窦琎。薛仁杲此举虽成功吞并了唐弼的数万部众，让西秦军迅速激增至30万人，但归降的唐弼旧部却是人心惶惶，不愿为其所用。

由于此前薛氏父子一再耽误时机，就在薛仁杲占据汧源（今陕西陇县），打开东出陇山的通道后，李渊父子已经在关陇贵族的接应下，成功占领了长安。又因为李渊打的是"匡扶隋室"的旗号，所以很快就稳住了长安的局势，得到了关中诸郡县的归附。

面对此种情况，薛仁杲并没有放弃进攻长安的既定战略，而是继续进军。西秦军的下一个军事目标是扶风郡治，只有攻下扶风，自天水东出关中的陇关道才算是真正打开。

第六章　平定后院的战争

原本的扶风郡守窦琎性情沉稳敦厚，爱好书法、深通音律，是隋唐之际有名的书法家和音乐家。由于薛氏父子一再耽误时间，此时守卫扶风的军事长官乃是李渊所派的安定道行军总管刘世让。刘世让探知薛仁杲东进的多数军队是唐弼的旧部，便亲自出马，招降了万余名唐弼部精锐，使得扶风郡的军事力量大幅增强。

恼羞成怒的薛仁杲大举进攻扶风城，刘世让率部奋起抵抗。郡守窦琎的能力虽不行，但人脉关系却很硬，他是李渊夫人窦氏的堂弟，所以收到小舅子请援信的李渊，立即派李世民挑选精锐星夜救援。

由于唐军来得迅速，加上新整编的扶风唐弼军尚未归心，西秦军虽然在数量上占据上风，但双方一番激战，西秦军便败下阵来，薛仁杲只能撤回天水。李世民率军追击至陇山，由于西秦军骑兵较多，追敌不及，只得撤军回长安。

总体而言，唐与西秦的扶风之战，更多的是彼此之间的试探。西秦军此次东出，是为了打通陇山通道，进军长安。唐弼归降，算是个开门红，然在招降唐弼、安抚降众的过程中，却屡屡失当，既拖延了时间，也给了刘世让分化离间的机会。可以说，西秦的第一次东出是败在了政治上，而不是军事上。

就李渊一方而言，此次李世民率军西进，目的是救援扶风，保障关中西部的稳定。对长安朝廷来说，关中郡县的稳定，其政治意义要远高于军事意义。李世民初战告捷也算达到目的。更何况此时的河东尧君素还在顽抗，潼关方向也需要加强防守，因此也就见好就收了。

是役之后，双方都对自己的战略部署做出了调整。历史给唐秦双方选定的战场是高墌城外的浅水原。

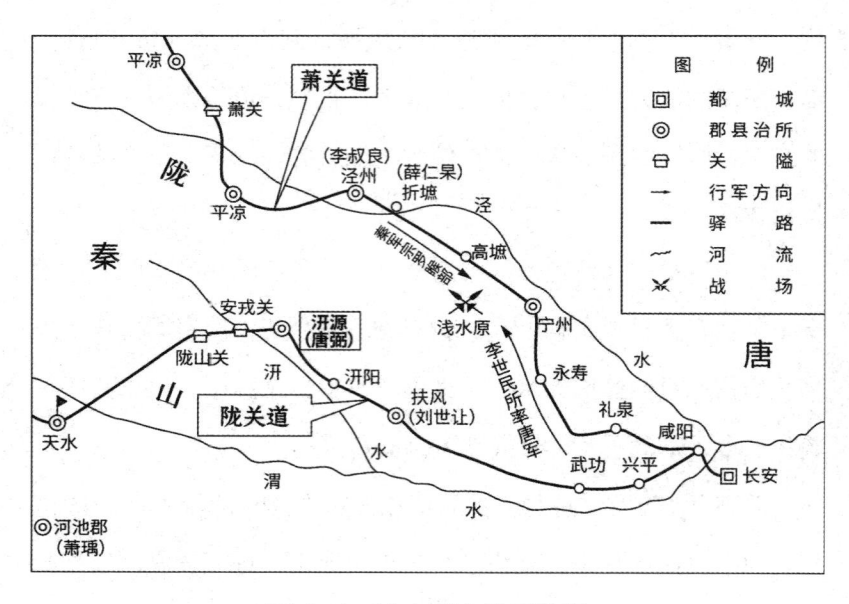

图 6-1 浅水原之战形势图

二、先败后胜：唐秦两战浅水原

自李渊抢先一步占据长安，胜利的天平就开始向唐朝一方倾斜，时间拖得越久，双方的差距就越大。西秦一方，必须要在李渊立足关中未稳的情况下，发动进攻，西秦谋主郝瑗知道这一点，薛举也知道这一点。

武德元年（618）七月，就在李渊忙着称帝建国的时候，薛举再一次进攻关中，兵锋直指萧关南侧的泾州。泾州是隋朝的安定郡，是控扼沿泾水河谷的重镇，薛举只要拿下这里就可以顺着泾水直下长安。

气势汹汹的西秦军，很快就将高墌城（今陕西长武北）团团围住。收到高墌告急的李渊，立即以秦王李世民为西讨元帅，刘文静为长史、殷开山为司马，率领刘弘基、柴绍等八总管十余万人，前往迎战。由于唐秦双方投入的都是主力，注定了这是一场腥风血雨的大战。此战的结果是，唐军八总管之兵皆败，士卒死伤过半，将军慕容罗睺、李安远等战死，秦军取得大胜。

最初李世民率军到达高墌后，并未进城，而是同样在城外修筑壁垒，准备与秦军持久对峙。薛举此次是倾国而来，无论是总兵力，还是战将的实力，都要高出唐军一等，加上陇右地区产马，秦军的骑兵更是占据了战场上的主动权。战力强大的西秦军，同样也有缺点，那就是翻越陇山而来，粮草物资转运艰难。所以，唐军最初制定的对敌策略是深沟高垒、对峙不战。

不幸的是，唐军主帅李世民突然染上了疾病，不能主持军务。军务由长史刘文静和司马殷开山负责。李世民担心军中将领不理解持久对峙的战略，在病榻上仍反复跟刘、殷二人强调不要轻易出战，一切等他病好了再说。

刘、殷二人主持军务后，殷开山劝说刘文静："现在主持军务的是咱俩，秦王不让我们出战，是担心咱俩的能力不足，现在我们应该主动出击打败强敌，难道还把敌人留给秦王吗？"作为唐军中少有的智谋之士，刘文静知道唐军有粮、利在缓守，于是拒绝了殷开山的提议。

过了一阵，殷开山再次劝说刘文静出兵，他说："如此这般被动防守会让秦军轻视我们，现在秦王得病，更不能让敌人耀武扬威，应该整顿部队，与敌军一战。"刘文静是长史，是元帅府僚佐的首魁，但其主要任务是处理军政细务，司马才是真正辅佐元帅用兵的副手。架不住殷开山的反复劝说，于是在李世民不知情的情况下，两人率领唐军来到高墌城西南方向的浅水原，与秦军对阵。

第六章 平定后院的战争

兵锋正锐，急于求战的薛举，抓住唐军出营列阵的机会，不仅在正面对唐军发动了猛攻，更是派出精骑绕道背后，掩袭唐军。刘文静、殷开山没想到秦军会如此果断、迅猛，被打了个措手不及，全军大败，死伤过半。

唐军被迫东撤，薛举趁势攻下了高墌城，并用唐军阵亡将士的首级修筑了一座京观，以彰显秦军的赫赫战功。前面还说薛仁杲残暴，果然是有其父才有其子。

按照传统史书的说法，李世民对此战失败是没有责任的，完全是刘、殷二人违背主帅节度，自作主张。尤其是殷开山，不仅自己不听令，而且怂恿刘文静犯错。那么，浅水原之战的失败，真的是刘文静与殷开山的责任吗？

首先，按照军律，无论是丧军失地，还是违背主帅节度，哪一条都足以让刘、殷二人身首异处，但唐廷对二人的处罚却是"减死除名"。而实际上这两人并没有被弃用，不久之后又官复原职，跟随李世民东征西讨。殷开山后来还图形凌烟阁，位居二十四功臣之列，刘文静更是成为秦王府在朝中的助力，成为李世民夺嫡路上的"奉献者"。

其次，李世民是这场战役的主帅，得病与否、病情轻重，我们只能通过现存的传世史料来了解，而这些史料都是经过贞观时期修改的，所以不能排除史官为李世民避讳的可能。因为主帅生病,长史、司马就胆大到擅自调动全军出战,这种事情怎么想都觉得太牵强。如果李世民真的病得如此严重,又接连兵败、逃奔,怎么两个月后就能彻底痊愈,再次率军出征呢?

为了给李世民遮盖失败的经历,负责编修国史的褚遂良极力夸大此前扶风之战的战果。据贞观修改的史书记载,扶风之战薛仁杲失败后,薛举非常害怕,心中有了向唐朝投降的打算。于是问手下,古来天子主动投降的事例。

黄门侍郎褚亮站出来说,西汉的南越国赵佗归附大汉、三国蜀汉后主刘禅投降晋朝、近代的西梁皇帝萧琮归附隋朝,都是以皇帝身份向对手投降,因祸得福的先例,比如萧琮甚至还当了隋炀帝的宰相。

听到这种消极悲观主义的回答,卫尉卿郝瑗立即表示反对。他说,作为皇帝怎么能问这个问题呢?褚亮的话,简直就是小人之言,你千万不能听信。争龙夺鼎,创业打天下,哪里有一帆风顺的。汉高祖刘邦当年屡战屡败,彭城之战,狼狈逃窜,然垓下一战成功。蜀汉先主刘备甚至曾在战场上丢了老婆孩子,仍然继续战斗,最终创立一番基业。作为开国之君,哪里有败上一场就举国投降的道理。

听到郝瑗的劝说,薛举也觉得自己有些失态,连忙镇定下来,笑着说:"我刚才那么问,只是想试探下你们。"于是厚赏郝

第六章 平定后院的战争

瑷，请他为自己的谋主。

这个劝薛举投降的褚亮，不是别人，正是后来李世民秦王府十八学士之一，褚遂良的父亲。贞观时期，唐朝十分注重史书的龟鉴作用，是以多以宰相重臣领衔监修。

房玄龄因领衔监修国史，其父房彦谦被史官专篇立传，得享清正、廉洁的美名。须知，房彦谦一生只做到了泾阳县令，多少公卿将相在身后都没有传记，一个县令却能名垂青史，这其中固然有儿子光耀门楣，但因人情、私谊而影响史官撰述，也是唐初史馆编修中常见的现象。同样负责兼领国史的褚遂良，为其父褚亮"搽脂抹粉"也是情理之中的事，更何况最受益的还是唐太宗李世民，这又何乐而不为？

仔细阅读散在各处的唐初史料，浅水原之战的失败，主要责任很可能是主帅李世民。

《旧唐书·高祖本纪》记载"秦王与薛举大战于泾州，我师败绩"；《旧唐书·太宗本纪》则记载"薛举寇泾州，太宗率众讨之，不利而旋"。这两处史料没有给李世民避讳，可能是贞观史官的失漏，也可能是《旧唐书》编修者的态度，但大致可以猜测出，第一次浅水原之战，李世民确实是失败了。

论军事能力，尤其是统领大兵团作战的能力，刘裕、李世民、朱元璋可谓是一众帝王中的佼佼者。毛泽东曾评价"自古能军无出李世民之右者，其次则朱元璋耳"。换句话说，李世民的军事指挥能力是非常强的。

然而，罗马不是一天建成的，名将也并非一日养成的。仅从军事角度来看，浅水原之战唐军之所以惨败，一是西秦军的兵力、战力本就高于唐军；二是御驾亲征的西秦皇帝薛举，身经百战，驰骋疆场多年，经验丰富。反观20岁的秦王李世民虽不是"初出茅庐"，首次带兵，但却是第一次指挥大兵团作战，几乎没什么经验。

失败是成功之母。一个优秀的将军，合格的主帅，一定要在战争中总结经验，吸取教训。众所周知，李世民用兵有两个特点：一是善于"致人而不致于人"，意思是调动敌人而不被敌人调动，努力夺取克敌制胜的主动权。一言以蔽之，即后发制人。

二是，擅长利用骑兵穿插、突袭。先用疲敌之计，在战场上利用各种机会耗尽敌人的士气与军粮，然后趁敌军撤退或军心不稳，毕其功于一役，二战浅水原，李世民正是以此法消灭了薛仁杲。可以说，这两项特点正是两次浅水原之战形成的，最终成为他平定乱世的用兵法宝。

趁其病要其命，薛举如何会放过这个进兵关中的大好时机。在郝瑗的建议下，兵马稍作休整，便直扑长安。反观此时的唐军，主力损伤过半，兵无战心，形势岌岌可危。假如薛举于此时

第六章　平定后院的战争

大举进攻，长安能否守住还很难说。即使守住了，李唐结束乱世、一统天下的历史进程也会被推延。

幸运的是，命运之神再次垂青了李渊。就在西秦军准备全面进攻长安的前夜，薛举突然病倒了，结果是药石无效，请巫师作法禳灾，巫师占卜说是"唐兵作祟"。薛举一听非常害怕，觉得这是被做京观的唐军将士在向其索命，惊恐之下，一命呜呼。西秦第一智囊郝瑗，深知薛仁杲残虐好杀，有勇少谋，终究不是成大事之人，借机称病隐退。郝瑗的隐退使得西秦丧失了一位足智多谋的名臣，是西秦的巨大损失。

薛举暴毙，西秦进军长安的计划只能暂停，同时也对全军产生了很大的负面影响。薛仁杲于军中即位，追谥薛举为西秦武皇帝，准备厉兵秣马，继续进攻长安。薛举的死使得西秦错过了一举攻克长安的机会，给了唐朝喘息之机。李渊立即抓住机会，命令李世民整军再战。

按理说，李世民新败，不应该再派他出征。但李渊有他自己的考量，自太原起兵，到削平群雄，一统天下，凡是大规模的用兵，唐军主帅必是宗室子弟。能力差的如庐江王李瑗、长平王李叔良，年纪小的如李道玄（战死时只有19岁）。即使有帅才如李靖、屈突通，也只能屈居长史、司马。所以，李渊再次任命李世民，文武臣僚大都心照不宣，知道是怎么回事！

古人云："使功不如使过"，意思是与其任用有功之将，不如使用此前的败将。知耻而后勇的将军们，往往会在战争中迸发出更大的勇气和毅力。历史上成功的事例有很多，比如秦穆公用孟、西、白三将。

更关键的是，李世民与李建成是李渊最可靠的左膀右臂，因此李渊必须要重塑李世民的威望，以便于日后委以大任。同时让李世民出征，也是一个父亲对于儿子的爱护，让其解开心结，给他一个报仇雪耻的机会。

同年八月，也就是第一次浅水原之战的两个月后，李渊正式任命李世民为征西元帅，救援泾州被围的长平王李叔良。

就在李世民撤回长安的两个月内，唐军其他部队与西秦军一直在继续作战。从战场形势来看，西秦军占据着上风，但唐军却始终守住了泾河一线，未能让西秦军进一步南下。而这要归功于两人：刘感、常达。

李渊建唐后，封刘感为骠骑将军（隋唐时代，骠骑将军属于中层军官），命其镇守泾州。泾州与高墌城一起控扼泾水河谷，是西秦军东进的必经之路。薛仁杲其人固然很残暴，但作战却是非常勇猛。西秦军很快就将刘感部围在泾州城内。由于第一次浅水原大战，泾州府库的物资几乎被抽调一空，这使得城中军民极度缺粮。为坚守城池，鼓舞士气，刘感下令杀战马充饥，肉分给

第六章　平定后院的战争

将士，他自己只取一点肉汤，搅拌上木屑充饥。

知道刘感守城艰难，李渊派长平王李叔良（李渊堂弟）率军来援。知道泾州乏粮的薛仁杲，没有直接迎击，而是将李叔良部放入城中。这样做有两个好处：其一，可尽快消耗城中的粮草，便于之后一举围歼；其二，刘感其人骁勇善战、谨慎非常，可谓是油盐不进，现将平庸的李叔良放入城中，主帅就会易位，反而容易攻破，这就是所谓的"胜一人难，胜两人易"。

计划完成一半的薛仁杲，准备用计诱歼唐军。首先，薛仁杲命人放出军中粮草已尽的消息，然后在夜里率大军西撤，营寨中旗鼓如常，摆出一副撤退又怕唐军追击的假象。紧接着，派高墌城里的人往泾州李叔良处诈降，说是愿意策应唐军收复高墌城。

对唐军来说，收复高墌既能鼓舞将士们的斗志，也能提振长安内外的士气民心，政治意义还要高于军事意义。才能平平的李叔良能够做主帅，是因为他是李唐宗亲，在此之前他本人并没有过军旅经历，几乎没有带兵的经验，看不出薛仁杲的诱敌之策。一心建功的李叔良，决定率军出击，收复高墌城。小心谨慎的刘感认为其中有诈，反复劝阻，都被李叔良驳回，无奈之下，刘感只能主动请命，亲自带兵收复高墌。

当刘感带兵来到高墌城下时，见到城门紧闭，一点归降的样子都没有，派人对城上接应的将士喊话，接应者却要唐军攀城而上。本就心怀疑虑的刘感，顿时觉得有诈，下令放火焚烧城门，城上那些所谓的接应者见状急忙泼水灭火。刘感彻底明白了，这就是一场骗局。于是命令全军后队变前队，迅速撤退，然而为时已晚，提前埋伏好的数路西秦军呼啸而出，此战大部分唐军被围杀，刘感本人在逃奔百里后，也被西秦军俘虏。

薛仁杲此计本是为了捉拿李叔良，一举聚歼唐军，结果出战的只有刘感所部。一计不成，又生一计。薛仁杲令刘感配合秦军诈开泾州城门，刘感假意屈从，跟随秦军来到泾州城下，到达城下的刘感对城上的唐军将士大喊："贼军人数有限，根本不能破城，秦王率领的十余万救援大军马上就到了，请诸位务必努力坚守！"

闻听刘感喊话的内容，薛仁杲大怒，随即将其膝盖以下的身体埋进土里，然后让麾下骑兵来回奔射，直至将刘感射成了刺猬。

李叔良的错误决策让刘感败俘，随后又看着刘感在城下壮烈牺牲，担心城破后，自己也会被薛仁杲虐杀，于是将自己携带和搜刮来的金银布帛全部分给将士，以激励士气，守卫泾州城。

在李唐建国的过程中，李渊父子坚持以李唐宗室子弟为各方面军的主帅，而这些宗室子弟能力平平，直接和间接地导致了诸多败仗。从这个角度上讲，刘感及其所部兵马虽是李叔良错误决

第六章 平定后院的战争

策的埋单者，实则也是这种制度下的牺牲品。

就在李叔良被围、唐军救兵尚未到达的艰难时刻，陇州刺史常达挺身而出，他率领本部兵马不断骚扰、游击秦军的后方，试图积小胜为大胜。收到刘感被虐杀的消息，惟恐泾州有失的常达，率军直扑秦军的右翼，在宜禄川（即今甘肃省华亭、崇信和陕西省泾川、长武等县南泾河支流黑河一带）击败西秦军的一支偏师，斩首千余级。薛仁杲被迫抽调人马追击常达，结果却被熟知地理的常达屡屡击败，最终巧用诈降计，才抓住了常达。

但常达却给泾州和李世民的救援大军争取到了宝贵的时间。就在常达被俘的第三天，李世民率领的唐军主力到达了高墌城外。

有了第一次浅水原失败的教训，李世民的应对策略就是，高筑营垒，闭门不战。《孙子兵法》"军争篇"中说："善用兵者，避其锐气，击其惰归，此治气者也"。与前两次唐秦交锋相比，唐军此次面临的局势更加凶险。秦军在唐军到达之前，连战连捷，锐气正盛，而唐军却是接连失败，如果贸然出战，肯定是凶多吉少。所以，任凭秦军如何挑衅，唐军就是坚守不战。

面对秦军的辱骂和挑衅，部分血气鲁莽的唐军将领要求出营一战，李世民告诫道："我军新败，士气不振，秦军恃胜而骄，轻视我军，我军当深沟高垒，避开其锐气，等到他们骄傲自满，再一举将其消灭"。随即通令全军,不可妄言出战,有敢言战者,斩。从九月一直到十一月,唐军与秦军在浅水原一带整整对峙了两个多月。

随着对峙的持续,胜利的天平开始向唐军倾斜。首先是西秦军的后勤方面出现了问题。自本年五月出兵以来,西秦军前后已打了近半年,且不说师老兵疲,仅是从后方翻越陇山转运而来的粮草,已是越来越少。

而看不到胜利希望的秦军内部开始有将士投向唐军,这其中包括了西秦军的大将梁胡郎。更关键的是,梁胡郎不是孤身来降,而是率领部下整建制地向唐军投诚。了解了秦军的窘迫内情,李世民开始调兵遣将,准备决战。

首先,李世民命令行军总管梁实率军进驻浅水原,拴住秦军。秦军因粮草困乏,师老兵疲,如果唐军依然死守不战,很可能会就此退去。所以,梁实部就是一个毒饵,任务是牵住西秦军主力。

挑战了60余日的西秦军大将宗罗睺,也是憋了一肚子的气。看到唐军终于出战,立刻率领军队发动进攻,梁实部凭高据守,死战不退。如此连续数天,梁实部以一路偏师的力量,几乎将秦军主力的士气消磨殆尽。

看到西秦军已呈现疲态,李世民对部下说,时机已到,可以

第六章 平定后院的战争

一战。第二日清晨,全军埋锅造饭,饱餐一顿后,由大将庞玉率领步军主力救援梁实,接战宗罗睺,李世民率领骑兵主力埋伏两侧,以待两军胶着,做最后的致命一击。

西秦军无愧是天下强军,宗罗睺也不愧是西秦第一猛将,尽管全军上下鏖战半年,士气消殆,但鼓足余勇之后,仍将唐军庞玉部打得节节败退。庞玉也不愧是曾与李密鏖战过的老将,尽管败势尽显,但始终坚持不退,硬是顶住了西秦军的轮番猛攻。

就在这时,埋伏在侧的李世民,率领主力骑兵呼啸而出,宗罗睺连忙分兵抵抗,原本拼死抵抗的梁实、庞玉两部顿时压力大减,士气大振,一时间三路唐军内外呼应,气势如虹,喊杀声震天动地。强弩之末的秦军再也扛不住了,立时溃散奔逃。

看到宗罗睺败退,李世民亲率两千精骑紧追不舍,副将窦轨(李世民的舅舅)极力劝说,穷寇勿追。窦轨认为宗罗睺大军虽败,但主力并没有大损,而且薛仁杲尚占据折墌(今甘肃泾川县东北15里)坚城,如果穷追不舍,很容易被敌军埋伏。

李世民来不及跟窦轨解释,带领麾下骑兵追奔而去。唯恐李世民追击有失的窦轨也来不及打扫战场,随即派出步军前往接应。

见到唐军轻骑冲到城下,薛仁杲准备率领城中守军出城迎战。就在此时,城中的西秦军大将浑干却先一步出城,投降了李世民。闻听消息的薛仁杲大惊，立刻意识到军中人心不稳，放弃出城野战的打算，命令将士紧闭四门，登城据守。

黄昏时分，后发的唐军步兵陆续赶到折墌城下，李世民立即分拨兵将包围四门。就在当天夜里，折墌城上人影幢幢，数以千计的西秦军将士缒城而下，投降唐军。有的是三三两两而来，有的是整编制而来。眼见无力回天的薛仁杲出城投降。就这样，盘踞陇右的西秦政权仅仅维持了不到一年。

此战大胜，李世民一雪前耻，大摆宴席、犒赏全军。席间，诸将无不赞叹李世民勇猛追敌的果决。有人斗胆上前询问："大王您昨日率领骑兵追敌，步兵没跟上，也没有攻城器具，原本我们还在担心你的安危，结果却拿下了高墌城，不知道这是为什么呢？"

李世民回答道："宗罗睺率领的秦军主力都是陇右人，而且十分的剽悍骁勇，我军虽出其不意，将其击溃，却没能全歼，此时如不全力追击，这些败兵就会尽数进入折墌城，到时薛仁杲只要一番安抚、整顿，就又是一支劲旅，再想将其打败就困难了。而我率领精骑直冲折墌城下，这些溃兵就不敢进城，便会逃回陇右老家。这样一来，折墌城就会变得空虚，薛仁杲也就逃不出我军的手掌心，这便是此战取胜的关键。"众将听后，无不叹服。

第六章 平定后院的战争

三、刀剑背后的政治博弈

唐与西秦前后三战,一平一败,最终逆风翻盘,一举荡平西秦政权。我们在分析双方形势和军力时,既要看到战场上的刀光剑影,也要注意到战争背后的政治博弈。

浅水原之战前,西秦一方有 30 万众,而唐军可用于西线的只有李世民率领的 6 万右军和平阳公主纠合的关中 7 万"群盗",兵力上并不占优势。加上,八总管惨败在前,李叔良、窦轨丧军在后,而唐军却迅速击败西秦军。

客观上讲,李世民的杰出指挥在最后一战中发挥了重要作用,但仔细考察发现,二次浅水原之战的规模虽大,但西秦军真正在战场上的损伤只有千余人,这样一次战斗,为何就决定了占据天水、金城六郡的西秦政权的存亡呢?所以说,军事之外的政治原因也是不可忽略的。

战争是政治的延续,战争的目的不是为了杀戮,而是为了实现政治目标。从扶风之战,到两次浅水原决战,唐秦两方是属于"撸起袖子"正式下场的。实则周围的各大势力也都入局了,只是参与的形式和程度不一样。其间的纵横捭阖,不仅惊险刺激,甚至可以说在一定程度上决定了唐秦博弈的最后结局。

薛举是一时之雄主，郝瑗也是一时之俊杰，当李唐先一步占据关中时，二人就在谋划联合周边各方势力，一起夹击关中。在郝瑗的计划中，西秦最大的外援是东突厥与盘踞夏州的梁师都。不出预料，三方在攻打关中的问题上利益一致，一拍即合。

对于刚刚立足关中的李唐一方来说，对付薛举的西秦，尚需全力以赴，绝对扛不住三方的联合攻击。那么分化、瓦解三方联合，寻找外援就变得十分重要。

作为彼时东亚的霸主，东突厥无疑是李唐一方最主要的争取对象。夏州的梁师都是东突厥扶植的割据势力，如果能让突厥汗庭转变战略方针，也就等于解决了梁师都。

上善伐谋，其次伐交，其下攻城。在诸侯争霸，混一天下的过程中，运筹帷幄、善于伐谋的人才很重要，而擅长游说的外交人才同样重要，战国时期的苏秦、张仪，一怒而诸侯惧，安居而天下息，汉初的郦食其凭一张利嘴拿下齐国70余城。隋朝的长孙晟、裴矩出使突厥、西域，无不搅动一方风云。

迷恋天可汗雄风，叹服开元物华的后世人，往往只看到了唐朝犁庭扫穴的霸气、经营四方的豪迈，很少了解那些出使异域的使臣。即便是知道一二，那也是王玄策、王名远这些立殊功于异域的名臣。像郑元璹、宇文歆这些人，虽然也曾折冲樽俎、立功四夷，但因彼时的李唐是弱势的一方，便忽略了他们的作用。在

第六章 平定后院的战争

泱泱5000年的华夏历史上，强汉盛唐的使节固然值得歆羡，但那些力弱图存、周旋于艰险之间的使臣同样值得了解，值得尊敬。

得知薛举联络了东突厥与梁师都之后，李渊立即安排都水监宇文歆出使突厥。唐代的都水监一职，承自隋朝的都水使者，工作职责是掌管河渠、津梁、堤堰的修筑、维护等事务。从工作性质上讲，都水监是个技术型岗位。隋朝最著名的建筑专家，长安、洛阳两京的总设计师宇文恺，乃是宇文歆的弟弟。这样看起来，宇文歆并不是专业的外交人才，怎么就能承担这么重要的工作呢？

绘制历代帝王图、步辇图、凌烟阁二十四功臣图的唐代名臣阎立本，被后世误认为只通绘画，不通政务，"右相驰誉丹青"，即是讽刺他宣麻拜相靠的是绘画才能。实则这恰恰是中古时代贵族政治的一个特色，那就是优秀的门阀子弟往往是文武全备，甚至个别人兼具极高的艺术才能，例如宇文歆与宇文恺、阎立德与阎立本兄弟。

另有一点需要说明。宇文歆此次游说的对象，不是突厥大可汗始毕，而是负责突厥西南面事务的莫贺咄设，也就是后来的颉利可汗。不同于两位兄长始毕可汗、处罗可汗的英武果决，颉利可汗的最大问题是多疑少决，这个缺点被宇文歆所利用。

宇文歆到达灵州西北700里的莫贺咄设牙帐后，先是奉上大批金银财帛，然后条析形势，一番游说，虽没有彻底改变突厥支援西秦的战略，却成功稳住了颉利，没有让他引兵去与西秦会合。梁师都见到突厥未动，也只是以少数兵马骚扰灵州，不敢以主力直寇关中，这为李唐稳固关中、抗击西秦争取了宝贵的时间。

只拆散突厥与西秦的联合还不够。李唐一方还要突厥转而支持自己，共同对付西秦。为达成此目的，李渊再派太常寺卿郑元璹出使突厥。郑元璹以大量的金银玉帛，和精心挑选的"女妓"为见面礼，加之一番游说，充分表达了唐朝结好突厥的诚心，希望始毕可汗能够支持大唐。

为表达友好，始毕可汗派遣骨咄禄特勤（特勤，突厥汗族子弟的封号）随郑元璹回访唐朝，李渊在太极殿设宴款待骨咄禄，并为其演奏宴乐、西凉、清商等九部乐，接待礼遇之高，简直是令人咋舌。更令人想不到的是，李渊拉着骨咄禄一同登上皇帝宝座。"王与马，共天下"是门阀世族与皇室司马家共同执掌东晋王朝的形象描述，然即便如此，大权在握的琅琊王敦、王导兄弟，也从未和司马睿、司马绍父子"御床同登"。

不管是策略也好，虚与委蛇也好，李渊在起兵之初，确实是曾向突厥称臣。刘文静更是许诺入主关中后，"人众土地归唐公，财帛金宝入突厥"。原则上讲，李唐给突厥金帛、美女，这是义务，尽管数量够多，宇文歆、郑元璹的游说也到位，但这只能是让突厥放弃对西秦的支持，仍不能转而支持李唐。

为得到突厥的支持，李渊的第三招是割地。具体割让的是什么地方呢？

张长逊下辖的丰州（隋朝五原郡）与郭子和占领的云州（隋朝榆林郡）。

张长逊，原本是隋朝五原郡的郡守，隋末大乱，为求自保，称臣于突厥，获封割利特勤。正统官僚出身的张长逊，在李渊占据关中后，立即上表，表示愿意归附。因此，张长逊及其所统领的丰州同时两属于李唐和东突厥。

郭子和的情况与张长逊差不多，其原是隋朝的左翊卫，因罪流放榆林，大业末年遇上天灾，率领死士18人捉住郡丞王才，列举其不抚恤百姓的罪行，斩杀之，而后开仓放粮，赈济贫民，自称永乐王，建立年号为丑平，拥兵数千。面对北侧虎视眈眈的突厥，和南面心怀不轨的梁师都，郭子和被迫向突厥称臣，并送弟弟郭子升去做人质，始毕可汗册封其为"平杨天子"。郭子和以势弱力小，极力推辞，始毕改授其为屋利设。李唐定鼎关中后，郭子和上表，表示归顺，李渊封其为云州总管、金城郡公。

据两唐书记载，割让丰州、云州之地给东突厥，是太子李建成所为。这也是诸多史书塑造李建成无能、卖国行为的材料依据。

实际上，这两个州的地盘，虽掌控在张长逊、郭子和手中，但突厥人想要占据根本不费吹灰之力。再者，两州与关中长安之间，还隔着夏州的梁师都，即是突厥把两州还给唐朝，唐朝也不可能越过梁师都，施行有效的统治。更何况，两州一旦掌握在唐朝手中，就等于将突厥隔在了黄河以北，这岂是突厥可以忍受的。

也就是说，武德元年（618）唐朝割让名义上归属的丰、云二州给突厥，并不是太子李建成的过错，而是李唐一方为换取突厥支持，共同对付西秦的需要。从地缘战略和实际控制的角度来讲，割让二州对唐朝并没有实际损失，反而可以让李唐一方收拢力量、握紧拳头。

传统史料之所以将割地求和的"黑锅"扣在李建成的头上，一是为了塑造李世民政治合法性的需要。二是说明具体负责此事的是主理庶政的太子李建成。用今天的话来说，在条约上"签字"的是李建成。所以最后就变成了李建成割地求和，懦弱无能。

就在李世民与宗罗睺、薛仁杲对峙的时候，突厥从西线，经灵州派出了一支援军，史称"发突厥兵及长逊之众，并会于太宗

第六章 平定后院的战争

军所"。这支军队的实力强弱并不重要,重要的是北方霸主突厥的战略已经转变。而综合实力本就略差的西秦一方,则因突厥的进攻失去了一直以来维持政权的士气与锐气。

另外,在浅水原之战尚未决出胜负时,留守天水的西秦内史令(也称中书令,隋唐时期的宰相)翟长孙,镇守河州的左仆射(隋唐时期的宰相)钟俱仇(薛仁杲妹夫),便主动率众降唐,一方面是薛仁杲不得人心,将相乖离,另一方面就是因为突厥出兵严重打击了西秦文武的士气。

决阵两军之间,李渊、李建成父子不如薛举父子,但搞政治,拉拢各方派系,建立统一战线,薛氏父子不如李渊父子远甚。经过努力,李唐君臣不仅将东突厥一方化敌为友,而且成功拉来了河池的萧瑀与河西的李轨,从西、南两面牵制西秦。

在李世民一败浅水原后,李渊派李孝恭(李渊堂侄)持节招抚山南、巴蜀地区。招抚巴蜀的难点是拿下汉中诸郡,而拿下汉中诸郡的关键,是招降河池郡守萧瑀。

疾风知劲草,板荡识诚臣——此语出自唐太宗李世民的《赐萧瑀》,意为只有经过烈风狂吹之后,才知道哪一棵草是刚劲的韧草;只有经过危难和动荡,才知道哪一个人是忠臣良将。一个臣子能够得到皇帝如此评价,可谓是荣耀至极。那么萧瑀是什么人呢?

萧瑀，出身西梁皇族，是隋炀帝皇后萧氏的弟弟，以骨鲠敢言著称。隋炀帝在位时期，萧瑀历经沉浮，始终初心不改。大业十一年（615），萧瑀忠心护主，主动联络突厥可贺敦义成公主，成功帮助隋炀帝雁门脱险，不久后因犯颜直谏，被贬为河池郡守。可以说，萧瑀虽然不是隋朝在山南、汉中地区的最高行政长官，但其政治动向却可影响着区内郡县守、令的政治选择。

如果仔细找关系，讲究婚姻与仕宦的隋唐上层官僚之间，大都有着千丝万缕的亲旧关系。萧瑀的妻子独孤氏，是李渊的舅家表妹，按关系萧瑀是李渊的表妹夫。两人又都是隋朝的外戚，因此彼此之间早有交情。

相比同宗兄弟萧造（归降李渊的隋冯翊太守），萧瑀与李渊的私人关系虽然更密切，但对李渊占据关中的态度，却不热情。应该说，以萧瑀为代表的地方稳健型官僚不在少数，他们基于种种考虑没有特别积极地响应李渊在关中的行动。但是当李渊获取大兴城后，他们也承认既定事实，愿意与胜利者合作。

当李渊晓之以理、动之以情的劝降信送至河池，又从使者口中了解李渊没有为难代王，且继续高举尊隋的旗号，萧瑀也就有了归附的台阶，于是亲至长安朝觐，李渊封其为礼部尚书、宋国公，河池在内的汉中诸郡就此成为李唐的势力范围。原本的西秦后方，一下子暴露在了唐军的兵锋之下。

第六章　平定后院的战争

在与萧瑀尽诉友情的同时，李渊还给河西李轨写信，叙说宗亲之情，以此拉拢河西势力共同对付西秦。信中，李渊称李轨为从弟，畅聊同宗之谊，兄弟之情，一番推心置腹后，又站在两家共同的利益上，大谈西秦存在的危害，希望李轨能联合吐谷浑一起攻打西秦。收到族兄李渊的书信，李轨也毫不含糊，立即部署兵马，在西侧牵制西秦。

可以说，在第二次浅水原之战正式交兵前，后方的李渊、李建成父子不仅保障了前线大军的足兵足食，而且还给李世民拉来了三路外援，成功扭转战略劣势，让原本"一对三"的苦战，变成了自身占绝对优势的"四对一"。

残忍好杀、骄矜自大的薛仁杲在兵败浅水原之后，没有撤回老巢，整兵再战，正面战场上的速败是一方面原因，但最主要的还是李渊父子的纵横捭阖。可以说，李唐攻秦联盟的形成，已经在战略和地缘上断绝了西秦复起的可能。在四面皆敌的困境中，薛仁杲即使一时复起，终究也必为困兽之斗，主动投降、请求免死反而是他最明智的选择。

公平来说，薛举父子的西秦政权不是输在了战场上，而是输在了政治上。李渊在第一次浅水原大败后，向西拉拢李轨，向南招抚河池，向东收降李密，向北讨好突厥。

反观薛举父子，在政治上就比较短视。身处陇右的西秦与李轨的河西本是唇亡齿寒，双方应该共同联合对付李渊，结果却因为薛氏的骄傲自大，让双方结成死敌；对待突厥，不仅没有预防到其见利忘义的反复性，也没有在其反复后，继续拉拢，最终错失一大臂助。如果薛举父子能有石敬瑭的坚韧，郝瑗等谋臣能像桑维翰"哭求"契丹那样游说突厥，形势转变也不是没有可能，因为"唐强秦弱"的现实，就是游说突厥的最佳说辞。

从政治地缘的角度上来说，关中地区的优势主要有两点。概括来讲，就是"四塞之固"与"沃野千里"。所谓的"四塞之固"，是说进出关中的四座险关、四条道路，交通便利。所谓"沃野千里"，是指渭河平原的关中，土地丰饶、灌溉便利，能养育大量的人口，可以作为一个政权问鼎天下的"基本经济区"。

西秦政权的覆亡，彻底解除了陇右对关中的直接威胁，关陇连为一体，关中基本经济区得到了稳固，为之后经略河西、西域，东出逐鹿中原打下了坚实的基础。

第七章
攻略河东，收复太原

619年四月，在平定河西的李轨之后，大唐的疆域北至河套，南至巴蜀，东至太行山，西到敦煌。此时踌躇满志的李渊正在计划下一步：东出洛阳、逐鹿中原。然而就在这时，一个人的出现，却将其计划全部打乱，他就是盘踞在山西北部地区的定杨可汗——刘武周。

在隋末群雄逐鹿的舞台上，刘武周不是一个小角色，但也只能算是一个中等的角色，他既没有李渊、李密那样的显赫出身，也没有王世充的本事，更没有窦建德的品性，所以他的失败是必然的。但作为隋末北疆割据势力的代表，刘武周的成败得失是很值得关注的。

一、突厥庇护下的"定杨可汗"

刘武周，祖籍河间景城（今河北泊头市交河镇），后随父亲刘匡迁居至山西马邑（今山西朔州）。年少骁勇的刘武周，喜欢飞鹰走马，结交各路豪杰，其兄看不惯其游手好闲、惹是生非，多次斥责他"不择交游，终当灭吾族"。不甘忍受长兄管教的刘武周，离家出走，投奔到名将杨义臣的帐下，后因参加征辽战役，积功为建节校尉，转籍回乡后，担任马邑郡鹰扬校尉。

纵观历史，能在乱世中割据一方的枭雄，多是一些好勇斗狠、不学无术之辈，开创汉朝400年基业的汉高祖刘邦，早年是个被父兄嫌弃的无赖青皮；以信义著于四海的季汉昭烈帝刘备，早年因飞鹰走狗、不读诗书，被老师卢植逐出师门。其他如宋武帝刘裕、后梁高祖朱温、后周太祖郭威，年少时或是嗜赌如命、或是打家劫舍、或是地痞流氓。

在君主专制时代，要想成为开国之君，大抵有两种方式。其一，是"篡"，讲委婉一些，也就是所谓的"禅让"，而有实力篡位的多是一些权臣、军阀，如李渊、王世充；其二，是"夺"，也就是明火执仗地用武力去夺取，要有胆量起兵夺位。所以在中

第七章　攻略河东，收复太原

国古代，像刘秀那样的高级知识分子起兵夺天下的，是属于个例中的个例。

对比历史，说了这么多开国之君的事迹，其实就是想说像薛举、刘武周这些在天下安定时尚不守规矩的人，在乱世中更不会坐以待毙。

大业十一年（615），突厥将隋炀帝围困于雁门的行为，直接让隋突双方再次交恶，已经平静了十余年的大隋北疆战火再次重燃。为抵御突厥南侵，隋炀帝以表兄李渊为晋阳留守，以大将王仁恭为马邑郡太守，对抗突厥对河东、山西地区的侵扰。

王仁恭早年是隋朝第一名将、越国公杨素的部将，因其屡立军功，深得隋文帝、隋炀帝的信任和喜爱。雁门脱险后的隋炀帝，将年近60岁的王仁恭安排在马邑郡做太守，目的是让他替大隋守好北疆第一线。

来到马邑上任的王仁恭，对骁勇善射且很会为人处世的刘武周很是喜欢，于是将其安排在麾下重用。因为王仁恭的信重，刘武周得以经常出入太守府，结果与王仁恭的侍妾私通。

为了掩盖这件丑事，一不做二不休的刘武周决意除掉王仁恭。恰逢马邑出现灾荒，刘武周便以太守亲信的身份散播流言，说太守决定把持粮仓，不开仓放粮。当地豪杰百姓听后，都十分生气，对王仁恭也越发的不满。

刘武周则趁机召集马邑豪杰，对他们说："今天下大乱，各地官军、盗贼蜂起，即使我们忠心耿耿，效忠隋朝，也早晚得死于战乱。现在马邑官仓里的粮食，好多已经霉烂，谁愿和我一起开仓放粮，救济百姓？"刘武周的一番慷慨激昂，引起了马邑军民的同仇敌忾，于是杀掉王仁恭，推举他为首领。随后，刘武周开仓放粮，招兵买马，很快有了一支上万人的队伍。而这恰好给李渊在太原举兵提供了机会。就这样，一桩普通的通奸却意外改变了整个山西的局势。

刘武周自称马邑太守之后，主要做了两件事：一是，继续招兵；二是，遣使称臣突厥。突厥方面，始毕可汗早就有搅乱中原的心思，见到刘武周前来投靠，自然乐见其成，当即宣布支持其起兵。

一心忠心隋朝的雁门郡丞陈孝意、虎贲郎将王智辨，闻听刘武周叛乱的消息，立即合兵一处，前来讨伐。一番交战后，刘武周被围困在桑干镇（今山西雁门关西北），形势万分危急之时，突厥骑兵呼啸而至，一举打退隋军，阵斩了王智辨。

大业十三年（617）三月，在突厥支持下，刘武周连破定襄郡、楼烦郡以及隋炀帝的行宫——汾阳宫。楼烦郡内有国家的养马场——楼烦监，汾阳宫内有隋廷储存的大量军用物资。因此，刘武周一跃成为北疆地区最大的武装反隋势力。

第七章　攻略河东，收复太原

汾阳宫中原属于隋炀帝的妃子和宫女，被刘武周送到了突厥汗庭。收到美女、金帛的始毕可汗非常高兴，不仅加大了对刘武周的支持力度，同时还册封其为"定杨可汗"，送以象征权力的狼头纛。

有了突厥的支持，南面的李渊又忙于起兵、无暇他顾，这让刘武周获得了充分壮大的时间与空间。随即，刘武周派兵向南围攻雁门，兵败逃归的陈孝意，全力拒守，并且乘胜出击，屡破刘军，但由于雁门外无救兵，内无粮草，很快便被刘军所攻破。

自命不凡的刘武周，一边将战争中的部分缴获物资，送往突厥汗庭，贿赂始毕可汗；一边以皇帝自居，以妻子沮氏为皇后，以卫士杨伏念为尚书左仆射，以妹夫苑君璋为内史令，俨然是一个割据一方的小朝廷。

隋末天下大乱，称帝建业、割据一方，这是当时许多枭雄梦寐以求的事业。因自身实力尚弱，刘武周要想在群雄竞起的环境中有立足之地，必须给老百姓些许好处；而要想南向争夺天下，就离不开突厥的军事支持。所以，他必须依靠突厥、贿赂突厥。换句话说，和李渊一样，刘武周称臣突厥、向突厥许以好处，也是一时的权宜之计，是一种策略而已。

在李唐顺风顺水发展的两年里，刘武周一边整顿内政，一边向外扩张。但可惜的是，他的扩张之路并不顺利。其所处的马邑、雁门诸郡，北面是强大的突厥，南边是实力不断增长的李渊，西边是同自己一样称臣于突厥的郭子和、梁师都，东边则是骁勇善战的高开道、罗艺以及雄踞河北的窦建德。环顾一周，哪一个都不好打。

就在刘武周一筹莫展之际，文武双全的河北骁将宋金刚前来投奔。宋金刚是河北上谷人，曾与"历山飞"魏刀儿一起盘踞在河北上谷、博陵一带，以畅通兵法、骁勇善战著名，因被窦建德击败，率军来投刘武周。大喜过望的刘武周，当即册封其为宋王，委以军事重任，并将家产一半分给他。为表诚意，宋金刚休妻另娶了刘武周之妹。

结为姻亲之好的刘、宋二人，彼此期许。为解决扩张困境，宋金刚条析天下形势，为刘武周制定了"入图晋阳，南下以争天下"策略。后来的历史发展证明，宋金刚的这个建议是正确的，但具体执行时却出了问题，直接将刘武周集团推向了灭亡。

二、南下以争天下

武德二年（619），在宋金刚的劝导下，刘武周积极联合突厥，践行"入图晋阳，南下以争天下"的争霸策略。

第七章 攻略河东，收复太原

太原地处山西高原的中心，四周雄关环绕，表里山河，历来是兵家的必争之地。自太原向东，可以下井陉，控扼河北；向南，可以争雄伊洛；向西，可以眺望关中。因此，历史上的太原与中华文明的几大核心政治区域互为表里、相互依托，多次演绎着凭太原问鼎中原的画面。

自北朝以来，太原逐渐成为北疆的军事重镇，常年配备精兵良将，武器辎重无数，军事战略意义十分重大。北魏末年，继承六镇主要资源的高欢，将内迁的六镇军士也安置在太原附近，史称"九州军士"。北魏灭亡后，高欢留长子高澄守卫邺城，监视东魏朝廷，将掌握军政大权的大丞相府安置在太原，亲自坐镇。

换句话说，在东魏北齐时代，太原名义上是陪都，但实际作用却在首都邺城之上。可以说，太原才是东魏、北齐王朝的军事核心。

北齐灭亡后，北周在太原设置并州总管府，囤积重兵。入隋后，太原依然是北方军事重镇，号称"天下精兵处"，隋文帝以幼子汉王杨谅为并州总管，驻守晋阳，兼统山东五十二州军事。太原是李渊的龙兴之地，也是大唐王朝的北都。

大业十三年（617），李渊率领大军西进关中，留第四子李元吉为太原郡守，镇守并州。称帝建唐后，加封李元吉为齐王、并州总管、镇北大将军、都督山西诸州军事。

李元吉在太原，骄奢淫逸，无恶不作，不仅没能让太原成为大唐统一天下的臂助，反而将大唐在山西的民心给整丢了。为加强并州的防务，也为了遏制李元吉的胡作非为，李渊派遣右卫将军宇文歆、殿内监窦诞前往太原。

窦诞是李渊的妻侄兼驸马，算是血亲，其又曾跟随李世民平定薛举，也是一员大将。宇文歆曾出使突厥，在西秦与突厥之间纵横捭阖，乃是一员不可多得的谋臣。李渊派出这样的一文一武去辅佐李元吉，可谓是用心良苦。

到了太原后的窦诞，不仅没有好好规劝李元吉，反而与其臭味相投，交结玩伴，天天与"宁愿三日不食，不能一日不猎"的李元吉出城打猎，其间不仅随意践踏百姓的庄稼，而且怂恿手下抢夺百姓的财物。

如果只是沉迷打猎也就算了，李元吉还做了一系列荒唐可恶的事情：第一，让麾下侍卫在闹市中射箭，观看行人避箭，以此取乐；第二，让身边侍卫分为两队，互相攻战厮杀，模仿战场；第三，怒杀规劝他的乳母陈善意；第四，扮作盗贼，半夜闯入民宅，奸淫妇女；凡此种种，让太原的百姓对其恨之入骨。

宇文歆屡次劝告，但李元吉却依然我行我素。忍无可忍的宇文歆直接上疏弹劾，不好一再回护的李渊，撤销李元吉的官职，让其返回长安。

第七章　攻略河东，收复太原

在太原自由潇洒惯了的李元吉，根本不想回长安受训，于是派人找来百姓，让他们演一出挽留戏，然后以民意挽留为借口，搪塞李渊的申斥。一番操作，李元吉果然再次官复原职，留守太原。

可能是幼年丧父、中年丧妻的原因，李渊对几个嫡生子女是格外的宽容与疼爱，平时处理事务、权衡利弊都很理性，一旦涉及儿孙的问题，立马就变得优柔寡断、面慈心软。李世民兵败浅水原，他以刘文静、殷开山为替罪羊，此时李元吉恶迹昭彰，他却将板子高高举起、轻轻落下。可以说，李建成、李世民兄弟为了夺嫡，最后走到手足相残、喋血宫城这一步，其中就有李渊优柔寡断的因素。

武德二年（619）四月，刘武周联合突厥进犯太原，大军在黄蛇岭（今山西榆次北）摆开阵势。感到威胁的李元吉，命车骑将军张达前往应敌。因为兵少，且都是步兵，张达不愿前往，李元吉命令其出战。不出所料，张达战败，随其出战的千余步兵全部阵亡。

痛恨李元吉的张达，直接投降了刘武周，并帮其诈开榆次城。五月，刘武周联合刘季真攻陷石州（今山西吕梁市离石区），紧接着又攻陷太原南侧的平遥，从而对太原形成包围。

与此同时，刘武周的大将宋金刚也展开了西河攻略战，以配合刘武周对太原的进攻。六月,宋金刚奉命南下,攻陷介州(今山西介休)。

意识到问题严重的李渊,连忙派左武卫大将军姜宝谊、太常卿李仲文带兵救援,结果宋金刚早有准备,一番以逸待劳,在雀鼠谷大破唐军,俘虏了姜宝谊和李仲文。不久二人逃回长安,李渊令二人戴罪立功,继续带兵攻打刘武周。

见到形势急转直下,李渊的亲信、左仆射裴寂主动请缨出战,李渊任命其为晋州总管,率兵东征。裴寂做官、站队是一把好手,但领兵打仗是真的不行。

同年七月,裴寂率军抵达介州前线后,于介州之南的度索原安下营寨,以山涧流水作为军中用水。安营下寨,水源为先。裴寂以山涧溪水为大军饮用之源,无疑是暴露了命门。结果被宋金刚发现,派人截断了水源。无水饮用的唐军,被迫拔营,重新寻找位置,趁唐军转移之际,宋金刚突然杀出,5万唐军一战即溃,裴寂只带着数名亲信逃回晋州。裴寂此行不仅没有缓解太原城中的压力,反而使得晋州以北的大唐领地纷纷沦陷,只剩下浩州、太原两座孤城。

逃回晋州的裴寂连忙上表请罪,面对如此损兵失地,李渊并没有深究,而是命裴寂继续镇抚河东。不久,裴寂战败的消息传入太原,孤城坚守的李元吉顿时慌了手脚,于是对将军刘德威

第七章 攻略河东，收复太原

说："将军您以老弱之兵守城，我亲率精锐出城，与刘武周死战。"看到一向纨绔的李元吉突然转性，刘德威不禁老怀大慰。

然而，就在当天夜里，李元吉就带着兵马和妻妾出城，直奔长安而去。到这时，刘德威、宇文歆等人才知道自己被骗了。原本城中还有数万兵马，还有10年都吃不完的粮食，结果由于李元吉弃城而逃，尽失城中人心。太原豪强薛深打开城门，向刘武周投降，太原失陷。随即，宋金刚连破晋州、龙门等地，短短数月，山西大部分地区落入刘武周的手中。自绛州以北，只剩下了李仲文坚守的浩州。

太原是大唐的龙兴之地，就这样轻易丢失，不仅是一场军事上的失败，更是政治上的一大挫折。随即引起了群雄攻唐的高潮，河北的窦建德连破赵州、邢州、黎州，俘虏了唐将陈君宾、赵州总管张志昂、山东安抚大使张道源；洛阳的王世充也乘机西进，攻打新安、宜阳；南方的萧铣，看到唐军在北方苦战，也命人攻打峡州，意图谋取巴蜀。

同年十月，收获颇丰的刘武周大军并未休整停留，而是继续向南攻克浍州（今山西翼城）、泰州（今山西万荣县）。负责镇抚河东的裴寂惶恐万分、不知所措，只得听从身边谋士的建议，烧毁城郊村舍，施行坚壁清野。裴寂此举使得毁坏家园、丢失田产的百姓怨声载道，夏县豪强吕崇茂趁机举兵反唐，响应刘武周。恼怒不已的裴寂，连忙派兵镇压，反被夏县军民所败。

更糟糕的是，唐朝始终没有攻克的河东郡也在此时响应刘武周。617年九月，屈突通与桑显和率军西进，阻拦李渊，郡丞尧君素奉命留守河东。李渊占据关中，连番遣使招降，其中既有尧君素的老上司屈突通，也有尧君素的妻子，但都被尧君素严词拒绝。恼怒的李渊先后派出吕绍义、独孤怀恩、刘世让等率军攻讨，却始终没能拿下河东。618年十月，隋炀帝被杀的消息传至河东，不愿继续坚守的河东将领李楚客、薛宗，杀了尧君素向李渊投降。

本以为河东问题就此解决，但很快负责为尧君素筹粮的河东郡司马王行本返回河东，诛杀李楚客、薛宗，继续登城固守，直至刘武周占据太原，宋金刚南下龙门，河东城依然在王行本的手中。此时，王行本主动响应刘武周南下，这样一来，黄河蒲津渡口就等于向刘武周敞开了，关中随时可能遭受威胁。

三、与唐交锋，得而复失

刘武周集团在山西的一系列胜利，不仅带动鼓舞了其他仇唐势力，更是让关中地区人心动荡。史书中记载，唐高祖李渊对当

第七章 攻略河东，收复太原

时形势十分悲观，决定收缩防线，退守河西，将黄河以东地区全部放弃。

纵观李渊的开国创业过程，这种记载显然又是李世民在给他老子泼脏水。早在太原起兵时，李渊便对突厥奉行既妥协又联合的政策，而这么做，就是为防止刘武周与突厥举兵南下，以免太原有失。

对李渊来说，巩固太原是为了解决西进关中的后顾之忧，而夺取关中则是为统一天下准备条件。经过诸多努力，此时坐拥关西、巴蜀之地的大唐，已成强秦之势，即便裴寂等人屡吃败仗，满怀雄心的李渊也不会作出放弃黄河以东的决定。

简而言之，放弃起家之地太原，放弃战略要地河东，这不仅与李唐扫平群雄、一统天下的政治抱负背道而驰，同时更会让关中地区时刻暴露在他人的攻击之下。

四关锁秦川，八水绕长安。坐拥八百里秦川的天府之国——关中，在地缘战略上不是一点儿漏洞也没有。这个漏洞就是东北方向上的河东地区。顾祖禹曾经说："山西之形势，最为完固。关中而外，吾必首及夫山西。"也就是说，山西的地缘结构虽比不上关中，但也有表里山河，也有险关要塞。占据这里的势力一旦稳固下来，随时可以通过蒲坂津、风陵渡等渡口进入关中平原，对关中政权形成威胁。

春秋时期的秦国之所以称霸西戎,积极向西方开拓,那是因为它在东方打不开局面,其中的深层原因不是基于中原的"小霸"——郑国,而是来自东北方向上晋国的压制。从这个角度上讲,三家分晋,长远收益最大的不是韩、赵、魏,而是秦国。

战国初期定都安邑的魏国,通过河东向关中渗透,把秦国压制得苦不堪言,但没有韩、赵的支持,秦国很快就反制了魏国。而秦国对关东六国全面形成地缘优势,正是在打赢长平之战,于河东站稳脚跟之后。

楚汉争霸时,统治河东的是个外来户魏王豹。项羽为了吞并魏国东部膏腴之地,将河东封给"西魏"王魏豹,但此时的河东已经脱离魏国近百年,魏豹对这里是人生地不熟,加之东面赵国(陈余)的侵扰,早在面对关中势力之前就已是自身难保。所以,在刘邦东出与项羽争霸时,河东这个方向上并不存在威胁。

为争夺这一地区,彼此之间缠斗最久的是北齐(东魏)与北周(西魏),最终河东的归属也成为影响周齐胜负存亡的"先手"。可以说,河东影响着中国历史的走向,更准确地说,是河东影响了关中平原的命运,进而影响了中国历史的走向。

两《唐书》等传世文献,将主动放弃河东的罪责扣在李渊头上,是为了与李世民夺回河东、太原失地形成对比,继而彰显李

第七章 攻略河东，收复太原

世民在大唐开国中的功绩。这些操作手法，我们在此前的论述中已经多次提及，不必赘言。

武德元年（618），扫平薛举父子的李世民，奉命镇守长春宫。但是时，刘武周在突厥的支持下威胁着李唐起兵的根据地太原，王行本据守河东直接威胁着关中。长春宫既是关中的东方门户，也是经略关东的前沿阵地。李渊令李世民出镇此地，正是欲使李唐进可东争天下，退可固保关中。

武德二年（619）十月，为夺回失地、扫灭刘武周，李渊将关中各地所有的能战之力，全部交给李世民。十一月，李渊还专门从长安赶赴长春宫，为李世民大军饯行。

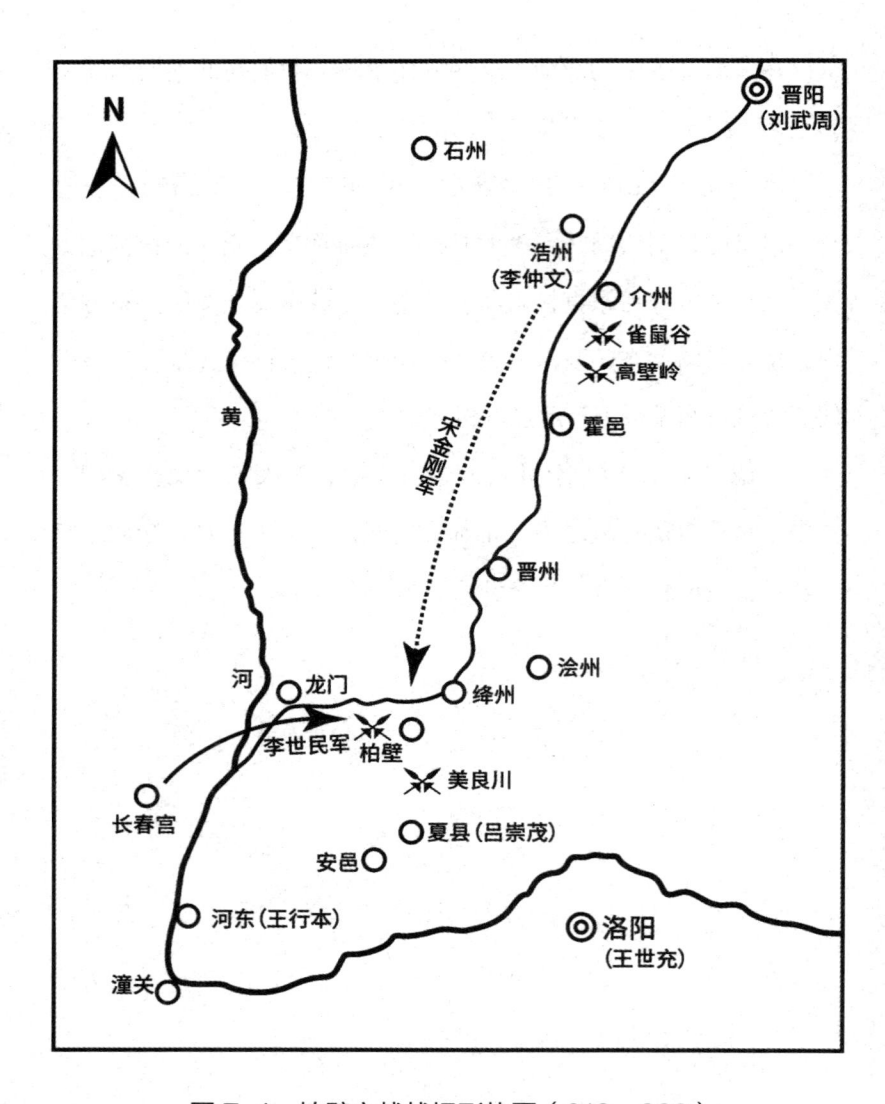

图 7-1 柏壁之战战场形势图（619—620）

第七章 攻略河东，收复太原

武德二年的冬天，气候异常寒冷，山陕之间的黄河结冰甚厚，时不我待的李世民，直接率领唐军踏冰而过，直逼龙门之东的绛州。相比于裴寂的惶然无措，李世民抵达前线后，凭借着军队对百姓秋毫无犯的好口碑，在河东当地解决了大军的粮草问题。随即通过坚营固守的策略，遏制了刘武周军攻城拔寨的锐气，在柏壁与刘武周主力宋金刚部形成了对峙。

在两军对峙期间，李渊派永安王李孝基攻打夏县，派将军秦武通攻打河东，试图先铲除柏壁大军身后的两颗钉子。自知不敌的夏县吕崇茂，立刻向宋金刚求援，宋金刚派部将尉迟敬德、寻相领兵救援。

全力攻城的李孝基没有察觉到尉迟敬德到来，结果被吕崇茂与尉迟敬德内外夹击，兵败被俘。得知消息的李世民，急忙派殷开山、秦叔宝二人在尉迟敬德返回的途中设伏，大破尉迟敬德，斩敌2000余人，挽救了一批唐军将士。

不久之后，宋金刚又接到了王行本的求援信，此时的宋金刚已猜测出唐军的意图是要先铲除掉河东与夏县。于是，再次派尉迟敬德与寻相率领精锐骑兵增援河东。

有了李孝基的失败教训，李世民亲率三千精骑前往伏击，宋军猝不及防，尉迟敬德与寻相只得仓惶逃回，其余部众悉数被擒。接连两次伏击战的胜利，一扫唐军在河东战场上的颓势，将领们纷纷请求与宋金刚决战。

李世民最擅长的战术是对峙、疲敌、后发制人。此次他又拿出了他的看家本领——疲敌。先是命大军坚壁不出,而后遣骑兵四处搅扰、截击粮草,继而积小胜成大胜,拖垮宋金刚。

武德三年(620)二月,唐将秦武通攻破蒲州,河东王行本投降,河东归唐,后方关中与柏壁前线的粮道完全打通。至四月,河东战局再次迎来新的转机,由于李仲文对浩州的坚守,导致太原至绛州之间的交通补给始终无法通畅,宋金刚大军的后勤短板越发的明显。四月底,刘武周令宋金刚撤回晋阳,试图依托太原坚城,打败李世民。

两军对峙近五个月,李世民等的就是刘军后撤。看到宋金刚撤退,李世民立刻率军追击,随后一日一夜间,唐军连续追敌200余里。追至高壁岭,大将刘弘基连劝李世民休整兵马,李世民坚持追击,最终在雀鼠谷中追上了宋金刚,唐军八战八捷,俘斩刘军数以万计。战后唐军将士以旧曲填入新词,高唱"受律辞元首,相将讨叛臣。咸歌《破阵乐》,共赏太平人"的战歌,这就是连天竺人都知道的《秦王破阵乐》。

逃出雀鼠谷的宋金刚,率残军进入介州城,李世民率唐军随即跟进。为摆脱唐军的追击,宋金刚决议出城再战,结果被李世民与李世勣前后夹击,仅剩的两万军马一战尽殁,看到大势已去

第七章 攻略河东，收复太原

的尉迟敬德、寻相只得顺势降唐。

闻听宋金刚连战连败的消息，惶恐失措的刘武周连忙放弃太原，逃往突厥。宋金刚本想收拢刘武周部众再战，然则此时军心已散，众将不愿再战，宋金刚只得率领数百骑兵，追随刘武周一起亡命突厥。不久之后，突厥以二人失去价值为由处死，转而扶持刘武周的妹夫苑君璋。原本拥有数郡之地的刘武周集团，只剩下马邑一地，马邑以北成为突厥直辖，马邑以南包括雁门关在内的郡县全部为唐朝所有。

收到李世民重夺并州的捷报，李渊欣喜若狂，大宴群臣，并让群臣到御藏府库中尽情取用绢帛，史称"上闻并州平，大悦，宴群臣，赐缯帛，使自入御府，尽力取之"。

隋末天下动乱，东起幽州、西至武威的北疆沿边郡县遍布反隋的割据势力。自西向东，有武威的李轨、五原的张长逊、榆林的郭子和、马邑的刘武周、渔阳的高开道以及半独立的幽州罗艺。相比内地的众多反隋势力，这些盘踞在边疆的割据势力，其最大的特点是——自保。

相比郭子和、张长逊在唐与突厥之间的"朝秦暮楚"，梁师都对突厥的"死心塌地"，刘武周不甘心被突厥利用，成为其以华制华的工具，也不甘心困居雁北，坐看天下群雄争龙夺鼎。恰逢宋金刚的一番策划，让刘武周看到了南向发展的希望，也看到了跳出突厥掌控的希望。

但又不得不承认，刘武周最大的底牌，就是来自突厥的支持。如果没有突厥始毕可汗的支持，刘武周是万万不敢轻易南下的。毕竟只占据山西北部一隅之地的刘武周集团，与坐拥关中、巴蜀、陇右、河西的李唐，是不可同日而语的。

刘武周南下的第一阶段，因为有突厥的支持，所以一路顺风顺水，继而成功跳出雁北一隅之地，占据雄城太原，有了割据一方的基础。

然世事无常，造化弄人。一直仇恨隋朝，坚定反隋立场的始毕可汗去世了。

新上位的处罗可汗与可贺敦义成公主，转而奉行复隋政策，立隋炀帝之孙杨政道为隋王，在定襄建立复隋政权。而刘武周这个"定杨"可汗，首先就是义成公主打击的对象。所以到了刘武周与唐朝鏖战的第二阶段，突厥完全站到了唐朝一方，刘武周成为唐突双方联合攻击的对象。为此，处罗可汗专门派遣其弟步利设率两千精骑与唐军合兵，共击太原。

刘武周兵败后，直接逃亡突厥，而不回老巢马邑，并不是因为唐军的紧追不舍，而是希望借助避难，来向突厥传达态度，表达自己对突厥依然忠心。结果却被突厥所杀，其下辖的领地，除马邑一城之外，其他被唐、突厥瓜分。

第七章 攻略河东，收复太原

如果说，突厥因汗位传承而带来的政策转变，是刘武周失败的外部原因；那么贪心不足、刚愎自用则是其失败的内部原因。

从军事角度来看，刘武周集团内部犯了严重的军事战略错误。刘武周能够占领"兵尚数万，粟可支十年"的大唐龙兴之地太原，一个很重要的原因是李元吉的"胡作非为"。仅凭借其自身实力，连浩州都拿不下，何况是城高池深、帑藏丰富的太原城呢？

而唐朝派来救援的裴寂，又无军事才能，使得刘武周对唐军产生不堪一击的幻想。继而得陇望蜀，不断地向山西南部扩张，终于因孤军深入补给线太长而战败。为此，还把多年积累的军事力量消耗殆尽，最后当有生力量消耗完毕，此前得到的全部领土也随之丢失。毛泽东说："存地失人，人地皆失；存人失地，人地皆存。"可以说，刘武周与宋金刚恰好是犯了以"人命换土地"的严重错误。

假设李渊真的放弃黄河以东，刘武周集团成功占领山西，但在王世充、窦建德、李渊三方鼎足之势已成的情况下，刘武周集团也很难有所作为。更关键的是，缺少人才储备的刘武周集团根本不可能在短时间内整合山西的资源。所以，无论占领山西与否，其失败结局已然注定，只不过是时间早晚罢了。

以这样的假设来论断刘武周集团的存亡，看似荒江野屋中二三腐儒的纸上谈兵，但若是从中原势力与北方游牧族群的博弈来看，刘武周集团要想进一步做大，就必须先摆脱突厥的掌控，如果头上继续顶着"定杨可汗"的名号，就很难收揽内地军民之心。而一旦摆脱不了，突厥就是其头上的"太上皇"，其必将处处受制，刘武周也将成为第二个"卢芳"（汉末匈奴扶植的北地割据首领，与汉光武帝刘秀相争十余年）。

对李唐一方来说，占领河东、收复太原，让唐王朝摆脱了战略上的被动局面。接连失败的唐军因消灭刘武周，重新凝聚了士气，铸就了精神。整个北中国唐、夏、郑三方鼎立的局势虽然很严峻，但经历此战洗礼的唐廷和唐军再次具备了东出扫平群雄、一统天下的实力。

第八章

未战先衰的王世充

隋失其鹿，天下共逐之。但真正有王者气象的只有四人，一是最终开创唐朝的胜利者李渊；二是诸路反隋盟主魏公李密；三是雄踞洛阳，挟皇泰主以令诸侯的王世充；四是起于微末，深得民心的河北豪杰窦建德。四人中，李密最先出局，其麾下的瓦岗群英散入各方势力。对李唐来说，消灭刘武周之后，能真正成为大唐一统天下阻力的，便只剩下了王世充与窦建德。

王世充从一介小吏升到隋朝高官，充当隋廷的"救火将军"，镇压各地义军，再到后来打败隋末实力雄厚的瓦岗军，取隋而代之，其间的风云变幻、云谲波诡非常的精彩。王世充的失败有其必然性与客观性，但他能成事，也有他人所不及的优势。

一、奋进的前半生

在胜利者书写的历史中，不以成败论英雄，这就是一句空话、假话。王世充是李唐统一天下过程中遇到的最强劲的敌手，多以阴谋成事的他，最终被李渊以阴谋的方式除掉，应了《左传》中"君以此始，亦必以终"的预言。

生当五鼎食，死当五鼎烹。对于一个失败的枭雄来说，死亡并不可怕，但遗憾的是因为功亏一篑而被对手污蔑，继而留下了遗臭万年的名声。

《隋书》称王世充"斗筲小器"，《旧唐书》中说"世充奸人"，《新唐书》的评价最直接，称其"假仁义""孽气腥焰"。而在演义小说里面，王世充更是一个阴险狡诈、贪财好色、无恶不作的小人，虽在机缘巧合之下成为一方枭雄，但因为其本人私德太差，最后弄得众叛亲离，败给了李唐。然而，这并不是真实的王世充，至少不完全是。

王世充，字行满，原姓支，西域胡人。其祖父支颓耨早亡，其父支收随母改嫁霸城王氏，冒其郡望入仕，官至汴州长史。有父亲打下的基础，年少时期的王世充聪颖好学，对经史典籍、卜

第八章　未战先衰的王世充

卦算命、兵法韬略等刻苦钻研，无一不通。

成年后，王世充没有遵循父亲的安排，而是主动投身军旅，志在"马上取功名"。作为官宦子弟，放弃家族人脉关系，从军疆场，履锋历刃，在不少人看来这是一个愚蠢且危险的选择，但从后来的发展看，这是一个很成功的选择。因为参军之后的王世充凭借着学问和智慧，屡立战功，在而立之年便成为了朝廷的兵部员外郎。

隋文帝收回地方官吏的任免权，隋炀帝开创科举，打压世家门阀，为庶族寒门打开了一条上升的通道。王世充父子两代成功跻身官宦之列，一方面是两代人的不懈努力，另一方面也是得益于隋朝为加强中央集权所带来的"红利"。从这个角度上讲，王世充应该是隋王朝的坚定支持者与跟随者。

隋唐时期的宰相是三品，五品以上属于高官系统。五品既是高、中层官员的分界线，也是许多官员一生都迈不过去的鸿沟。兵部员外郎官居六品，王世充在职的工作表现虽然良好，但其家世和人脉关系却不够，如果没有特殊的功绩，久沉下僚、蹉跎难进将是他后半生仕途的写照。

让王世充赢得仕途第二春的，是隋炀帝即位后政策转变。

隋炀帝在位14年，在长安、洛阳两京所待的时间加起来不足4年，其他绝大多数的时候都是在南征北战、东西巡游的路上。

扬州是隋炀帝一生最钟情的地方，勤勉能干的王世充被上司推荐，出任江都丞、兼江都宫监，为隋炀帝去扬州巡游打前站。

知道机会难得的王世充，不惜耗费民力大兴土木，将江都行宫修建得富丽堂皇、美仑美奂，同时又派人搜罗江南美女，充实江都宫。由此赢得了隋炀帝的极大赞赏，升任江都郡丞。

江南三吴地区是南朝的基本核心区，作为前陈故地，一直对隋朝的政治认同感不强，稍有风吹草动便是星火漫天。大业九年（613），杨玄感在黎阳起兵叛乱，余杭（今浙江杭州）人刘元进知江南人心不附于隋，举兵响应。同年八月，朱燮、管崇也举兵造反，拥兵十余万，共推刘元进为主。骄狂自大的刘元进自称天子，以朱燮、管崇为仆射，署置百官，江南震动。

一直视江南为后院的隋炀帝，对此大为震怒，先后派吐万绪、鱼俱罗率兵征讨。吐万绪、鱼俱罗二人成名于隋文帝时期，先后参与灭陈和打突厥之战，是百战余生的宿将，结果却征讨无功。在这种情况下，王世充奉命南征，中间只用了两个月的时间，就平定了叛乱。

因为王世充是反面人物，所以史书在记录这些胜利时，总是强调他为取得胜利所用的各种端不上台面的手段以及这种胜利留下的诸多后遗症。但无可置疑的事实是，相关地区的叛乱被消除了。

第八章　未战先衰的王世充

基于出色的军事才能，王世充成为了隋廷的"救火将军"。先后平定吴越的朱燮、江淮的孟让，其中大破孟让之战，"斩首万级，虏十余万人"。接着挺近河北，剿灭了厌次的格谦，后又转战河南，消灭了南阳的卢明月，还军江都时，隋炀帝亲自执酒杯为其庆功，将他从江都郡丞提拔为江都通守。

在平叛过程中，战场缴获的金银财宝，王世充分文不取，全部分给麾下兵将，光明正大地收买军心。暗地里，结交英雄豪杰，广揽人才，遇到有才能的人犯罪坐牢，便曲解法律予以释放，史称"世充知隋政将乱，阴结豪俊，多收群心，有系狱抵罪，皆枉法出之，以树私恩"。

如果说营造江都宫，让王世充获得隋炀帝的关注，从此官运亨通的话；那么镇压农民军，则让王世充拥有了属于自己的嫡系人马，逐渐成为隋军中的一座"山头"。

617年，伴随李密瓦岗势力的逐渐壮大，留守洛阳的兵力开始捉襟见肘，隋廷只得征调四方之军前往救援。最初的援军主帅是留守幽州的薛世雄，由他率3万征辽精锐进入中原战场，坐镇洛阳，指挥平叛事宜。

北周灭北齐时，薛世雄在军中初露峥嵘。至隋文帝时期，立功不断，累迁为仪同三司、右亲卫车骑将军。隋炀帝即位后，薛世雄西征伊吾，东讨高句丽，屡立战功，表现得非常优秀，因此深得隋炀帝的信任。如此资深的统帅，率领的又是王牌军，结果还没有进入中原战场，就在河北被窦建德打得全军覆灭。

617年七月，隋炀帝北巡，被突厥围困于雁门，远在江都的王世充直接带上全部的家底，千里迢迢赶赴山西救援。为加快行军，王世充一路铠甲不离身，睡觉也只在干草堆上。从江都到雁门的路程实在是太远了，尽管王世充一行一再加速，最终还是没有赶上救援。但是王世充的表现却让隋炀帝十分感动，于是王世充被任命为援救洛阳的主帅。

在此前征讨各路义军时，王世充都是"所向尽平"，自从遇到李密，数次惨败而归。洛口之战，王世充的7万人，被俘斩3万，中途溺死万人，撤退时天寒，冻死者又数万人，回到洛阳后，只剩下数千人，几乎全军覆灭。

楚汉相争，前后鏖战4年，刘邦数败于项羽，而垓下一战成功。王世充与李密交战的过程和结果，与楚汉相争十分类似。王世充与李密前后大战五次，前四次大败亏输，最后一战逆风翻盘，赢得决战的胜利。618年九月，李密率领麾下两万人马，狼狈逃亡关中，王世充的势力范围从洛阳一城猛然扩展至整个河南道。

两相比较，论才能、论品格，王世充不如李密，但论及性格坚韧、败而不馁，李密远不如王世充。邙山战败后的李密，手里

第八章 未战先衰的王世充

还有众多的城池、兵马，比之王世充的境遇不知要好多少，但他却心灰意冷，投降唐朝，最终葬送了自己的性命。从这一点上讲，王世充前期的成功，并非全凭投机和钻营。

二、篡隋建郑，先天畸形

打败李密后，王世充将缴获的战利品、十余万战俘、李密的姬妾全部带回洛阳，展示给皇泰主君臣，以此标榜自己的赫赫军功。此战，王世充除了绝地反击、以弱胜强之外，还在战前一举除掉了宰相元文都等五人，同为七贵的段达主动投归到他的门下，可谓是收获满满。

皇泰主杨侗

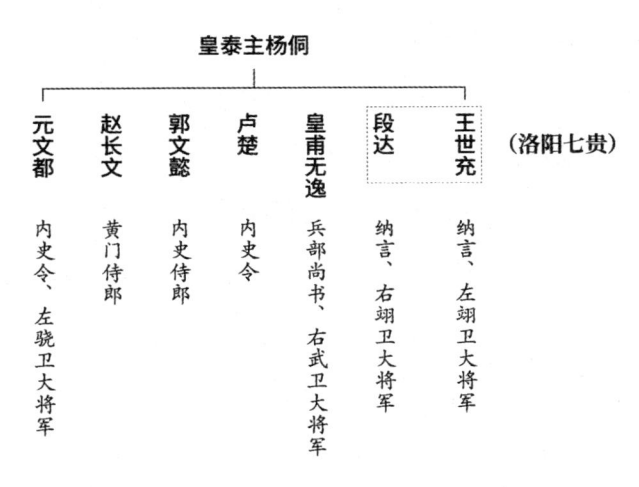

- 元文都：内史令、左骁卫大将军
- 赵长文：黄门侍郎
- 郭文懿：内史侍郎
- 卢楚：内史令
- 皇甫无逸：兵部尚书、右武卫大将军
- 段达：纳言、右翊卫大将军
- 王世充：纳言、左翊卫大将军

（洛阳七贵）

图 8-1　隋皇泰主政权的核心人员架构

618年十月，王世充逼迫皇泰主加封其为太尉、尚书令、总督内外诸军事。至此，皇泰主成为毫无实权的傀儡，王世充的太尉府成为洛阳朝廷的最高决策机构，朝中的台阁重臣、名儒士子都是太尉府的僚属，因此事无大小，全部决于太尉府。

为表明招贤纳士、广开言路的诚意，王世充命人在太尉府外设立了三块牌子，一写"求文学才识，堪济时务者"；二写"求武勇智略，能摧锋陷敌者"；三写"求身有冤滞，拥抑不申者"，允许大家上书言事。

"三求"牌子挂出后，每天都有数以百计的人前来太尉府，王世充也摆出一副周公握发吐哺的姿态，加以接待，但是口惠而实不至，时间一久，人们也就看出来，王世充的招贤、亲民，不过是雷声大雨点小的画饼行为。

619年正月，知道代隋时机还不成熟的王世充，上表尊奉皇泰主的母亲刘太后为圣感皇太后，并主动请求为刘太后的假子，但从实际年龄上讲，王世充反而可以做刘太后的父亲。

散骑常侍崔德本一眼就洞穿了王世充的伎俩，讥讽道："此王莽文母何异乎"，汉末王莽篡位后，给汉朝的太皇太后王政君加尊号"新室文母太皇太后"。崔德本此话意在将王世充与王莽并列，可见王世充篡隋自立的野心已是路人皆知。

历代权臣篡位，都需要舆论的支持，制造舆论的最有效方

第八章　未战先衰的王世充

法，就是伪造天命祥瑞。按葫芦画瓢，王世充也命人制造各种祥瑞，今日黄河清，明日麒麟现，凡此种种，不胜枚举。但问题是，王世充能够在李密的多番打击下败而不亡，能够有机会权倾朝野，靠的是高举隋朝的旗号。

江都之变，隋炀帝被弑后，先后出现了四个号称隋室正统的政权，前三者称帝，最后一个称王。一是宇文化及推出的秦王杨浩（杨广之侄）；二是李渊手中的傀儡隋恭帝杨侑；三是留守洛阳，被东都群臣拥戴的皇泰主杨侗；四是突厥可贺敦义成公主扶植的隋王杨政道（杨广之孙，齐王杨暕的遗腹子）。

宇文化及是弑君之徒，杨浩是小宗之后，此政权不值得一提。突厥可贺敦义成公主心念故国，扶植襁褓中的侄孙杨政道称隋王，与大唐相抗争，其情可敬可佩。由于该政权托庇于突厥羽翼之下，唐朝不能将其芟除，但其存在不过是苟延残喘。

以魏徵领衔编撰的《隋书》，除了把隋文帝杨坚和隋炀帝杨广列入本纪之外，也把隋恭帝杨侑列入本纪。一般来说，隋朝是二世而亡，隋炀帝是亡国之君，不过，按照唐朝官方话语主导下的正史记述，隋朝具有正统性的帝王应该有三位，隋恭帝杨侑才是真正的亡国之君。而史书之所以如此记载，这是因为李唐是最后的胜利者，李渊的皇位是杨侑禅让的。

相较而言，洛阳的皇泰主政权无疑最符合法统传承。首先，越王杨侗是隋炀帝之孙，其父元德太子杨昭去世后，他是皇位的主要候选人之一。其次，隋炀帝时期国家的正式都城是洛阳，隋炀帝以杨侗为留守，并给其配备庞大的留守班底，期许之高，已超过其他的皇子皇孙。最关键的是，杨侗登基称帝不是某一势力推出的傀儡，而是在东都群臣的拥戴下继承的皇位。而杨侑则是在隋炀帝被杀死前就成了李渊的"图章皇帝"。再次，如李密、窦建德、杜伏威等关东最大的几股反隋势力，基于种种原因，也都接受了洛阳皇泰主的册封，建立君臣之名，这也从侧面反映出皇泰主政权在隋末天下的号召地位。

更重要的是，王世充与皇泰主之间，既有君臣之名，也有君臣之实。自617年九月王世充入援东都，先后数败于李密，按律当斩，然而不管出于对良将难求的爱惜，还是平衡各方势力的需要，杨侗都没有责罚他，反而是加官重用，爵封国公。在世人的眼里，皇泰主对王世充是有恩的。

因此，王世充想学李渊废掉杨侑那样，轻轻松松地改朝换代，一时半会儿是不可能做到的，不仅洛阳朝臣不能接受，多数士民百姓也不会答应。不要以为天下大乱，人人都视隋朝如寇仇，让李渊君臣屡屡碰壁的河东守将尧君素、王行本，让萧铣君臣无可奈何的始安郡丞李袭志，让窦建德切齿深恨而又非常敬佩的河间郡守王琮，都是隋室的忠臣。李唐建国，杨侗的皇泰主政

第八章　未战先衰的王世充

权就是他们最后的希望，就像尧君素在困守数年、弹尽粮绝的情况下，仍会以木鹅传信洛阳，表示自己忠于大隋的立场。

对王世充来说，战胜李密、掌握更多的资源后，最好的政治策略就是"挟天子以令诸侯"，尤其是在李渊废杀杨侑之后，更应该高举匡扶隋室的旗号，而不是跟在李渊身后亦步亦趋地学习"禅让"。

王世充的谋臣李世英看透了这一点，多次劝王世充暂时按捺野心，不要急于代隋，其原话是"四方所以奔驰归附东都者，以公能中兴隋室故也。今九州之地，未清其一，遽正位号，恐远人皆思叛去矣！"参军戴胄也劝王世充，不要太操之过急。

王世充此人有一个很大的毛病，那就是心口不一，当面一套、背后一套。嘴上赞同李、戴二人的建议，转回头就我行我素。一些攀龙附凤的小人看到王世充代隋的意志坚决，纷纷出来附和。

太史令乐德融大论天象有变，岁星现于郑国之分野，国家神器应随之更易，这是天意，若不顺从，王气就会衰落。王世充听后简直是打了一支兴奋剂，因为他的封爵就是郑国公。自此，代隋建郑的工作开始进入快车道。

权臣篡位是需要一系列流程的。首先是赞拜不名、入朝不趋、剑履上殿；其次是加九锡。古代汉语中的"锡"通"赐"，意为赏赐。九锡，即是皇帝给大臣的最高礼遇。因为王莽、司马昭、刘裕等人都用过，所以这些待遇被视为权臣篡位的先声。

王世充派段达向皇泰主索要九锡，皇泰主听后，一声不吭。段达步步紧逼，皇泰主只能屈服。于是，王世充被拜为相国、假黄钺、总百揆、加九锡、晋爵郑王。

此外，王世充还需要舆论支持，尤其是要制造天命神授的假象。洛阳道士桓法嗣闻听王世充的野心，献上了一幅《孔子闭房记》，预言"相国理应代隋称帝"。投桃报李，王世充拜其为谏议大夫。

紧接着，王世充又效仿陈胜、吴广鱼腹藏书、篝火狐鸣的故事，命人捕捉飞鸟，在鸟的脖子上系上"大郑兴，世充王""杨隋已死，王郑当王"的帛书，而后将鸟放飞。底下人有捕到这些鸟并进献的，一律加官晋爵。

各项造势活动都办妥后，王世充威逼两朝元老苏威上表，劝皇泰主禅位，命太常博士孔颖达准备禅让典礼，派段达、云定兴劝皇泰主退位。段达对皇泰主说："隋朝天命已绝，现在郑王功德甚高，希望您能看清形势，以尧舜为榜样，早些禅位。"

一向温文尔雅的皇泰主，闻言不禁勃然大怒，说道："天下，是我曾祖文皇帝开创的，如若天意在隋，你们说这样的话就是有罪；若是天意不在隋，王世充自行称帝就好，何必我来禅让。你

第八章 未战先衰的王世充

俩都是隋朝老臣,身居高位,饱受皇恩,竟然说出这样的话,不觉得羞耻吗?"皇泰主的一番呵斥,让段达、云定兴汗流浃背、羞愧难当。

看到皇泰主软硬不吃,王世充命人将其囚禁在含凉殿,然后在禅让者不在场的情况下,走完全部的禅让仪式。随即,王世充宣布新朝为"郑",年号"开明"。享国38年的大隋,彻底灭亡。

三、人心不附,众叛亲离

上文之所以对王世充篡隋建郑的过程浓墨众彩,这是因为王郑的建立不仅没能团结内部人心、鼓舞士气,反而加速了政权的分崩离析。

王世充登基后,封其子王玄应为太子,王玄恕为汉王,苏威为太师,段达为司徒,云定兴为太尉,韦节为内史令,杨续为纳言,王世恽为尚书令,韦霁为右仆射,杨汪为吏部尚书,裴仁基为礼部尚书,杜淹为少吏部尚书,郑颋为御史大夫。

上面这些人大致可分为三类,一是王世充的亲信,如王世恽、杨续;二是隋朝旧臣,如苏威、段达、云定兴等;三是李密兵败后投降过来的瓦岗旧将,如郑颋、裴仁基。面对如此复杂且相互之间又有着尖锐矛盾的政治班子,王世充并没有展现出高超的凝聚人心的能力，反而是让彼此间的裂痕越来越大。可以说，王郑政权的内部政治组织从一开始就非常松散，且人心不齐。

不愿接受王郑政权的各方官员，连续发动了两场政变。

首先是独孤氏兄弟为归唐而发动的政变。独孤氏是北周、隋、唐三朝共同的外戚，但三朝中最眷顾独孤氏的是隋朝，因此独孤氏对于隋朝的感情很深。王世充篡隋建郑，在洛阳的独孤氏子弟多有投奔李唐的打算。首先是独孤皇后的侄子、李渊的表弟独孤武都与独孤机兄弟，二人串联虞部郎中杨恭慎、勃海郡主簿孙师孝、步兵总管刘孝元等一大批隋室旧臣，准备联结李唐向王世充发难。

独孤氏是隋朝最得力的外戚，这是朝野心知肚明的，所以王世充对独孤氏兄弟早就密切监视，闻听其叛变的消息，王世充先下手为强，将参与其中的人员全部诛杀。

这一番手段并没有震慑住内部的拥隋势力。紧接着站出来的是王世充政权的礼部尚书裴仁基。裴仁基原是隋朝继张须陀之后的河南道讨捕大使，中间因兵败之故降于李密，但他本人对隋室仍有感情。加上王世充猜忌瓦岗众将，明升其为礼部尚书，暗地里夺其兵权。于是，裴仁基联合尚书左丞宇文儒童、儒童之弟尚食直长宇文温、散骑常侍崔德本等密谋政变，杀死王世充，而助皇泰主复位。结果消息再次泄露，裴仁基等人被王世充诛灭三

第八章　未战先衰的王世充

族。

这次未成的政变让王世充下定决心除掉皇泰主。斩杀裴仁基父子的当日，王世充派侄子王行本（与河东守将王行本不是一人）带鸩酒去处死皇泰主，得知难逃一死的皇泰主，面色如常，以布为席，焚香礼佛，在留下一句"愿来生勿复帝王家"的遗言后，毅然饮下了毒酒。可能是毒酒的效果不够，皇泰主没有立即死掉，躺在地上来回挣扎，王行本上前将其勒死，时年16岁。

裴仁基父子与皇泰主之死，并未消弭王郑政权的内部隐患，反而使得文武离心的趋势越发明朗，举几个例子。

王世充早年曾在大儒徐文远门下听学，与李密算是同门师兄弟。大业末年，瓦岗军围困洛阳，家徒四壁的徐文远亲自出城樵采，结果被瓦岗军抓获，原本还有生命之忧的徐文远，在见到李密后，立即放下心来，随即高居上座，坦然接受李密及其麾下臣将的礼拜。瓦岗军失败后，王世充以同样的待遇礼敬他，然而徐文远始终躲避不敢接受。每次师生见面，徐文远都先主动行礼拜见。周围之人大为不解，同样是门下学子，为何会前倨后恭呢？徐文远回答道："李密君子，能受郦生之揖；世充小人，有杀故人之义。相识而动，岂不然也。"

古人常言，天地君亲师。"师"之所以在最后，不是"师"的地位低，而是因为"师"是天地君亲的代言者，也是天地君亲的兜底者。当一个老师对学生敬而远之、惟恐避之不及的时候，可见老师对学生的厌弃。师生尚且如此，其他读书人对王世充的态度就可想而知了。

对徐文远尚未能成功拉拢，王世充又想着让儿子王玄恕拜洛阳国子助教陆德明为师。陆德明出身江东陆氏，是名满天下的鸿儒，后来成为李世民秦王府的十八学士之一。此时的陆德明官职还很低微，但在文坛士林中却有着举足轻重的影响。王世充让其子拜陆德明为师，并不是看中了他的才学，而是看中了他的声望，希望借此来树立自己尊重读书人的形象，拉拢士子。

才高识多的陆德明，如何看不出王世充的如意算盘，是以任凭王氏父子磨破嘴皮，就是不点头同意。但一介书生怎能争得过杀人不眨眼的军阀，于是他便吃了许多巴豆，伪装拉肚子，王玄恕追到家里拜师，陆德明闭着眼睛装作病重，任凭王玄恕各种嘘寒问暖，陆德明从始至终不跟他说一句话，听得厌烦了，就直接在王玄恕面前如厕。

治天下离不开文臣，打天下则更需要武将。乱世之中，要想有所作为，能征惯战的将军比几个儒生士子更重要。就在王世充登基称帝后，先后有多位骁勇善战的将军弃他而去，如秦叔宝、程知节、牛进达、李君羡、田留安、罗士信等投奔了李唐，刘黑闼等投向了河北的窦建德。

第八章　未战先衰的王世充

王世充废杀皇泰主的篡逆行为，招致文臣士子的不满，这是意料之中的事。而大批武将之所以出走，则主要是因为王世充的个人原因。

程知节曾对秦叔宝说："王公器度浅狭而多妄语，好为咒誓，此乃老巫妪耳，岂拨乱之主乎！"意思是，王世充这人气量狭小，好说大话，整天赌咒发誓，就像是个老巫婆，根本不是拨乱反正、匡扶天下的英主。

王世充早年是文法吏出身，通晓法律，精通跟上司沟通的话术，因此经常利用法令中的漏洞来谋取私利，身边之人都知道他巧舌如簧、好逞口舌之能，却不能在言辞上压过他。这让王世充养成了一个话痨的毛病。

登基称帝后的王世充为了努力表现，每每谈及要事，总是翻来覆去不停唠叨，而且是千头万端，让大臣们都摸不到头绪。可以说，王世充身上缺少一个皇帝应有的庄重与一言九鼎的气质。

"天子兵强马壮者为之"，这句流传后世的名言，意在强调武装力量、军权在握的重要性。汉末三国时期，曹魏一方兵强马壮，实力最为雄厚，却迟迟不能灭蜀吞吴，其中一个很重要的原因就是过分倚重亲族大将，排斥外姓将领。尤其是在曹操身故之后，曹真、曹纯、夏侯尚、夏侯玄等宗室先后都统一方，名将如张辽、张郃只能屈居其下，受其节制，使得曹魏整体的军事能力不能充分发挥。

在隋末一众诸侯中，重用亲族、压制外姓将领的情况比比皆是，其中又以李唐和王郑最为严重。相比王世充，李渊重用宗室的行为可谓是有过之而无不及，然李渊比王世充幸运的是，李唐宗室子弟中虽不乏平庸之辈，但很少有纨绔嚣张之徒，尤其是李渊的几个儿女子侄更是出类拔萃，反观王世充的兄弟子侄却多是不肖无能之辈。

比如王世充的侄子赵王王道询。罗士信原是李密的爱将，瓦岗失败后，与程知节等人一起归降洛阳朝廷，王世充对其礼遇有加。罗士信有一匹骏马，高大威猛，许多人都很羡慕，罗士信本人更是爱之如命，结果被王道询看中，向其索要。换作一般人可能会自认倒霉，献马媚上，但骁勇善战的罗士信如何会屈服于一个纨绔子弟，很干脆地拒绝了。不甘心的王道询找到王世充帮忙，而王世充竟然下令将此马赏赐王道询。

王世充之所以一味地迁就王道询这样的熊孩子，主要是因为他需要王氏子弟为其分掌军政大权。程咬金说王世充"性猜忌"，指的就是王世充在军队领导权上任人唯亲、猜忌部下。而这种一边自诩明君做派，一边又分不清轻重缓急的行为，严重损伤了众将之心，罗士信就此下定决心降唐。深知罗士信勇猛善战的李渊，闻听其来降，当即加封其为陕州道行军总管，赐帛5000段。

第八章　未战先衰的王世充

罗士信的出走，就像是推倒了多米诺骨牌，引起了王郑内部将领外逃的高潮，随即有席辩、杨虔安、李君义等弃郑归唐。自619年正月王世充登基称帝，至620年七月唐军东征洛阳，每个月都有大批的王郑将领、大臣投降李唐。唐军主力尚未东出，自潼关以东、谷州以西的豫西数百里险关城池全部落入大唐的囊中，大唐东出洛阳的道路已然是畅通无阻。

除文臣武将外，许多平民百姓为了躲避战乱，大量逃亡四方。文法吏出身的王世充，决定施行严刑峻法，遏制这种叛逃的行为。

其一，连坐法。一家之中，一人叛逃全家处斩。令五家为一保，一家逃亡，剩余四家全部斩首。

其二，告密法。鼓励父子、兄弟互相举报，举报者免责受赏。

施行这样的严刑峻法只是垂死挣扎，更使得百姓在心理上陷入恐慌，同时也在实际效果上起到了更刺激的"反作用"。原本是一家家逃亡，结果演变为邻里相携的集体逃亡，河南各州的人口大量流失。

其三，出城樵采的人需要提前登记，如不能按时回城，则全家获罪。

其四，王世充又将洛阳宫城中的许多宫殿变成监狱，关押那些政治上的反对者。

其五，大将出征，家眷也要住进宫城内。

因为宫城中每日拘押的人员多达万余，而粮食又供应不上，结果导致每天都有饿死的人。

内部风声鹤唳的举动，让繁华的洛阳城商旅不振、粮草不敷。城中百姓没有粮食吃，又不能出城樵采、逃荒，只能以米糠掺杂观音土做成饵饼充饥，这种东西虽能解一时之饿，却也导致许多人腹胀而死。

不光百姓艰难，城中的官员也多有饿死者。为筹集粮草，王世充向河南十二州派遣营田使，城中官员无不各显神通谋求该职，没有得到任命的，痛哭之声如丧考妣，得到任命者，欣喜若狂，被称为"登仙"。

从一个胡人之子，通过数十年的努力，成为一方诸侯，登基称帝。王世充的这段经历，可谓是十分励志。然而，篡位称帝让他攀登上了人生顶点，但也随即走向了下坡路。自此之后，他性格中的诸多缺点，开始逐渐显露出来，最后导致从文臣武将到士子儒生，从洛阳朝廷到地方州县，从政权核心高官到底层百姓，与其离心离德。

王世充一路扶摇而上的"秘诀"有三个，一是本人过硬的军事能力；二是谄媚钻营的手段；三是政治斗争能力一流，权谋之术高超，无论是猜度隋炀帝还是玩弄同僚都毫不费力。然而，这三项"秘诀"、三项长处，可支撑王世充成为一代权臣，但很难凭此而成为一位优秀的皇帝。尤其是他性格中狭隘、猜忌、自私等缺点，让有识之士亦看出他不是成就大业的明君英主。

四、平王擒窦，成败洛阳

侦察到王郑内部人心惶惶的情况，李唐君臣认为王世充大势已去，可以一鼓作气拿下洛阳。唐武德三年（620）五月，在秦王李世民征讨刘武周进入尾声之时，李渊就开始布置东征洛阳的战略。

皇泰主政权存在时，河北的窦建德、江淮的杜伏威都接受了洛阳朝廷的册封，与王世充结为盟友。王世充废杀皇泰主后，窦建德、杜伏威与其绝交，彼此兵戎相见。

为防止杜伏威、萧铣等江南势力在唐郑交战之时支持王世充，620年六月，李渊遣使加封杜伏威为使持节、总管江淮以南诸军事、东南行台尚书令、淮南道安抚使，晋爵吴王，并赐为李姓；封杜伏威势力的二把手辅公祏为行台仆射、舒国公，以此来稳住东南对唐朝的支持。

同时，李渊任命李孝恭为山南道招抚大使、夔州总管，与长史李靖一道沿长江东下,攻打信州,直逼南梁萧铣的都城江陵,以解除萧铣在南方的威胁。

在外交、军事方面的准备都妥当后。同年七月一日,李渊诏命由秦王李世民为元帅,齐王李元吉为副帅,蒋国公屈突通为长史,率领七总管二十五将军,共计精兵10万,东征洛阳。

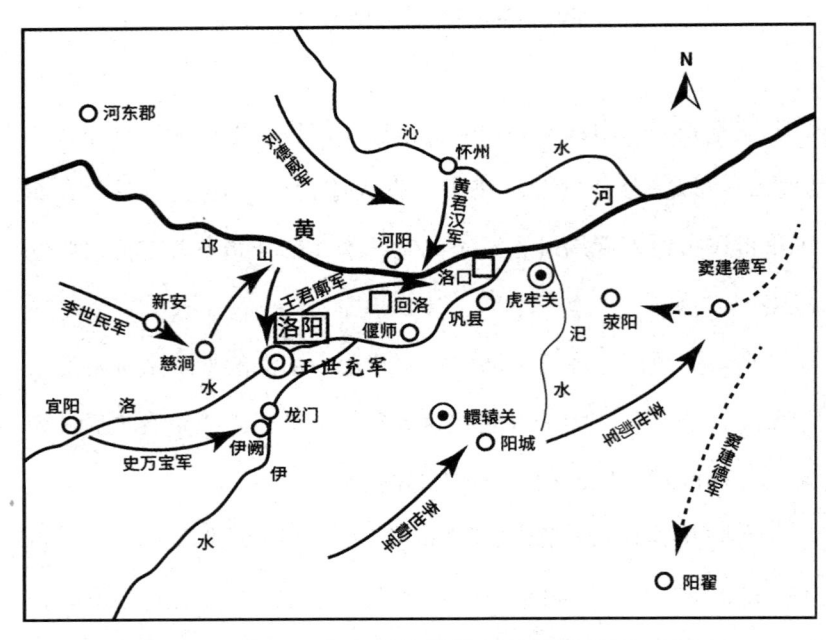

图8-2 洛阳、虎牢之战战场形势图(620-621)

七月二十一日,李世民率领大军浩浩荡荡,到达洛阳之西的新安,已无大将可用的王世充只得分派七个子侄分镇各地,严阵

第八章　未战先衰的王世充

以待。唐军先锋罗士信率先包围慈涧（今河南新安县东南24里的磁涧镇），王世充亲率3万大军前来救援，正好与前来勘察地形的李世民相逢。

此次出行李世民身边只有五百骑兵，很快就被王世充军所包围，然双方一番混战，郑军不仅没占到优势，反而损失了千余人。紧接着，屈突通率5万唐军直扑而来，王世充不敢交锋，只能退守洛阳，唐军随即跟进包围，洛阳争夺战正式拉开帷幕。

鉴于此前杨玄感、李密对洛阳城久攻不下的教训以及王世充的守城才能，唐军决议围困洛阳。而一旦围城势必将陷入一场持久的拉锯战。而困扰持久战的，一是粮草供应；二是敌军外援。

早在战前，李渊和负责朝政的李建成便已命人疏通渭水和黄河，保障东出大军的粮道。为预防粮道战时不通，还先后在虞州、芮州、鼎州、陕州、函州、虢州设置水陆补给枢纽，并屯放了数十万担粮草，以备东征大军之用。可以说，父兄已为李世民解决了后顾之忧。

剩下的就是拔除外围据点，围困洛阳城。不同于"四关锁秦川，八水绕长安"的关中平原，伊洛盆地在战略纵深和经济发展水平上都远逊于前者。洛阳周边虽也有邙山、嵩山、崤山、熊耳山、外方山等地理屏障，但山脉缺口众多，尤其是东北面和东南面。东汉王朝为加强都城的防御，在洛阳周边建置了8座关隘。

自此以后，建都洛阳的各王朝无不在伊洛盆地的边缘建设关隘和粮仓。至隋朝炀帝时期，这种依托关隘、仓城的防御体系达到了登峰造极的地步。

因此争夺洛阳的关键，不在于洛阳本身，而在于外围关隘、仓城的得失。楚汉之争，刘邦守洛阳，靠的是自荥阳而西的三道防线，高欢大败宇文泰，依托的是北邙山。十八路诸侯讨董，董卓之所以放弃皇统所在的洛阳西迁，其中固然有其政治短视的一面，但最主要的原因还是基于东方虎牢关和南方伊阙关被打破。所以，此番唐军东出成败的关键，就在于扫清洛阳外围据点，打败来援之军。

此次东出，除李世民所率的10万精锐主力之外，还有数路偏师响应。

行军总管史万宝出函谷南道由宜阳攻取伊阙、龙门，隔断洛阳与南部唐邓、襄阳的联系；自太原而来的将军刘德威部，出太行山进攻河内，断绝洛阳与河东、上党的交通；右武卫将军王君廓绕过洛阳，向东占据洛口，怀州（今河南沁阳）总管黄君汉自河阴攻打回洛城，斩断供给洛阳的两大粮仓。李世民亲率主力驻扎在洛阳北侧的邙山之上，居高威逼。至此，各路唐军初步完成了对洛阳西、南、北三面的战略包围。

看到形势危急的王世充，再次提兵出屯青城宫（今河南洛阳

第八章　未战先衰的王世充

市西北），与唐军隔洛水对峙，并向李世民喊话。唐军倾国而来，岂是王世充三言两语可以忽悠的。于是两军严阵以待，相持至日落，彼此都没有找到进攻的机会，便各自引兵而退。

王世充不愧是击败李密，被隋炀帝期许的"救火将军"，且不说他野战能力如何，单论守城，确是让李世民吃尽了苦头。为了探明洛阳城防，李世民亲率尉迟敬德等五百精骑，登上了洛阳城北的视高点——北魏宣武帝元恪的景陵。

哨探把这一消息报给王世充，王世充立刻率一万步骑包围了景陵，王世充部将单雄信亲率麾下骑兵，直扑李世民而来，李世民不敌单雄信，身边亲卫也被冲散，就在这千钧一发之际尉迟敬德从斜刺杀出，一槊将单雄信扫落马下。单雄信落马，郑军气势为之一滞，李世民趁机突围而出，但他却没有就此离去，而是召集麾下骑兵出其不意，杀郑军一个回马枪，又逢镇守大营的齐王李元吉与长史屈突通率主力前来接应，郑军大败，2000人战死，6000余人被俘，王世充仅带领数名亲兵逃回洛阳。

闻听王世充数战不利的消息，王郑治下的河南州郡无不惶恐，纷纷归降唐军。

七月，洛阳大将张公瑾出降。

八月，邓州、唐州降。

九月，显州（今河南泌阳）总管田瓒以所部二十五州降，尉州（今河南尉氏）刺史时德睿以所部七州降。

十月，王世充的姻亲、管州（今河南郑州）总管杨庆举州归降，行军总管李世勣奉命占据管州，唐军在洛阳东面打开局面。

同月，在李世勣、黄君汉、王君廓的三方威压下，荥州（今河南荥阳市城关镇）刺史魏陆、汴州（今河南开封）刺史王要汉、阳城令王雄先后举州归降。

不到三个月的时间，洛阳周围的河南郡县尽皆落入唐军手中。占据回洛城的黄君汉，趁郑军尚未反应过来，派人拆毁河阳南桥，彻底斩断了洛阳与河北的联系。至此，唐军完成了对洛阳的包围闭环，洛阳彻底成为了一座孤城。

通过政治安抚与军事威逼并用的手段，李渊在战前就稳住了南方的萧铣与杜伏威，所以王世充此时只能向河北的窦建德求援。

同年七月，王世充命人向河北求援，并带去了他给窦建德的亲笔信。信中，王世充许诺击败唐朝后，郑、夏两国平分天下，约定"郑取关西、巴蜀、荆襄，夏取关东、江淮与江南，双方结为兄弟之国，互不侵犯"。这种口嗨式的平分天下，十分类似于三国时期，东吴与蜀汉约定的"中分天下"，然而这只是王世充的一厢情愿。

李渊早就算准了王世充会向河北求援，于是在唐郑交战最激烈的时候，抛给了窦建德一根带肉又带刺的硬骨头——幽州罗

第八章　未战先衰的王世充

艺。

　　罗艺，隋朝左监门将军罗荣之子，其人凶暴狡黠，骁勇善战。三征高句丽结束后，奉命留驻幽州，在薛世雄奉命驰援洛阳之后，罗艺谋划兵变杀掉了顶头上司虎贲郎将赵十住、贺兰宜，自称幽州（治蓟县，今北京城西南）总管，统辖幽、营二州，成为幽燕地区的一大割据势力。后来窦建德、高开道、宇文化及等都想拉拢他，但罗艺认为，只有占据关中的李渊才能成就大业，于是选择归附大唐。

　　此时为了转移窦建德的视线，李渊派使讲和，并默许窦建德向北进攻罗艺。罗艺盘踞幽燕，始终让窦建德如芒在背，此前由于唐朝在旁搅扰，一直不能将其收入囊中，此时趁唐郑鏖战河南，正好统一河北。

　　河北自古称燕赵大地。战国时期，仅次于强秦的赵国，无论是在与三晋的内争中，还是在与秦、齐的外斗中，都不敢全力以赴，就是因为有燕国在其身后。长平之战后，燕国更是欺赵国力弱，趁火打劫。汉末，袁绍眼看着曹操摆脱自己掌控，一步步壮大，却不敢轻易南下，也是因为幽州的公孙瓒盘踞在后。十六国时期，后赵石勒顺利击灭幽州的王浚，得以立足河北，称霸北方。而冉魏错失幽州，有了辽东慕容氏的前燕王朝。

　　从某种程度上讲，盘踞河北的势力要想问鼎天下，首先就需要将太行以东、燕山以南、大河之北的燕赵大地合而为一。以幽州突骑起家，以冀州成就帝业的汉光武帝刘秀就是其中最成功的例子。所以，当李渊将幽州罗艺这个硬骨头抛出来时，窦建德明知道其很难啃却欣然接受，并且承诺己方不会随意加入中原战局。

在窦建德君臣看来，王世充此人绝非易与之辈，当年与李密的鏖战艰苦异常，却能绝地反击，这种百折不挠的枭雄人物，是不会轻易归降的，因此唐郑之间的交锋在短时间内不会决出胜负。鹬蚌相争，渔翁得利。即使王世充不敌唐军，郑国需要救援，也一定是在郑国被打残、打烂之后，而不是此时。于是，在九、十、十一月唐军于洛阳周边扩大战果之时，窦建德正在一门心思攻打幽州。

成功转移窦建德主攻方向的李渊，诏令李世民全力攻打王世充，争取在窦建德大败罗艺之前攻克洛阳。然后令李渊没想到的是，迫使唐军暂缓攻郑的，不是自己一直担心的窦建德、杜伏威、萧铣这些强敌，而是一直以来自己不愿搭理的夏州梁师都。

梁师都的起家路径，与刘武周很相似。大业十三年（617），趁天下大乱，各路豪杰竞起，梁师都发动麾下兵将，杀死朔方郡丞唐世宗，起兵反隋。知道自己势力弱小的梁师都，主动向突厥称臣，始毕可汗册封其为"大度毗伽可汗"。借助突厥的"虎皮"，先后占据雕阴（今陕西绥德县）、弘化（今甘肃庆阳市）、延安

第八章　未战先衰的王世充

（今陕西延安市）等郡，成为盘踞在渭北高原的一股割据势力。

自李渊入主关中，到唐军东出伐郑，李唐一方先后扫灭了陇右薛举、河西李轨、河东刘武周，以保障关陇后方的安全。对于盘踞在渭北高原、近在咫尺的梁师都，却放任不管，任其上蹿下跳。

之所以会如此，一来是梁师都的实力一般，对关中造不成威胁；二来是投鼠忌器，担心梁师都被平会引来突厥的威压。故而留下梁师都，让其充当唐突之间的缓冲。

梁师都深知，要想夹缝中生存，就需要各方实力平衡，如果让唐军专心东征，平定中原，下一个平灭的目标很可能就是自己。就在东征唐军一片形势大好之际，梁师都派遣使者到达突厥汗庭，游说突厥南下攻唐，表示自己愿意当向导。

此时的突厥可汗不再是汲汲于中原子女财帛的始毕可汗，而是野心勃勃的处罗可汗。在梁师都的诱惑下，处罗可汗决定尽起国中之兵，分四路南下，会攻长安。此次突厥南下，不仅有梁师都做向导，同时还联合了窦建德和王世充。处罗可汗派人给王世充送信，要求他拖住东征的唐军主力。急于摆脱困境的王世充一口答应下来，就这样四方攻唐联盟形成。

侦知这一消息的唐廷，立即部署北疆防御，并诏令李世民缓攻洛阳，准备随时回援。造化弄人，就在突厥各路大军整装待发之际，处罗可汗暴毙，突厥内部势力开始围绕汗位互相斗争，无暇南顾。据史书记载，处罗可汗之死是唐朝使者郑元璹的"杰作"，但无论如何，唐朝统一天下的进程没有被搅扰，唐军威压洛阳的优势还在。

至620年十二月，危在旦夕的王世充再次向窦建德发出求援信。此次信中闭口不提"平分天下"的约定，从头到尾都在诉说郑、夏两国唇齿相依的关系。夏国中书侍郎刘彬从信中看出了洛阳的岌岌可危，劝谏窦建德放弃坐山观虎斗的战略，及时增援。

此前三个多月，唐攻洛阳，夏攻幽州。夏国全力进攻幽州，并不是窦建德君臣目光短浅，实则是唐、夏双方各取所需。仅从表面实力上来看，窦建德攻罗艺，远比李世民对阵王世充轻松，但结果却是唐军利用三个月完成了拦截外援、困制洛阳的战略部署，而夏军却是大败而归、士气尽丧，同时促使了北疆的另一割据势力高开道部降唐。打不开北面局面的窦建德，只能掉头南下，沿着李世勣当初进献的战略，攻打占据曹州（今山东曹县西北）戴州（今山东成武县成武镇）的孟海公。

面对王世充的二次求援，夏国君臣的意见是一致的，那就是予以增援。但彼时摆在窦建德面前两个选择：一是，整军西进，立即救援洛阳；二是，先消灭孟海公，再救援洛阳。也许是对王世充有信心，也许是想让李世民与王世充再互相消耗一番，窦建

第八章 未战先衰的王世充

德最终选择了后者。

621年正月，窦建德的援军迟迟不到，王世充决定冒险出城偷袭唐军，恰逢屈突通巡视营垒，郑军突袭没有成功，李世民又率千余玄甲军前来救援，王世充再次大败而归。随即，李世民派李君羡拦截了自虎牢运至洛阳的郑军粮草，认为洛阳攻城战的时机已经成熟，于是便派宇文士及回长安请示指令，李渊对宇文士及说："回去告诉秦王，此次必讨灭王世充才能息兵，破城之日，车驾礼器、图籍器械，归属朝廷，其余子女玉帛全部归属将士。"

长安的支持，让李世民精神一振，随即将唐军主力推进至青城宫。作为一代名将的王世充，抓住唐军修建营垒之机，再次带领两万人马从城中杀出，唐军被打了个措手不及。危急时刻，李世民亲率玄甲军在北邙山列阵，长史屈突通稳扎营盘，兵力较少的王世充反被唐军内外夹击。

其间，李世民为摸清郑军兵力虚实，与丘行恭等数十骑冲入敌阵，不料却被青城宫周遭的断壁残垣所阻隔，身边仅剩丘行恭一人跟随，郑军数十骑兵追赶上来，一箭射中李世民的坐骑飒露紫，丘行恭连忙回身救援，张弓疾射、箭无虚发，郑军骑兵小队不敢上前，丘行恭将胯下战马让予李世民，自己手持长刀护在前，二人历经血战，才得以杀出重围。

青城宫之战，郑军数次被唐军打散却又顽强集结，重新投入战斗，双方激战持续近3个时辰，郑军终因寡不敌众，败下阵来，被俘斩7000余人。

同年二月十四日，王世充再次领兵出右掖门，列阵于洛水之前，试图再战，却不料身旁大将王怀文向他刺来，幸而其衣服中罩有内甲，方才躲过一劫。王怀文原是唐朝的中层军官，此前交战中被郑军俘虏，假意投降，为的就是有机会杀掉王世充。本来唐军仓促应战，郑军已稍占上风，结果因为王怀文的惊天一刺，惊恐的王世充只能收兵回城。

李世民旋即对洛阳城发动进攻，王世充利用提前准备好的大炮飞石、巨弩重箭严防死守，双方激战十余日，唐军始终没能攻破这座由隋炀帝耗费百万民力修建的东方雄城。至此时，唐郑双方已鏖战了8个月，劳师远征的唐军将士逐渐心生归意，大将刘弘基首请班师。

距离胜利仅一步之遥的李世民如何会放弃，但多数唐军将士已有退意，他便想以长安朝廷的名义来稳定军心，于是派封德彝返回长安向李渊请旨。远在长安的李渊也察觉到洛阳长久消耗所带来的风险，也有意诏李世民班师，幸得太子李建成劝谏这才没有正式颁布诏令。

回到长安的封德彝分析洛阳前线形势，并告诫李渊，一旦唐军班师，王世充势必会卷土重来，日后再想讨灭就难上加难了。

第八章　未战先衰的王世充

李渊权衡再三，最后同意继续攻打洛阳。于是，唐军在城外深挖壕沟、建置壁垒，断绝了城内与外界的所有通道。

8个月的围城，让本就缺粮的洛阳城内出现严重的饥荒，王公贵戚们只剩掺杂米糠的米充饥，而普通百姓在吃完城中的草根、树叶后，只能用浮土拌着米屑烤饼。

就在唐郑两军围绕洛阳，比拼斗志、比拼意志之时，兼并孟海公、徐圆朗地盘的窦建德，整合三部兵马共计十余万人，号称30万，浩荡西进。

620年七月唐郑开战，621年三月窦建德才率军来援。从战略战术意义上来说，窦建德来得实在有点太晚了。一方面，洛阳城在唐军的围困下，已是山穷水尽、弹尽粮绝，几乎到了人吃人的地步。另一方面，洛阳周围的军事据点，尽被唐军占领。更主要的是，就在夏军西进的十余天前，洛阳东方的门户虎牢关，正式被唐军攻占。

在中原战场上，虎牢关绝对是一个举足轻重的战略要地。楚汉相争，刘邦在虎牢关（成皋）设防，项羽率军争夺了两年多时间，最后只能在进退失据中走向败亡。由于李世民亲自驻守虎牢关，夏军同样面临着进退两难的境地。从这层意义上，在过去的半年时间里，窦建德一直忙着和幽州的罗艺、曹州的孟海公打仗，致使整个中原战场已无可救药了。再加上，夏军战术不当，窦建德兵败被俘，也就不难理解了。

同年五月八日，翘首期盼援军的王世充万万没有想到，自己的大救星窦建德竟然是乘坐着囚车来到洛阳，一时间悲不自胜。李世民将俘虏的长孙安世放入城中，让他告知王世充虎牢之战的经过。王世充召集官员，试图逃往襄阳。然而此时的众人已是心如死灰，纷纷表示连窦建德都败了，即便逃出去也于事无补。眼见大势如此，王世充只得放弃抵抗，率领城中文官武将出城投降。至此，王郑灭亡，立国两年零一个月。

在隋末群雄中，王世充的出身算不上高贵，也算不上低微，他能从一个胡人成为一方诸侯，其中固然有阳奉阴违、无耻狡诈，但他的军事才华是不容忽视的，性格上的坚忍也是常人所不及的。从617年援助东都，到621年洛阳兵败，他屡次败北，又几次三番的东山再起。面对强大的唐军，尽管是内外交困，竟然能坚守近一年，如果不是窦建德先败，能撑到什么时候还尚未可知，不得不承认，王世充配得上一代枭雄的称号。

成也洛阳，败也洛阳！洛阳归降，王郑政权灭亡，河南尽入大唐囊中，接下来唐军的兵锋将指向失去领袖的河北大地。

第九章
底定河北

　　唐文宗太和三年（829），大唐立国后的第210个年头。河北魏州的军民百姓为隋末割据河北的造反首领窦建德立了一块遗爱碑，史称"窦建德碑"。遗爱，多指有德行的人，遗留仁爱于后世。作为隋末群雄逐鹿中的失败者，李密、王世充的事迹已是茶楼酒馆、负鼓盲翁的谈资，同样兵败被杀的窦建德，何德何能享受百姓的庙宇香火？一个扯旗造反的反贼，又为何能让河北百姓念念不忘？

　　在唐王朝剪灭群雄、一统天下的过程中，虽然也发生过李密、辅公祏等降而复叛的情况，但像河北刘黑闼这样两度割据，三次易手的非常事件却实属首次。李建成、李世民、李元吉——唐高祖李渊三个最富才干的儿子分别领兵征讨同一个对象，这在唐朝开国史中更属空前绝后，河北形势之复杂、实力之强劲、反抗之剧烈由此可见一斑。

"渔阳鼙鼓动地来，惊破霓裳舞衣曲。"就在物华天宝的大唐处于最鼎盛的时候，幽州的铁骑惊破了盛世的幽梦，从此大唐向左、河北向右。河北在大唐王朝中的特殊地位，还要从一个人开始说起，他就是隋末称雄河北的夏王——窦建德。

一、豪杰起于微末

在隋末唐初的这段历史中，最令人惋惜的人物，莫过于窦建德。他出身草根，凭借自身才干，在乱世中割据一方，与李渊、王世充等人分庭抗礼。窦建德是隋末基层起义领袖的代表人物，其起义乃是隋末众多基层百姓反抗隋朝急政、暴政的缩影。

窦建德，河北漳南人，生于北齐武平四年（573）。那时候的天下，尚处于北齐、北周、南陈三方鼎立的状态。少年时期的窦建德见证了一系列的历史变故，从北齐被北周吞并，到隋朝取代北周，再到隋朝吞并南陈，统一天下。就这样，窦建德的身份也随之变化。

第九章　底定河北

世代务农的窦建德，家境不是很富裕，但在和乡亲父老的交往中，却能体谅穷苦人家的痛苦，乐于助人。因此，在当地一带颇有声望，他父亲去世时，前来送葬的亲朋多达2000余人。

隋大业七年（611），隋廷调发兵丁、徭役征讨辽东，因为个人勇武，窦建德被选为二百人长，与其同时应选的还有他的同县好友孙安祖。由于前一年遭遇水灾，放心不下妻儿的孙安祖，不愿应征，结果遭到了县令的严刑拷打，一怒之下的孙安祖杀了县令，亡命至窦建德处躲藏。

窦建德认为流落江湖、四处藏身终究不是长久之计，与其做"逃亡之虏"，不如啸聚一方对抗官府，并给孙安祖指了一处适宜啸聚藏身的好去处——高鸡泊。

隋末，关东地区有两处非常有名的"农民起义军培训基地"，一处是知世郎王薄盘踞的山东长白山；另一处便是位于今河北故城县西南的高鸡泊。闻名山东、江淮的孟让、李子通、杜伏威、辅公石等都"毕业"于长白山，而河北一众豪杰，如高士达、孙安祖、郝金龙、张金称都是出自高鸡泊。可以说，隋末的各路农民义军也是各有系统的。

窦建德给孙安祖指明了去处，又帮他招募了数百精壮，但他自己却没有进高鸡泊，而是跟随隋军东征高句丽。这就像水浒中的宋江一样，一边跟晁盖等人眉来眼去，一边又留在体制内。

当时往来于漳南县境的各股盗匪，屠杀抢劫百姓，焚烧房屋，唯独不到窦建德的家乡骚扰。官府怀疑窦建德勾结高鸡泊中的盗贼，于是捕杀了他全家。忍无可忍的窦建德，汇集麾下的200余人，加入了高士达的义军。从此，窦建德走上了起义反抗之路。

自称东海公的高士达看到窦建德来投很是高兴，当即任命其为司兵。不久，孙安祖被同为义军的张金称火并，其麾下数千部众不愿依附于张金称而前来投奔窦建德。有了这支队伍的加入，窦建德逐渐由一个小头目成为高鸡泊一带的义军首领。

窦建德第一次显示其军事才能，是打败隋朝的涿郡（今河北涿州市）通守郭绚。

至大业十二年（616），各路反隋义军蜂拥而起，各地郡县饱受流寇之扰，唯独河北的涿郡稳如磐石，涿郡通守郭绚因此而受到隋炀帝的赏识。恰逢高士达在河北一带攻城略地，于是隋炀帝诏令郭绚前往征讨。

自感才能不及的高士达将窦建德提升为军司马，全权负责指挥作战。窦建德也不客气，率领七千精锐，诈降于郭绚。为配合窦建德演戏，高士达一边宣扬窦建德叛逃，一边从俘虏中挑出一个女人杀掉，诈称是窦建德的妻子。高、窦二人的精湛表演，成功麻痹了郭绚，窦建德乘机突袭，大败隋军，杀死官军数千人，

第九章 底定河北

缴获战马千余匹，郭绚仓惶出逃，结果被窦建德追上斩首，涿郡隋军闻风丧胆，"人吏哭之，数月不息"。经此一战，窦建德在河北义军中的威望大大提升。

闻听郭绚兵败，隋炀帝再命太仆卿杨义臣率军征讨。出身将门的杨义臣早在北周时期就已崭露头角，隋文帝爱其忠义勇武，赐姓杨，改名"义臣"，乃是大隋朝的"国姓爷"。在王世充走入隋炀帝视线之前，杨义臣是隋廷的"救火将军"，窦建德给他的评价是，"历观隋将，善用兵者，唯义臣耳"。

杨义臣此次前来河北征讨，针对的不仅仅是高士达，而要将河北各路反王一网打尽。在征讨高士达之前，他先扫灭了张金称和格谦。面对如此大敌，窦建德的建议是暂避锋芒，退往高鸡泊中与之周旋，待其师老兵疲，再与之决战。急于求胜的高士达已被此前的胜利冲昏了头脑，亲率主力大军向杨义臣发动进攻，结果被隋军"阵斩之"。高士达、张金称等各路反王被剿杀，让河北的反隋活动陷入了低迷。

就在此时，隋炀帝身边的佞臣虞世基进言毁伤杨义臣，隋炀帝也担心杨义臣在河北坐大，将其召回，明升暗降，拜为礼部尚书。尺蠖之屈，以求信也；龙蛇之蛰，得以存身也。杨义臣前脚离开河北，识时务的窦建德后脚就重新回到了高鸡泊，他一边掩埋战友尸体，为高士达发丧，一边整合各路义军的余众。至此，窦建德成了河北舞台上最活跃、最强大的义军首领。

隋炀帝因猜忌而召回杨义臣的举措，让河北的剿匪事业功亏一篑。河北州县官吏逐渐对朝廷丧失信心。起初，高鸡泊中的各路义军在捉到隋朝官吏、当地士绅后全都杀掉，惟独窦建德以礼相待。有基于此，博学而有才气的饶阳县令宋正本，接受了窦建德的招揽，为其献上了平定河北之策，大喜过望的窦建德拜其为军师谋主，言听计从。

窦建德的元从部队多出身自破产的农民和亡命江湖的盗贼，其中不乏骁勇、敢死之辈，但就政治眼界、战略格局而言，却普遍不高，宋正本的加入正好弥补了窦建德集团中缺乏知识分子的窘境。

在宋正本的谋划下，骁勇善战的窦建德军很快就占领了河北的大片城池，兵力也一跃增加至十余万。出身草根的窦建德，终于赶在大业十三年群雄陆续登场之时，手握十余万大军，初步具备了问鼎天下的资格。

大业十三年（617年）正月，窦建德在河间、乐寿两县的交界处设立祭坛举行典礼，自称长乐王，年号丁丑（这年的干支），设置机构委任官吏，河北窦夏政权初步草创。

617年七月，李密围困东都洛阳日急，隋炀帝征调镇守幽州的老将薛世雄，率领3万征辽精锐，进入洛阳，指挥中原平叛。

第九章　底定河北

救援洛阳的同时，隋炀帝给了薛世雄一个任务，那就是清除沿途所遇到的"盗贼"。刚于乐寿称长乐王的窦建德，正好成为薛世雄打击的首要目标。

薛世雄率兵行至河间七里井，窦军将领看到隋军兵强马壮，不敢与之交战。窦建德力排众议，决定主动出击，当天夜里带领从全军中挑选出的300名勇士组成敢死队，向隋军大营发起了猛攻，恰逢天降大雾，不辨你我，毫无准备的隋军相互践踏、彼此砍杀，3万大军死伤过半。自感愧对隋炀帝信重的薛世雄，回到涿郡不久就怏怏而死。

打败薛世雄的窦建德趁势攻打河间城，由于河间郡丞王琮发动军民据城死守，窦军围城、猛攻近一年，就是无可奈何。

618年七月，隋炀帝去世的消息传至河北，孤城坚守已经一年的王琮闻讯悲恸欲绝，率领官民登上城墙遥祭隋炀帝，窦建德见状，也派使者到城中致哀，正是这一举动令本为死敌的王琮内心发生转变，看着城内已经见底的粮仓与饱经战火的军民，王琮决定开城投降。为表示尊重，窦建德率军后撤30里，并在营中设置了酒宴款待王琮。见到窦建德如此优待王琮，许多窦军将领大为不满，纷纷请求烹杀王琮。

窦建德正色道："王琮忠君爱民，乃是义士，我正准备加以重用，以勉励那些做臣子的人，岂能杀之。以往咱们在高鸡泊中为小盗，尚可以肆意胡为，今欲安百姓以定天下，怎么能随意杀害忠良呢？"随即，任命王琮为瀛州刺史。窦建德的一番苦心没有白费，听闻这一消息的河北各地隋朝旧官吏纷纷前来投奔。

自隋末动荡以来，天下百姓揭竿而起者数以百计，但大多数是为了反抗沉重的赋税、劳役才铤而走险，有的啸聚山林、打家劫舍，有的跨州连郡、割据一方。除了勋贵出身的李渊、李密外，很少有人将鲸吞天下作为终极目标，此时窦建德提出"安百姓以定天下"口号，可见他的志向胸怀是一统天下。所以窦建德要捡起儒家那套忠孝节义的伦理道德，用来摆脱自身盗贼的标签，成为封建道德的捍卫者，这种转变是窦建德集团此后陆续做强做大的关键。

大河以北，燕山以南的河北地区，南北狭长，东西山海夹峙，加上域内易水、滹沱、漳河等水系纵横交错，遂使得河北之地可细分为以幽州为中心的北部地区，以瀛州、定州为轴线的中部地区以及以邺城、邯郸为重心的南部地区。

618年十一月，窦建德攻灭盘踞在太行山东麓的魏刀儿，占据易水上游的上谷郡，至此正式拥有了河北中部之地。随即改元五凤，定国号为"夏"。

在称帝还是称王的问题上，窦建德坚持奉隋朝为正统，称夏王。吞并魏刀儿，本算不得什么大事，在隋朝大厦已倾的情况

第九章 底定河北

下,各路义军相互兼并乃是常态。但值得一提的是,魏刀儿麾下有一个部将,逃到了马邑刘武周处,在山西、河东掀起了巨浪,他就是宋金刚。

得到宋金刚相助的刘武周,第二年也就是619年大举发兵南下,接连大败唐军,掀起了诸路群雄对李唐的围攻。就在唐军为了河东局势焦头烂额的时候,窦建德抓住机会在河北大肆扩张。

窦建德集团的一路发展虽是顺风顺水,但其内部却存在两大隐忧。

其一,窦夏政权的地缘战略不够完整,容易受到南北势力的夹击。河北自古称"燕赵大地",这是因为早期历史上河北南北两部分地区风俗迥异、各有分野。司马迁《史记》中提到的"碣石—龙门",不仅是秦汉时期的农牧分界线,也是传统河北南、北地区的分界线。故而,河北北部地区长期处于农牧混合经济,而中南部则是典型的平原农耕经济。诉诸在行政区划上,以两汉为代表的中央王朝常以冀州、幽州分治之。

正如上文所说,河北南部还需要细分为以瀛州、定州为轴线的中部,和以邺城、邯郸为重心的南部。窦夏政权建立后,只有中部而无南、北。可以说,其所辖下的河北区域并不是一个完整的地缘板块。

认识到此点的窦建德,在其称夏王后不久,即对幽州的罗艺势力展开了进攻。先礼后兵，先是派人劝降罗艺，但罗艺鄙夷窦建德的农夫出身，认为其难成大事。招降不成的窦建德只能诉诸武力，本就骁勇善战的罗艺，又有薛万彻、薛万钧兄弟相助，再加上隋炀帝为东征时留屯在幽州的物资装备，幽州军可谓是兵强马壮。前一次，偷袭薛世雄，幽州军大败，让夏军产生了幽州军不堪一击的幻想，就连一向谨慎的窦建德也没把罗艺当回事，结果被幽州军打得狼狈逃回。

风萧萧兮易水寒，壮士一去兮不复还。燕太子丹送荆轲入秦，至易水而止，盖因易水是燕赵两国的界河。秦汉王朝实现天下大一统，但易水仍是河北南北部地区的界河。而窦夏政权的第一处都城乐寿，正是位于"燕南陲，赵北际"。而早期的窦夏政权之所以定都在此，其一是为了便于经营幽州；其二则是因为以邺城、邯郸为重心的河北南部区域尚在宇文化及与唐朝的手中。

宇文化及在童山大战失败后，率领余下的两万骁果军逃到了河北南部的魏县。618年九月，宇文化及杀死傀儡杨浩，自称皇帝，建国号"许"，并留下一句"人生故当死，岂不一日为帝乎"的名言。本就因弑君而臭名昭著的宇文化及，在此时称帝可谓是破罐子破摔。

618年七月，兵败邙山的李密仓惶逃入关中，镇守黎阳仓的徐世勣也随即率领麾下十余州降唐，唐朝以淮安王李神通东出受

第九章 底定河北

降,负责经略河北。才能平平的李神通,既垂涎于宇文化及所携带的隋宫财宝,又想通过消灭宇文氏兄弟来建功立业。原以为宇文氏兄弟是过街的老鼠,将其一举荡平并不困难。结果志大才疏的李神通愣是将唐许之战变成了他与宇文化及的"菜鸡互啄"。

抓住机会的窦建德迅速出兵,麾下文臣武将团结用命,一举消灭了隋末人气最低、名声最臭的宇文氏兄弟,史载"建德纵撞车抛石,机巧绝妙,四面攻城,陷至之",可见此时夏军的战斗力和武器装备已有了巨大的提升。

攻破聊城的夏军,乘胜出击,一鼓作气攻陷了卫州、黎阳仓等河北要地,并且抓住了唐淮安王李神通、李渊之妹同安长公主以及徐世勣、魏徵等唐朝一众皇亲国戚和将军大臣。

回过头来的夏军攻克唐朝楔入河北的赵州、邢州等太行山东麓重镇,活捉了唐将陈君宾、赵州总管张志昂、山东安抚使张道源等人。自此,除幽燕之地外,河北大部分地区尽入窦建德治下。此时的河北地缘板块虽仍不完整,但在对抗南面王世充、西面李渊时,窦建德已经有了底气。

其二,窦建德集团的组织框架,让窦夏政权的发展难以突破瓶颈。617年,就在李渊太原起兵的同月内,高阳郡贼帅郝士陵率领其部下数千人款附,随即李渊以大将军府的名义,任命郝士陵为镇东将军、燕郡公,准许其开府治事,掌握高阳郡的军政大权。李渊这么做，不仅仅是投桃报李，也是要以郗士陵为标杆，招揽河北豪杰。

隋朝的高阳郡，大致辖管今石家庄市北部与保定市南部区域，乃是河北的腹心之地，与李渊所在的太原相隔着太行山，却与窦建德的势力范围毗邻。同样是所谓的"贼帅"，郗士陵不投奔河北最大的反隋势力窦建德集团，却要远隔太行山去款附李渊。其理由与罗艺一样，嫌弃窦建德的出身太差。

灭亡蜀汉的曹魏名将邓艾，幼年丧父，家贫困辱，通过为邻家放牛补贴家用，奉养老母，但其本人却始终习文练武不辍，终成一代名将。有感于此，也为了丰富人物形象，94版《三国演义》借用邓艾的口吻说出了这样一句台词："出身寒微，不是耻辱，能屈能伸，方为丈夫"。遥想历史，汉高祖刘邦不过是泗水一亭长，明太祖朱元璋不过是皇觉寺一游僧，却终能定鼎天下，成就大业。可见对于乱世枭雄来说，出身寒微虽注定了人生起点，却阻挡不了事业的顶点。

自光武帝刘秀带领一众世家豪族出身的文武建立东汉，世家门阀的崛起就已不可阻挡。加之，东汉一代"家学"的兴起，进一步促进了士族门阀政治在华夏大地上生根发芽。汉末董卓以强兵入朝辅政，解除党锢，提拔清流，却得不到世家子弟的认可。袁绍、袁术兄弟出逃，却能轻易获得冀州、南阳这样的强州大

第九章　底定河北

郡。在彼时人眼里，董卓不过是六郡良家子出身的西凉军阀，而袁氏却是四世三公、门生故吏遍天下的贵族。说到底，这还是出身论在作祟。后人不能理解冀州牧韩馥为何要将冀州拱手相让，不明白刘备走到哪里都高举汉室宗亲的旗号，这是因为后人与彼时之人的思维模式大相径庭。

两汉以后，魏晋正式进入了贵族政治时代，"上品无寒门，下品无士族"，做官执政几乎被贵族所垄断。建立西魏、北周、隋朝的关陇集团，其主要成员虽来自北魏六镇之乱后的底层兵将，也不可否认六镇之乱是对北魏汉化政策、门阀政治的一次反叛，但新凝聚的关陇集团却也是不折不扣的军事贵族。因此，隋末的士民百姓大都习惯并认可贵族政治的统治。所以当天下大乱来临时，不仅关陇集团的贵族成员，就连许多普通百姓，都觉得真命天子一定会出自关陇贵族集团。

英雄造时势，时势造英雄。纵观历史长河，时势造英雄易，英雄造时势难。在门阀政治尚有余温、贵族政治残烬尚燃的隋末唐初，窦建德、杜伏威这些出身寒微的农民军首领，想要获取政治资源，继而像李渊那样借助"体制内"的力量做大自强，可以说是非常困难的。

617年，被中原群雄推举为反隋盟主的李密，不关心实力较强的窦建德、杜伏威是否愿意臣服，反而逼迫尚未起兵的李渊表态。当李渊伏低做小,表示"欣戴大弟"的时候,李密大喜过望,扬扬得意地对手下人说"唐公见推,天下不足定矣"。因为在李密的心目中,李渊才是自己最大的竞争对手。作为关陇军事贵族、西魏八柱国的后代,李密十分清楚李渊起兵后获得的政治资源,远不是窦建德这些人所能比拟的。

平民出身的窦建德,也认识到了自己出身的不足,所以他极力收揽体制内的政治资源。因此,窦建德在攻灭宇文氏兄弟、进入聊城后的第一件事,就是拜见隋炀帝的皇后萧氏,然后又把宇文化及等一干发动江都政变的人全部斩首,为隋炀帝发丧。

在宇文化及这里,窦建德还得到了一批他此前一直难以获得的"宝物"——体制内的各类人才与隋朝的传国八玺。

窦建德以一介平民的身份率军起义,手下都是些草莽英雄,后来虽陆续收揽了宋正本、王琮等知识分子,但这些大都是隋朝的基层官吏,对于整个国家的典章制度、朝政运行不够了解,而裴矩等人的加入恰好弥补了政权上层组织建设的不足。因此窦建德对这些隋朝旧臣礼待有加,并委以重任。

裴矩是隋炀帝的宰相,此人既是个佞臣,也是个能臣,他先后平定岭南、经营西域、总领北蕃,是长孙晟之后隋朝最精通边事的大臣,他编撰的《西域图记》更是隋唐两朝经营西域的重要图籍依据。窦建德任命其为尚书左仆射,参议政事,兼吏部尚书，主管人事。

隋朝兵部侍郎崔君肃也是一位不可多得的能臣，隋炀帝大业时期，其多次出使西域，负责分化西突厥、吐谷浑与铁勒，为隋朝稳定西方起了至关重要的作用。窦建德以其为侍中（宰相），负责门下省事务。其他如欧阳询、虞世南或是名噪天下的大儒，或是士子追捧的书法家、文学家，窦建德分命二人为太常卿、黄门侍郎。

还有一人值得一提，那就是隋少府令何稠。说起隋朝的能工巧匠、建筑大师，世人大都知道长安、洛阳两京的总设计师宇文恺以及赵州桥的设计者李春。实际上，当时的第一建筑能手应推何稠。何稠此人精于织造、制瓷，他改革烧窑温度，使隋瓷质坚实，远胜前朝。

在辽东之战中，何稠辅助右屯卫将军麦铁杖出征，统领御林军弓箭手3万人。当时工部尚书宇文恺督造辽水桥没有成功，导致军队不能渡河，大将军麦铁杖因此被害。隋炀帝另派何稠建桥，两日便成了，军中无不称奇。更主要的是，何稠早年熟读儒术，任职州郡长吏，常为殿最，乃是全能型人才。隋炀帝以其为少府令、唐高祖任之为将作少监，待之以匠人，惟有窦建德对其无比重视，拜其为工部尚书。

其余隋朝旧官也都量才任用。至于不愿意留下的，窦建德也不强求，给他们路费，然后派兵礼送出境。甚至，就连想归乡的骁果军，窦建德也一律优待放归。

除这些人才之外，还有一件非常重要的东西，那就是隋朝的传国八玺。李渊在隋炀帝死后，做了一系列的禅位表演，目的是打造自身的正统性。魏晋以后，大家都知道皇帝禅让是怎么回事儿，继而导致传国玉玺成为皇权、王统的象征。所以，无论是长安的李渊还是洛阳的王世充，尽管他们在禅让把戏中表演很出色、也很卖力，但缺少了传国玉玺这一重要环节。

反而是窦建德虽没有皇帝的禅让，但因其获得了传国八玺，所以窦夏政权也具备了王统的名义。后世认为，隋末有所谓的"王统三分"的说法，即长安王统、洛阳王统、江都王统，长安、洛阳分别被李渊、王世充取代，江都王统虽短暂落在宇文化及手中，但最终被窦建德承继，因此当时之人认为能逐鹿天下者，大致是此三方势力。

得到这些隋朝遗留的政治资源后，窦夏政权内外焕然一新，原先不健全的典章制度也因为裴矩等人的加入，得到了梳理和完善。制度问题解决，人事纷争问题又来了，占据诸多高位的隋朝旧臣开始与窦夏元集团产生矛盾，窦建德本人缺乏政治能力，逐渐跌入这一系列矛盾的旋涡之中。

二、救援洛阳，进退失据

统一河北大部，又获得隋朝诸多政治资源的窦建德，并未因此而骄傲，还是依然坚持良好的作风。

其一，继续保持节俭。从起兵开始，窦建德就反对铺张浪费，每次获得的战利品都分赐给麾下将士，自己分文不取。在外征战，与将士同吃同住。平时与妻子两人只吃蔬菜和小米饭，很少吃肉。妻子曹氏穿的也都是粗布衣裳，身边仆人婢女加起来也就十余人。在隋末的一众群雄中，窦建德的个人操守，可谓是一股清流。至少在私德方面，远比贪色好酒，50多岁还生下一大堆儿子的李渊要强得多。

其二，保持仁心。隋末大乱，在河北、山东一带的反王，由于仇恨隋朝，肆意虐杀隋朝官吏、军兵，唯独窦建德优待俘虏。后来抓获李唐前来讨伐的淮安王李神通，不仅没有杀他，还礼送出境。

黎阳总管李世勣战败做了窦建德的俘虏，窦建德信任他是山东人，让其继续统兵，而李世勣却背叛窦建德，逃回了关中。很多人要求杀了李世勣的父亲徐盖，但窦建德却认为李世勣是李唐的忠臣，便让人放了徐盖。

其三，能接受劝谏。在窦建德统一河北的过程中，唐将陈君宾、赵州总管张志昂、山东安抚使张道源被夏军俘虏，由于三人油盐不进，夏军将领都很恼火，请求杀之。窦建德本人十分爱才，对三人在自己后方鼓捣的行为也很气愤。国子祭酒凌敬站出来劝道："人臣各为其主，他们坚守城池是在尽人臣的本分，是忠义之举，您杀了他们，如何激励自己的部下。"幡然醒悟的窦建德明白自己不能由着性子快意恩仇，下令释放三人并予以优待。

从窦建德的这三个优点和几件事情可以看出，他是个识大体、有分寸的人，能控制情绪，能坚守初心，这种人能够雄霸河北，成为唐朝的劲敌一点儿也不是偶然。

在上一章讲王世充求援河北时，已经分析了李唐东出的时机和条件以及王世充求援的经过。在这里我们仅从军事战略的角度分析下，窦建德拥10万众救郑，反而兵败被擒的原因。

第一，坐山观虎斗的战略没错，但执行的时间太晚了。从620年六月，唐军誓师东出，至621年五月虎牢关大战结束，洛阳战役前后持续了近一年，然而夏军参战的时间却只有一个月。

620年七月，唐军东征大军抵达洛阳，王世充就派人给窦建德送去结盟联合的书信。再次强调一下，王世充送的是结盟信而不是求援信。为说动窦建德出兵，王世充在信中提出了一个夏、

第九章 底定河北

郑联合灭唐，而后中分天下的计划。时人知道王世充是画饼的高手，因此这一联合计划不仅没有打动夏国君臣，反而让夏国君臣看透了王世充的野心。

在窦建德君臣看来，李世民虽能征惯战，唐军实力也强于郑，但要想在短时期内打败据有洛阳坚城的王世充，几乎是不可能的。而且像王世充这种性格坚韧的枭雄最擅长的就是逆境翻盘，说不好唐军还会有兵败之危。因此，在洛阳之战初期，夏国君臣奉行坐山观虎斗的策略。

李世民要攻击郑国，首先就要面对洛阳，而洛阳是天下坚城，王世充的成名战就是以洛阳耗死了李密，所以李世民要攻下洛阳并不容易。由于兵力不足与人心松散，郑国后方的州县陆续降唐，这对王世充是一个要命的打击。而此时的窦建德随时有打破洛阳战局的主动权。

为换取窦建德不出兵干预，李渊向夏国君臣抛出了毒饵，一是将唐朝据有的河北南部州县割让给夏国；二是默许夏军攻取幽州。此举对窦建德诱惑性实在是太强，这既关乎着河北地缘板块的完整，也关系着夏国后方的稳定。所以无论是为了自身，还是为了防止南下救郑时罗艺在后方袭扰，夏军都必须先将幽州纳入囊中。

就这样，唐军在河南一路高歌猛进的时候，夏军却在幽州城下与罗艺对战了三个月。而在三个月的宝贵时间里，夏军不仅没有寸进，反而是损失惨重、士气低落。

就在此时，王世充再次送来求援信，信中将洛阳的危急局势一一介绍给夏国君臣。此时的窦建德仍犹豫不定，中书侍郎刘彬劝说："现在唐、夏、郑是三方鼎足，唐军倾巢东出，王世充已坚持数月，唐军日盛，郑地日减，再不出兵救郑，王世充被灭恐怕就是板上钉钉了。此时若能抓住机会及时救援，夏、郑里应外合，就可以轻松击败唐军。到那时，既可以保全郑国，恢复三足鼎立之势，也可以趁势灭掉衰弱的郑国，然后一统大河南北，兵力向西，攻灭李唐。"

窦建德一听连声赞叹，认为这是个好计策，自己不仅可以立于不败之地，甚至还有机会兼并天下，于是就答应了王世充的求援。

得到窦建德答复的王世充又抖擞精神继续与唐军鏖战，然而就在洛阳即将弹尽粮绝，每日都有军民饿死的时候，挥军南进的夏军却不是为了救郑，而是直逼曹州的孟海公和兖州的徐圆朗。

孟海公，隋末著名的反王之一，早年曾在山东长白山"培训"，后来占据了山东西部的曹州、戴州，拥兵数万。相比北面的幽州罗艺，孟海公的地盘虽与窦夏毗邻，却并不是心腹大患，然而卧榻之旁岂容他人鼾睡，所以窦建德想搂草打兔子，一并解

第九章　底定河北

决了孟、徐二人。从620年十一月到621年二月，一连三个月的猛攻，曹州城破，孟海公投降。就这样，夏军又拖延了三个月。

消灭了孟海公之后，很识时务的徐圆朗主动上门归降，于是窦建德率领夏军主力以及两路反王的降军，总计12万，对外号称30万，以黄河转运粮草，浩浩荡荡开赴洛阳。

为解除大军左右两侧的威胁，彰显夏军的气势，夏军西行一路连破管州、荥阳、阳翟，摆出一副势不可当的架势。然而，就在夏军为了彰显军威而滞留攻克沿途州县时，洛阳东方的大门，洛阳八关中唯一掌握在王世充手里的要隘虎牢关陷落了。

李世民从关中而来，函谷关早已在手；又向北夺取回洛（孟津）、小平津关、孟津关；南边夺取伊阙龙门，伊阙关在手，后来夺取轘辕关；得益于阳城县令王雄的归降，唐军又控制了大谷关。至此，李世民控制了洛阳八关中的七关，所以虎牢关是窦建德救援洛阳的唯一通道。

王世充命亲信部将率领数千精锐坚守虎牢，就是为等待东方援军。唐军为攻克虎牢关，王君廓、黄君汉、李世勣诸将齐出，却没能拿下，最后通过收买城中内应才夺得此关。唐军占领虎牢关的10天后，一路耀武扬威的夏军主力才到达关下。

总体上讲，夏国想坐山观虎斗，先灭唐军，然后再伺机吞并郑国，这种战略在洛阳战役初期是没有问题的，但随着唐郑形势的对比，继续遵循这种战略就显得不合时宜了。

第二，进退失据，缺乏应对战术。虎牢关的丢失让夏军陷入到了战略被动之中。然而要救援洛阳，就必须越过天险虎牢关，而由李世民率军驻守的虎牢关，夏军根本无法突破。

更关键的是，此时的洛阳城已到了山穷水尽的地步，根本没有多少时间让夏军稳扎稳打。一旦稳扎稳打下去，洛阳城随时会因为饥饿而沦陷，而洛阳一旦沦陷，此次救援也就没有了意义。在这种情况下，施行何种战术攻占虎牢关，打破僵局就成了棘手问题。

对比唐、郑、夏各自的情况，三方都在苦苦支撑，也都想打破僵局。

最急的当然还是王世充。但总的来说，王世充的表现可圈可点。就在李世民率领麾下骑兵东奔虎牢时，王世充再次冒险出击，击溃了围困洛阳的齐王李元吉，击杀了唐军大将卢君谔。

其次急的是李世民。唐军前后苦战近一年，他原本估计王世充"旬月自溃"，等不来窦建德的援兵，但王世充硬生生地又坚挺了两个月，现有夏军在前，后有洛阳坚城难克，形势也是十分危急。而且虎牢关中的粮秣草料也已所剩无几，一旦马无草料，数千玄甲精骑就是一支战力稍强的步兵，根本不足与夏军决胜负。

第九章 底定河北

最晚入局的窦建德，也急于破局。原本唐郑双方苦战，他可以养精蓄锐，但连续一年来，先打罗艺，后征孟海公，夏军早已是疲敝不堪。再加上幽州数战不利，将士思归成了军中的普遍现象。因此窦建德也急于求战。

此前归附夏军的唐山东安抚大使张道源，当起了唐军的间谍，将夏军情报传给李世民，又将唐军的假情报传给窦建德，诱使夏军出战。

同年五月初二清晨，饱餐战饭的夏军倾巢而出，从板渚出牛口列战阵，北靠黄河，西临汜水，南连鹊山，连绵20里。李世民登上高丘观察夏军阵型，对诸将说："窦建德自河北起兵，始终没遇上强大的对手。如今夏军逼近关城列阵，可见对我军的轻视。我军如若按兵不动，一鼓作气的夏军自然气势衰竭，时间一长士卒饥饿，势必就会自动撤退，到那时再攻击，必然会取胜。因此我军破敌就在午后。"

整个上午，双方只进行了两场小规模的争锋。第一场，窦军主动挑战，双方少量精兵较量，不分胜负；第二场，郑国的代王王琬炫耀坐下战马，被唐将尉迟敬德擒走，唐军士气提升。午时，饿了一上午的夏军争相吃饭、饮水，养精蓄锐的唐军趁机杀出，夏军大溃。

正在接受群臣朝谒的窦建德，闻听唐军骑兵突然降临，急召骑兵抵御，但因朝臣阻隔骑兵过不去，只得挥手令朝臣退下，这一进一退之际，唐军已冲到阵前，窦建德被长枪刺中，在侍卫的护卫下，逃窜到牛口渚躲避，结果被唐车骑将军白士让、杨武威抓获。一代雄主就这样稀里糊涂地输掉了战役。

除了进退失据、战术失当之外，窦建德输掉虎牢之战的第三个原因，那就是夏军的成分混杂，军纪不严，号令不一。因为罗艺、刘世让在后方虎视眈眈，夏军留下了大半精锐防守河北，是导致夏军战力不足的重要原因之一。

正如李世民所说，窦建德自起兵以来，确实没有打过什么大仗和硬仗，最出彩的大败薛世雄也只是数百人的突袭。可以说，在洛阳三方会战中，窦建德的军事能力是最差的，夏军的战力也是最低的，这也是夏军进场最晚、出局却最快的主要原因。

在李世民坚守虎牢、夏军踯躅难进的时候，国子祭酒凌敬曾向窦建德提出一招"围魏救赵"之计。

凌敬的谋划是："宜悉兵济河，攻取怀州河阳，使重将居守。更率众鸣鼓建旗，逾太行，入上党，先声后实，传檄而定。渐趋壶口，稍骇蒲津，收河东之地，此策之上也。"简单归纳，就是放弃虎牢关，将大军主力转道河阳，然后留下一部分人马与唐军隔河对峙，然后悄悄从太行山之南三陉（白陉、太行陉、轵关陉）进入上党，等占据上党盆地后，再大张旗鼓，而后直扑蒲津

第九章 底定河北

渡口，威胁关中。

这样做好处有三个：其一，可以避实击虚，保存自身实力；其二，可以趁机抢占地盘；其三，蒲津关受到威胁，关中震动，唐军主力势必会回师，洛阳之围自然可解。

因为窦建德放弃了这个围魏救赵的计划，所以我们难免会认为，如果窦建德愿意执行这个计划，肯定就能避免失败。就像魏延子午谷奇袭之策一样，后世拥趸们总是有无数的假设。然而仔细对比当时形势，此计策很难实现。

首先，凌敬的"围魏救赵"之计并不是新鲜的奇策，前一年突厥处罗可汗谋划五路攻唐，东路军的路线就是由窦建德汇合突利可汗的契丹、奚等骑兵，突袭上党。凌敬此策算是处罗计划中东路军的"改头换面"。

其次，李唐刚在前一年平定山西的刘武周，对于山西的防御大幅度加强，尤其是在处罗可汗发动联兵攻唐之后，比如山西与河北之间的苇泽关，就有李渊的女儿平阳公主亲自驻守，这也是后世娘子关的来历。所以窦建德想突入山西，并不是一件容易的事。秦赵长平之战后，白起又用了一年才夺取上党、太原，此前刘武周用了半年也没完全掌握并州，这主要是因为山西内部地势复杂，战略纵深较大，窦建德想要在李渊的发家之地闹出动静，短期内是不可能的。

再次，洛阳城中的王世充也根本等不及窦建德的"围魏救赵"。且不说郑军的战力，关键是城中严重缺粮。唐军连续10个月的围困，让洛阳城内极度缺粮，一匹绢才值3升粟，10匹布才值1升盐，服饰珍玩，贱如土芥。百姓把草根树叶都吃光了，就一起澄取浮泥，放入米屑做成饼吃，食后大都肿胀而死。换句话说，在不吃人的情况下，王世充是坚持不到窦建德成功的。

也就是说，凌敬所说的三点好处，至少两点是完不成的。当然，此策并非一无是处，至少可以保存实力。气盛而来的窦建德，急于败唐灭郑，又如何会放弃眼前的机会。再加上麾下文臣武将大都反对，所以窦建德并未遵行这一计策。

从全局战略上来讲，凌敬的围魏救赵之策是正确的。但从现实形势和时间来看，此策却没有时间来完成。更关键的是，窦建德从决定增援到正式出兵，始终缺乏与大唐拼死一战的勇气和决心，所以也注定了夏军内部不可能施行这一计划。

窦建德被擒后，其妻子曹氏与心腹臂膀左仆射齐善行逃回洺州。此时一部分将领建议拥立窦建德养子为主，继续抵抗唐军，齐善行与曹氏拒绝了这一提议。决定率领河北之地降唐，此举得到了以裴矩为首的隋朝旧官集团的拥护。

齐善行与曹氏坚持降唐，一是被唐军军威所慑，丧失了抵抗的勇气；二是，希望通过主动归降，保下窦建德性命与众人的富贵。

为劝说多数将士放弃抵抗,齐善行下令打开国库,将布帛钱财放在街上,任凭将士来取,并要求凡是取得财物的官兵,不得劫掠百姓。就这样三天三夜,数十万财帛散发完毕,数万将士也都遣散归家。随即,曹氏与齐善行率领文武百官,携带着隋朝传国八玺归降唐朝。至此,河北之地尽归李唐,窦夏政权灭亡。

洛阳一战,王、窦两大强敌被灭,唐王朝赢得了建国战争中最关键的一战,此战之后,李唐一统天下已势不可当。对形势十分乐观的李渊却作出了一个令人不解的决定:那就是将阴险狡诈的王世充流放、仁义宽厚的窦建德处死。

如此随意处死窦建德,可谓是轻躁妄为,很快李渊就会为他的轻躁妄为付出代价。

三、大乱刚熄乱又起

621年七月,不满唐朝打压的高雅贤、范愿等人,杀掉了不愿带头举事的窦建德故将刘雅,推举先为王世充手下骁将、后投到窦建德麾下的汉东公刘黑闼为首,举兵反唐。

此时唐朝君臣的精力,主要集中在平定萧铣的战事上,对仅有数百人的刘黑闼并未予以重视,只在洺州设置了山东道行台,以熟知山东事务的淮安王李神通为行台仆射，负责讨伐事宜。

同年七月，由漳南起兵的刘黑闼，斩杀贝州（今河北清河县）刺史戴元详、魏州（今河北大名县）刺史权威，尽收其器械及余众2000人。七月十九日，深知河北新旧官僚矛盾的刘黑闼，积极利用自己窦建德旧部的身份为起兵造势，并在贝州漳南设坛祭奠窦建德，宣传众人起兵是为夏王复仇。

刘黑闼等人的这番操作很快就引燃了河北旧官僚集团积压已久的怒火。同年五月，李世民在虎牢关击败夏军后，将俘获的5万夏军士兵放归乡里。接着在左仆射齐善行、窦建德之妻曹氏的带领下，举国投降。

在没有受到战争削弱的情况下，河北地区的窦夏旧官僚集团完整地过渡到了唐朝治下。有基于此，李唐君臣对这样一个庞大的地方势力抱有极高的警惕。为此，唐廷不仅没有选择沿用和安抚这些窦夏的旧官僚，而是以严酷手段进行打压。

为保障唐朝河北的统治，李渊派陈君宾为洺州总管，将军秦武通驻军洺州，左屯卫将军王行敏驻屯历亭（今山东武城县）协防。另派郑善果为山东抚慰大使，遴选出任河北各州县的新官员。唐廷在政治、军事上的双管齐下，目的是将河北窦夏的旧官僚阶层换成自己人。这些遴选出的唐朝新官员在上任后，秉持着中央的思路，对窦夏旧部展开了严厉的打击与清算。窦夏旧官僚

第九章　底定河北

在这场政权易主的震荡中，和平保持政治特权的幻想破灭了，对唐朝的不满情绪开始迅速累积。

就在这时，一封来自长安征召窦建德旧部入京的诏书成为引爆河北炸药桶的导火线。诏书明面上是让夏国文武到长安，量才录用，然而是福是祸，大家却心里没底。但河北军民知道李渊杀了仁义宽厚的窦建德，杀了许多主动归降的洛阳大臣。更现实的是，唐廷新任的河北新官员正在不遗余力地打压他们，这便导致已是惊弓之鸟的窦建德旧部不愿再坐以待毙。

如果李渊没杀窦建德，河北旧部就会缺少凝聚人心的起兵旗帜，但李渊杀了窦建德，河北军民便有了冠冕堂皇的起兵理由。隋末起义中，不少义军为了表达对隋炀帝的不满，都曾以恢复开皇旧制为名，勾起人们对往日生活的思念，以此来统一人心。

589年，隋朝灭亡南陈，隋文帝杨坚与宰相苏威坚持在江南推行严刑峻法，以此打压江南旧势力，此时李渊对河北地区的统治政策，也像极了隋灭南陈后对江南地区的统治手段。于是，隋灭南陈后有江南高智慧之乱，唐初有河北刘黑闼之乱。究其本质都是地方政权在和平易主后，实力尚存的旧统治阶层不满于利益受损，进而爆发的大规模反抗。

八月二十二日，刘黑闼攻陷历亭，唐左屯卫将军王行敏战死，唐朝留在河北的野战部队损失严重。原本归降唐朝的窦建德旧部纷纷杀死唐朝官吏，响应刘黑闼。

八月二十六日，原夏国深州（河北安平县）刺史崔元逊立刻集结心腹冲入府衙，将唐朝任命的新刺史裴晞斩杀，并将首级送往刘黑闼处。

八月二十九日，反复横跳的唐兖州总管徐圆朗因捕唐将盛彦师，叛乱响应，被刘黑闼任命为大行台元帅。随即，兖、郓、陈、杞、伊、洛、曹、戴等河南八州豪强皆举兵响应，山东局势愈加糜烂。

面对骤然纷乱的山东局势，李渊急忙从关中征发步骑三千驰援洺州，又令驻洺州将领秦武通、定州总管李玄通及幽州总管罗艺率部联合讨伐刘黑闼。同年九月，就在李靖、李孝恭向江陵萧铣发动总攻时，李神通也率领河北所有可以调动的5万唐军，向刘黑闼发起了进攻。李神通将5万大军一字排开，列阵于饶阳城南，自知兵少的刘黑闼，命麾下兵士背靠滏阳河单行列阵，此举是为了迷惑唐军，摆出正面接战的假象，实则是便于从侧翼突袭。

就在两军大战一触即发的时候，天空风云突变、大雪骤降，处于上风向的李神通命令全军出击，就在高雅贤、范愿等人拼死抵抗之际，风向突变，一直养精蓄锐的刘黑闼率领麾下骑兵迅猛杀出，唐军主力顿时陷入混乱，自相践踏，死伤枕藉，原本在侧

第九章 底定河北

翼打开局面的罗艺也只得放弃进攻,连忙撤向藁城(今河北藁城区),刘黑闼随即攻打藁城,罗艺不敌,只得退回幽州。

此战过后,刘黑闼在河北声名大振,旋即又趁河北唐军主力尽丧之际,攻取了窦夏故都——乐寿。

十月初六日,观州(今河北东光县)、毛州(今河北馆陶县)地方豪强击杀当地唐朝官吏,响应刘黑闼。

十一月十九日,刘黑闼攻陷定州,杀死定州总管李玄通。

十一月二十七日,杞州人周文举杀刺史王孝矩,投降刘黑闼。

十二月初三,刘黑闼攻陷冀州,杀唐冀州总管麹棱。

就在刘黑闼攻略河北时,原本投降唐朝的蔚州(今河北蔚县)总管高开道自称燕王,叛唐自立。高开道与突厥骑兵遥相呼应,河北北部的恒、定、幽、易等州"咸被其患",致使唐朝南北夹击讨伐刘黑闼的策略被迫中断。

在高开道绊住罗艺之后,占据了河北东部地区的刘黑闼兵锋直指山东道行台的所在地——洺州。镇守宗城的黎州总管李世勣见状,赶忙协防洺州,就在行军途中被刘黑闼赶上,双方一番恶战,唐军阵亡5000余人,李世勣仅与亲兵数人逃奔洺州。

李神通与李世勣先后两败,让洺州将帅官吏陷入惊慌,两天后在洺州豪强的接应下,刘黑闼占领洺州。紧接着,相州、黎州、卫州相继沦陷。至此，仅用了半年时间，刘黑闼便尽复窦建德故地。

622年正月，刘黑闼自称汉东王，改年号为天造，定都洺州，以范愿为左仆射，高雅贤为右领军，原夏国文武官员复归本位，史书称刘黑闼"设法行政，悉师建德，而攻战勇决过之"。就这样，一个比窦建德更难对付的河北政权出现在李唐王朝面前。

终于意识到问题严重性的李渊，不再雪藏平王擒窦有功的天策上将、秦王李世民，令其为主将，齐王李元吉为副将，率关中、河东诸处兵马前往河北平叛。

同年正月初八，李世民率军抵达获嘉，刘黑闼闻讯，放弃相州，退保洺州。就在此时，北面的罗艺也成功摆脱了高开道的纠缠，率领数万大军连破赵州、邢州，与李世民主力会攻洺州。

兵力尚不及唐军一半的刘黑闼，在李世民、罗艺的南北夹击下，硬生生与之鏖战了3个月。在围绕洺州与洺水的争斗中，刘黑闼先后打破李世勣、秦叔宝的正面大军与侧翼伏兵，守卫洺水城的唐左武侯大将军王君廓被击败，唐军第一猛将罗士信被斩杀。数月内，唐军连续发动了六次大规模进攻，皆以失败告终。

野战失败的李世民开始发挥其后发制人的特长，试图以持久战的方式拖垮刘黑闼。由于唐军骑兵数倍于刘军，又具有战略上的优势，因此李世民一面深沟高垒、坚守不战，一面出奇兵截断

第九章 底定河北

其粮道。双方相持60余日，李世民料定刘黑闼粮草已尽，必来决战，于是命人在洺水上游筑堰截断河水。

军中乏粮的刘黑闼果然率2万步骑南渡洺水，逼近唐营列阵。李世民先遣轻骑出战，继而亲率精骑击破刘黑闼骑军，乘胜冲击其步军。刘黑闼率军拼死抵抗，战斗从中午持续到黄昏。趁两军疲惫至极，唐军决开堤堰，河水迅猛而下，刘黑闼军无法渡河回撤，慌乱之际全军大溃，数千人淹死，万余人被杀，看到大势已去的刘黑闼只得率领范愿等200余人逃入突厥，于是"山东平，秦王还"。

李世民以水代兵大败刘黑闼，却并未取得河北士民之心，藏匿在各地的刘黑闼余众暗中活动，以图东山再起。没过多久，刘黑闼就在突厥的支持下卷土重来。

622年六月，刘黑闼再次占领了定州、瀛州、盐州等地，重新聚集力量。李渊急忙派遣庐江王李瑗为洺州总管驻守山东行台，淮阳王李道玄为河北道行军总管、大将史万宝为副总管，进剿刘黑闼。

刘黑闼第一次起兵后，之所以顺利坐大，其中一个很重要的原因是李渊重用宗室、不信外将，以能力平庸的淮安王李神通代替李世勣和罗艺。此次出兵，李渊不仅没有吸取任用李神通的教训，反而变本加厉，直接将河北的安危寄托于19岁的李道玄和懦弱胆小的李瑗身上。

十月十七日，李道玄率步骑 3 万与刘黑闼战于下博（今河北深州下博镇）。曾以京师大侠而名满天下的史万宝，武功高强、通晓兵法，而且为人慷慨，有节气。此次李渊让他听命于 19 岁的李道玄，他嘴上不说但心里却十分恼火。

初次统兵的李道玄自恃兵多将广，又艳羡李世民率军冲阵的风姿，执意率轻骑攻阵，命史万宝督大军为后继。史万宝认为李道玄年幼，妄进必败，遂按兵不动，打算等李道玄战败、刘黑闼军争进时，再一举破敌。不料战场形势瞬间万变，李道玄被阵斩，史万宝率军欲战，但全军已无斗志，史万宝只能仓惶逃回。

刘黑闼在下博击斩李道玄、击溃史万宝的消息，迅速在河北各地掀起了轩然大波。留守洺州的庐江王李瑗，听后吓得当即弃城西逃。李唐宗室二王的一死一逃，再次让河北各地人心浮动。原本率军东出的李元吉看到刘黑闼势大，也迟迟不敢进兵。

一时间"河北诸州尽叛，又降于黑闼"，刘黑闼复都洺州，声势大振。

下博之战的惨败，震动了李唐朝野，多数朝臣主张由秦王李世民再次率军平乱。彼时秦王府与东宫围绕储君的斗争日益尖锐，东宫一系的大臣担心李世民击败刘黑闼后声望更高，遂劝李建成亲征，自取功名，并趁机结交山东豪杰，以保储位安稳。

第九章　底定河北

按照以往的惯例，这种兵凶战危的复杂局面都是由秦王李世民出面收拾，但这一次李渊却一反常态，选择了太子李建成。这是为什么呢？

其一，河北军民对李世民的敌意很大。洛阳会战，李世民一战擒双王，承诺王、窦二人不死，结果却没有保下窦建德，令其血染闹市，这是河北百姓的一恨；洺州之战，李世民以水代攻大破刘黑闼，让洺水沿岸的百姓死伤惨重，这是二恨。

更关键的是，李世民此前倚仗实力击败刘黑闼，却没有稳定住河北局势，说明他对这种需要争取人心的战争准备不足。他的失误是，将平定刘黑闼的战争等同于一般性的战役，忽略了平叛战役除了武力之外，还要收取人心，消除敌人反叛的社会基础。实际上，不仅是李世民，就连李渊在此前也没有意识到这一点，进而导致河北地区一而再再而三的叛乱。

反观李建成自起兵以来，虽没有弟弟李世民的赫赫武功，但无论是在平西河郡，还是义宁二年东征洛阳，都彰显了他处理各方关系、安抚怀柔的手段。可以说，李建成比李世民更合适。

其二，李渊有意增强东宫的实力。太原起兵，李建成与李世民分任左右军大都督，在建国战争的前半阶段李建成的军功，远在李世民之上。李渊称帝后，太子储君的身份限制了他获立军功的机会。

平定洛阳之战，让秦王李世民的威望达到顶峰，各种官衔的加封，已经让其在权势上无比接近于储君。前隋太子杨勇就是因嫡长子身份，早早位居东宫，这才让杨广有了南征北战，获得赫赫战功的机会。殷鉴不远，李渊自然不希望两位表兄弟的夺嫡惨剧在自己儿子身上重演。更何况李建成是李渊心中从未动摇过的储君，所以他都需要给太子"加码"。

为保障此行能够成功，李渊允许太子随意调动关东、河南、河北各州的兵马钱粮，并诏命罗艺出兵南下，配合太子用兵。

李建成采纳魏徵的建议，征讨与招抚双管齐下，对普通民众和地方从乱的将校官吏采取怀柔政策，监狱里关押的俘虏全部释放，其中有影响力的重要人物妥善安抚，并与他们推心置腹地交朋友，一改李世民的强硬作风。

在一轮政治攻势下，刘黑闼部下士卒开始悄悄逃亡归乡，各地州县纷纷出现百姓捆绑长官投降唐朝的景象。李建成趁机督军进讨，先在馆陶大败刘黑闼，后又在永济渠取得胜利。走投无路的刘黑闼被自己任命的饶州刺史诸葛德威反戈一击，最终与其弟刘十善一并被斩首于洺州，河北平定。

在李唐消灭群雄、一统天下的过程中，李建成、李世民、李元吉各有功劳，但以秦王李世民的功劳最大。虎牢之战，李世民力克王世充、窦建德两大劲敌，风头一时无两，从而引起了李渊

第九章　底定河北

和李建成的猜忌。而伴随着权力的扩大和功劳的累积，也逐渐激起了李世民夺嫡争位的野心。

原本缺乏军功的李建成通过亲征河北，平定刘黑闼，弥补了军功方面的短板。自此，东宫与秦王府的斗争愈演愈烈，各种明枪暗箭、你算我谋层出不穷，直至4年之后，一场惊天之变在玄武门上演。

如果说激化李唐王朝内部矛盾，促成玄武门之变，是唐朝对窦建德、刘黑闼集团的反复战争所附带的影响之一，那么提防河北、在其域内实施消极的保守政策，则是影响之二。

对河北窦建德集团的处置不当及后来的政策错位，给唐朝造成了严重的历史困局。一个直接而最具危害性的结果，就是唐王朝并没有充分认识到历史大势的演变趋势，继续执着地实施关中本位政策。反而对河北施行提防、压制的政策，然而一旦制度松动，压制不住，惊天动地的渔阳鼙鼓便会打碎大唐的盛世华梦，最终令其走不出藩镇割据的阴影。从此，大唐向左，河北向右。

第十章
代理人的游戏

贞观朝著名的大臣张玄素曾说："隋末沸腾，被于宇县，所争天下者不过十数人，余皆保邑全身，思归有道。"可谓是一语道破了隋末动荡时期豪强、士族等中间势力行动的根本出发点。

面对隋朝苟延残喘、群雄割据的混乱局面，除李渊、李密、王世充、窦建德等势力有机会夺取天下外，多数豪强、士族等中间势力参与起兵，不过是为了静观其变，在众多政权中择良木而栖，而这种选择往往通过扶植代理人得以实现。

自楚国公杨玄感发动叛乱开始，隋王朝中那些没有分享到皇权的中间阶层就开始蠢蠢欲动。客观上讲，在隋末参与逐鹿的一

第十章　代理人的游戏

众群雄中，有许多都是中间势力推举出来的代理人。所以从某种程度上讲，隋末群雄之间的逐鹿夺鼎，也可看作为"代理人的游戏"。

限于篇幅，本章论述两个典型的代理人：李轨与萧铣；以及以他们为首所组成的带有地域性的联合政权：西凉与南梁。

一、胡汉联合的西凉政权

中古时期的凉州（今甘肃武威）、长安、洛阳，其政治经济地位，十分类似于今天的北、上、广。相比长安、洛阳的政治枢纽地位，凉州的特色是胡汉杂处，华夷交融。岑参诗云："凉州七里十万家，胡人半解弹琵琶"，说的正是凉州在丝路贸易下的繁荣景象。

凉州所在的河西走廊是连接中原与西域的咽喉要道，历来是兵家必争之地。历史上凡是国力强盛、武德充沛的大一统王朝，无不将河西走廊牢牢地把控在手中，并以此为跳板经营西域。可以说，对河西走廊控制力度的强弱，是反映大一统王朝国力盛衰的晴雨表。

对于定都关中（长安）的大一统王朝来说，河套、河西、河湟三个区域，既关系着国家的边防安全，也关系着政权的安稳。

327

其中，北方的河套与青藏高原东缘的河湟地区，由于其密迩游牧势力，对中原王朝来说，是可以缓辔稍图的。然而河西走廊却是在肘腋之间，必须急图。唐玄宗开元时期，全国共有十大军区（节度使），其中有四个（陇右、河西、安西、北庭）围绕着河西走廊布置。安史乱后，吐蕃尽占河西，唐朝对外扩张的势头不仅被彻底打断，而且因为河西丢失，关陇地区时刻面临吐蕃的侵扰，"平时安西万里疆，今日边疆在凤翔"成为彼时的窘迫写照。可见河西走廊在唐代军事战略中的重要地位。

然而，军事地位如此重要的河西走廊，大唐开国之初却没有派出一兵一卒就把它收入囊中。大唐为何能轻松解决河西问题呢？这就不得不提及隋末胡汉力量在河西走廊联合组建的割据势力——西凉政权。

秦汉时期，"胡人"多是指长城以北地区的草原游牧族群；魏晋以降，"胡人"则是指来自西域、中亚等地区，具有高鼻、深目、多须等外形特征的粟特人。

汉文史籍认为，粟特人的祖先是居住在祁连山北侧昭武城的月氏人，因受到匈奴的欺压，举族迁徙至葱岭以西的两河流域，在那里分别建立了康、安、曹、石、米、何、史、火寻、戊地等9个政权。除火寻、戊地外，其余七国之人在进入中原内地后，皆以"国"为姓，因此也就被称为"昭武九姓"。

第十章 代理人的游戏

粟特人历来重视经商，从后汉至隋唐，其商贸的足迹遍布中原，远至辽东、朝鲜半岛。

作为从长安出发，河西走廊上的第一站，凉州是西北地区最繁华的商贸中心，因此凉州也是粟特人的主要聚集之地。因为长期定居，经商豪富，安、石、米、史等粟特姓氏逐渐成为当地的郡望。可以说，粟特人在河西的社会各阶层中，有着举足轻重的地位。

617年四月，薛举父子在金城举兵起事的消息传到武威，凉州的世家大族、地方豪强最担心两件事：一是残暴不仁的薛举父子会攻掠河西一带；二是薛氏在陇右举兵，会切断河西与关中的政治联络，断绝河西通往中原的丝路贸易。以上两点，严重威胁到了河西胡汉各势力的利益。有鉴于此，凉州的胡汉利益集团达成一致，决定起兵自保。

李轨，字处则，世代居于凉州，为人多谋善变、交际广泛，加上他喜欢扶危济困、赈济贫穷，深得乡里称道，成为许多英雄豪杰倾心交往的对象。隋炀帝大业初年，李轨被征拜为武威郡鹰扬府司马，由此跻身地方中高级军官行列，并与同郡军官关谨、梁硕、李贇、安修仁等人结成死党。

薛举起兵的消息传来，李轨聚集五人商量对策，他认为"薛举这个人粗暴强悍，野心勃勃，割据金城后，必然要吞并河西。

今凉州的官吏们懦弱无能，面对群雄割据、动荡不安的局势，没有一点办法。我们应互相团结，共同努力，保据河西，注视局势的变化，决不能把自己的妻子儿女拱手送给别人蹂躏"。

乱世之中做首领，固然会有高回报，但同时也伴随着高风险，六人谁也不愿意当首领。此时，身后势力最强大的曹珍站出来说："当今天下一直流传着李氏当王的图谶，如今李处则贤能，岂不正合天意？"其他四人随声附和，共同降阶罗拜，表示愿意听命。就这样，李轨成为河西割据集团的首领。

当天夜里，由安修仁聚集麾下胡人力量攻入官衙、廨署所在的内苑城，竖旗大呼，李轨率领众人在外加以响应，过程很顺利，兵士很快便逮捕了武威郡丞韦士政、虎贲郎将谢统师等人，隋朝在凉州的统治至此结束。

在众人的拥戴下，经过一番推让的李轨，自称河西大凉王，建元安乐。次年冬，即唐武德元年（618），李轨正式称帝，立儿子伯玉为太子，各项制度一律遵循隋文帝开皇时期的旧例，史称西凉政权。

西凉政权建立后，关谨等人认为隋朝官吏不会忠于大凉，建议李轨将他们全部杀掉，然后分其家产。李轨言道："既然大家推举我为主，那有事都应该向我报告，让我裁决。我们起兵反隋就是为了救世济民，怎么能做谋财害命的事，这是盗贼的行为，

第十章 代理人的游戏

绝不可为。"并加封谢统师为太仆卿,韦士政为太府卿。于是,在胡汉两大势力外,西凉政权中又出现了一股前隋旧官势力。

不出李轨等人所料,薛举在派兵东征的同时,派其大将常仲兴积极向河西一带扩张。然西凉一方早有防备,常仲兴在昌松被西凉大将李赟伏击,全军覆没。李轨乘胜出击,先后攻克张掖、敦煌、西平(今青海西宁市)、枹罕(今临夏市)等地,河西五郡尽归大凉政权。

闻听常仲兴兵败的消息,薛举准备抽调兵马与之再战。但很快,就放弃了这一计划。常仲兴之败,大批的西秦军被俘,按照李赟的打算是,将其全部坑杀,李轨却将这些人放还给薛举。从长远来看,放还俘虏的做法是很对的。首先,可彰显李轨及西凉政权的宽容,吸纳各方势力;其次,西凉、西秦唇齿相依,放还俘虏,以示罢兵友好的诚意。看到被俘归来的兵士,又收到李轨尽占河西走廊,夺占西平、枹罕的消息,薛举、郝瑗君臣知道,李轨的西凉政权已经不能急图,于是将西秦都城由金城东迁至天水,专以东进,争夺关中。

尽占河西与释放俘虏,让西凉政权实力大增的同时,也让李轨仁德、忠厚的美名再次传扬。大业前期,西突厥曷萨那可汗之弟达度阙设内附隋朝,隋廷让其保部落于会宁川中,到此时达度阙设已自称可汗。闻听李轨仁德,主动率部前来归降。

331

与河西毗邻的吐谷浑也不甘落后，遣使前来结盟，表示愿意与凉州守望相助。内部各势力团结协作，外部羌胡势力雌伏，使得西凉政权控制的地区增至千里，将士多达十余万。李轨的西凉政权成为可与薛举、李渊相抗衡的关西三大势力之一。

伴随着西凉政权逐渐走向强盛，其内部胡汉利益集团通力合作的氛围随之消失，代之而起的是，各方派系围绕权力内斗不止。由于李轨是各方势力拥戴的"代理人"，在政权内部缺乏绝对的权威，加强中央集权就成为李轨的"当务之急"。但在具体的操作过程中，李轨屡屡失误，很快便走上了覆亡之路。

第一，不辨是非杀害谋主。为了摆脱权力上的困境，加强手中的权柄，李轨将起事团体中排名第三的梁硕提拔为吏部尚书，充当自己的谋主。智略超群的梁硕发现，西凉政权内部的诸胡势力非常强大，已对政权的发展构成了很大的威胁，暗中提醒李轨要多加提防，尤其是安修仁和曹珍二人。

世上没有不透风的墙。梁硕的话很快就传到了户部尚书安修仁的耳中，加上之前二人屡屡发生口角，安修仁决意除掉梁硕。

梁硕此人虽智谋超群，但在性格上却有些崖岸自高，因此得罪了不少人，这其中就有李轨的次子李仲琰。李仲琰也想报复梁硕，于是安、李两人私下串通，诬告梁硕谋反。

闻听梁硕谋反的消息，李轨有些怀疑，但自己的儿子言之凿

第十章 代理人的游戏

凿,诸胡又多番施加压力,迫于无奈的他,只能将毒酒送到了梁硕的府上。就这样,一位智略超群、颇有远见的谋主被无情地毒杀了,这让原本聚集在李轨身边的亲朋团体大失所望。以曹珍、安修仁为代表的粟特系高官却迅速扩充实力。内部政争之势愈演愈烈。

第二,崇信妖巫,丧失民心。梁硕之死对一心集权的李轨是一拳重击。政治上打不开局面的李轨,听信胡人巫师的"天上玉女将要降临人间"的预言,于是发动军民百姓修筑高台,取名玉女台。然而在大兴土木之下,灾荒却先玉女一步降临。李轨倾尽家财赈济灾民,但仍是杯水车薪,无济于事,于是他打算开朝廷府库的物资救济灾民。

站在维护本地利益的角度上,以曹珍为首的地方豪强大都同意李轨开仓放粮的策略,但这一措施却遭到了以谢统师为首的隋朝旧官势力和以安修仁为首的诸胡势力的阻挠。谢统师反驳曹珍说:"百姓饿死的都是体质差的,壮勇之士肯定不会受影响。况且仓储粮食是为了防备意外之需,岂能胡乱施惠给无关紧要的人?曹仆射您这是想借此收揽人心,这绝非国家良策。"

谢统师等隋朝旧官虽被李轨宽大安置,但他们心里终究不服,对西凉政权也并不认同。由于他们是隋廷遣派的流官,所以更认同李渊的唐朝,希望能早日归附。为此,谢统师等人秘密与群胡为党，排斥李轨的好友故人，此前排挤诬告梁硕他们也出了一份力。

而原本以曹珍马首是瞻的诸胡，转投安修仁的麾下，不再支持曹珍。因为此时陇西的薛氏父子已离败亡不远，占据关陇的李唐很快就会与河西毗邻，重视经商的粟特家族，都在盼望着河西与中原之间的商路早日恢复畅通，因此以安修仁为首的诸胡势力也希望能够交好唐朝，所以他们也百般阻挠这次开仓赈灾。

李轨不察民情，反将这支向他射来的"毒箭"当成了宝贝，认为谢统师等人忠心耿耿，是在帮他打压权臣曹珍，于是放弃开仓赈灾，结果使得众多百姓在死亡线上挣扎。

李轨因冤杀梁硕，寒了起兵汉人、亲朋团体的心，又因此次停止赈灾，自绝于底层百姓，西凉政权的统治基础就此崩坏。李轨一直辛苦维护的宽仁厚德的形象，也随之毁于一旦。

第三，在称王与称帝之间犹豫徘徊，与李唐结下梁子。618年，还没有称帝的李渊迫于薛举在西侧的威胁，奉行远交近攻的策略，派人拉拢在河西自称凉王的李轨。因为二人都姓李，都出身陇西，李渊便亲切地称李轨为"堂弟"。能与关陇贵族中的唐国公攀亲，李轨也是十分高兴，不仅积极出兵帮助李渊牵制西秦，而且派其弟李懋携带河西特产前往长安拜谢。

凉州到长安的路途本算不得遥远，但由于西秦薛氏盘踞陇

第十章 代理人的游戏

右,李懋一行只能绕道河池、汉中,然后辗转至长安,前后历经数月。然此时的李渊已经称帝,当即加封李懋为大将军,册封李轨为凉王、凉州总管,赠羽葆鼓吹一部。

618年十一月,就在李懋到达长安不久,李轨也在重臣的拥戴下登基称帝。唐朝方面并不知道李轨已经称帝,派往凉州册封的使者历经数月的奔波,终于在619年二月到达了凉州,然而此时的双方都非常尴尬。意识到问题严重的李轨,赶紧召集重臣商议,是否要取消帝号,接受李唐的册封。

此时官拜尚书仆射、权倾朝野的曹珍站出来反对,认为自己一方绝对不能取消帝号向李唐称臣,并对众人言道:"隋朝灭亡,天下英雄并起,各据一方,称王称帝。李唐占据关中三秦之地固然强盛,但我大凉雄踞河西、控有河湟,实力并不差,况且今称帝建号,又如何向唐朝臣服。即使要归附唐朝,也应该如西梁萧詧故事,以皇帝的身份称臣。"加上周围亲眷的劝说,李轨最终放弃了去帝号、向唐称臣的想法。随后在给李渊的回信中自称"从弟大凉皇帝",李唐君臣对此十分不满,扣下了李轨的使者邓晓,双方关系就此破裂。

元末老儒朱升建议朱元璋"缓称王",意在劝他不要做先出头的椽子。汉末群雄纷争,实力强大的袁术自以为玉玺在握,图谶加身,就能登基建号,结果被众诸侯群起而攻,落魄逃窜,求一口蜜水都不可得，身死人手，徒惹人耻笑。曹操三分天下有其二，孙权劝其称帝，仍认为这是孙权将他放在火上炙烤。

古往今来，称帝之举慎之又慎，盖因为帝王事业是唯一的。乱世逐鹿，群雄都有混一天下、登极称帝的雄心，但真正能做成的，一定要踩着皑皑白骨。可以说，"变家为国"不仅是孤注一掷的拼搏，更是一条艰辛的道路，稍有不慎就会满盘皆输，祸连家门。然而，李轨却在称王与称帝之间左右徘徊，明知实力不济，却又放不下虚名，结果使得有识之士与其离心离德。

就在西凉政权内耗加剧之际，唐朝一方已消灭了陇右的薛氏父子，关西三大势力仅存长安与凉州，长安庙堂开始筹谋凉州。

李唐对河西用兵，大致有三难：其一，凉州远离长安，一路高山叠叠、峻岭重重，一旦用兵，供应前线物资是个大难题；其二，西凉内部固然内耗严重，但毕竟还有甲兵十余万，加上西突厥、吐谷浑的策应，唐军难以一战定乾坤；其三，唐朝的主要敌手都在东方，不敢将主力投放到河西。因此踌躇多日的李渊，始终对进攻凉州下不了决心。

就在长安庙堂一筹莫展之际，滞留在长安的安修仁之胞兄安兴贵，认为平定河西的时机已经成熟，主动向李渊请缨，愿单骑前往凉州劝降李轨。李渊对其大言颇有顾虑，问道："李轨占据河西，又联合吐谷浑和突厥，派兵征讨都不一定有胜算，岂会任

第十章 代理人的游戏

凭三言两语说其来降？"

安兴贵答道："李轨的势力确实很强盛，但若晓以利害，他也是会听从的。如果不然，臣世代为凉州豪强，亲朋众多，臣弟安修仁深受李轨信任，主掌西凉钱粮，家中其他亲眷位居西凉要职者，多达数十人，只需伺机而动，河西一定可以拿下。"了解到实情的李渊大喜过望，遂派安兴贵到凉州，并授予他见机行事的权力。

李轨对自长安归来的安兴贵礼遇甚重，随即拜其为左卫大将军。安兴贵趁机试探李轨对降唐一事的态度，言道："凉州僻远，财力不足，虽有雄兵十万，而土地不过千里，又无险固可守。还与戎狄接壤，戎狄心如豺狼，不与我们同族同类。如今唐家天子据有京师，略定中原，每攻必下，每战必胜，有天命护佑。如举河西版图东归朝廷，虽是汉代窦融也不足与我们相比。"

李轨听后勃然变色，严厉质问道："从前吴王刘濞统率江左之兵时还称自己为东帝，我今据有河右，不能称为西帝吗？唐虽强大，又奈我何？你休要巧言令色，诱我归唐。"

安兴贵见状，赶紧解释道："臣听闻'富贵不还乡，如锦衣夜行'。如今全族子弟蒙受信任，臣怎敢怀有他心？"李轨对此虽将信将疑，但迫于安氏一族的势力，只能将其饶过。

知道李轨不可说服，安兴贵便与其弟安修仁潜引诸胡兵马围攻武威。由于事发突然，李轨慌忙之间只能率步骑兵千余人出战。一番恶战，李轨军大败，逃回城中固守，安兴贵等人追至城下，对守城将士大呼道："我奉唐皇之命前来讨伐李轨，若有不从，敢于负隅顽抗者，夷灭三族。"

城内上到官员豪族，下到兵民百姓，早已与李轨离心离德，争相打开城门迎安氏兄弟入城。见到大势已去的李轨，携带妻子登上刚修建好的玉女台，互相拜别，李轨父子被押往长安处死，至此河西大凉政权灭亡，立国仅1年零10个月。

李轨被杀后，其他郡县皆望风而降，唐军不费一刀一枪便尽占河西五郡之地。事后，只身一人平定凉州的安兴贵，被唐高祖晋拜上柱国、右武候大将军，封凉国公，其弟安修仁被拜为上柱国、左武候大将军，封申国公。安氏兄弟这场大胆投资，不仅为自己赢得封官加爵，也维护了粟特族群在河西的稳固地位。

西凉政权的其他人员，如谢统师、曹珍等人虽没有安氏兄弟那般显贵，也大都不失州郡之任，最终乐享富贵，荣华终老。可以说，在唐朝削平西凉政权的过程中，西凉军民、百官各有所得，唯有李轨父子及其家族成了这个政权的牺牲品。

二、隋末乱世中的"士族政权"：南梁

隋末群雄竞起，但真正有实力称雄一方的，主要是关西的李渊、薛举、李轨，关东的李密、窦建德、王世充，长江中、上游的萧铣以及下游的杜伏威。不同于一众割据势力的"喊打喊杀"，萧铣的南梁政权一直表现得"温文尔雅，彬彬有礼"。

隋末，由萧铣创立的南梁政权，在隋末到唐初的政治舞台上，上演了5年的时间。在这短短的5年时间里，南梁的统治范围"南近交趾，北抵汉川，西达三峡，东尽九江"，兵力更是多达40余万。然而，就是这样一个强大的割据势力，却没有在唐朝的开国战争中翻出大的浪花。

更值得关注的是，其政权从建立到覆亡，中间处处透露着诡异。其一，在政权初立、尚不稳固的情况下，统治阶层却肆意瓜分权力，仅被封王的将领就多达7人。其二，明明坐拥数十万军队，却不积极开土拓疆，反而是罢兵营农。其三，南梁政权下辖数十州，战略纵深极为广阔，然结果却被唐军偏师一战而定。想要了解此中种种，需要从一个人开始讲起——萧铣。

与隋末各路的草莽英雄不同，萧铣是南朝萧梁皇族的后裔。因为侯景之乱，梁武帝萧衍饿死台城，部将陈霸先借助平叛建立

陈朝。不甘心的萧梁后裔在江陵重建西梁，保有荆州弹丸之地。西梁为抵抗陈朝的进攻，先后臣服于西魏、北周，后被隋朝所灭。萧铣的祖父萧岩不甘心降隋，于是投奔了陈朝，隋灭南陈，萧岩被隋廷处死。因此，萧铣虽是南梁萧氏的血胤后裔，出生时却已是家道中落，奋发上进的他，只能过着佣书自给的生活。

萧铣的第一次人生转机，是在隋炀帝登基后。隋炀帝的皇后萧氏，是西梁明帝萧岿的女儿，按辈分是萧铣的堂姑，所以萧铣得以外戚的身份担任了罗川（另一说是罗县，今湖南汨罗市长乐镇）县令。

617年，隋朝天下已呈分崩之势，各地郡县的官员纷纷弃掉隋朝这条破船求生。巴陵郡（治所岳阳，唐改为岳州）校尉董景珍、旅帅郑文秀、许玄彻、张绣等人，也想借机起事，占据巴陵，以董景珍为主。然而，董景珍却以自己出身贫贱、不能服众为由极力推辞，并提名在江南地区更有号召力的梁宗室之后——萧铣。

董景珍的原话是，罗川令萧铣，梁宗室之后，为人宽厚大度，有梁武帝之风。古往今来帝王受命必定有预兆，隋朝立国后，将官员的冠带称为"起梁"，这不正是梁朝崛起、萧家中兴的预兆嘛！所以咱们不如拥戴萧铣。众人附和赞同。

魏晋以来，南朝是士族门阀政治的沃壤。董景珍等人公推萧

第十章 代理人的游戏

铣为主,这是因南方的普通阶层人士缺乏自信心,他们起事一定要拥立一位有所谓的天命者,这是贵胄天命论在发挥作用。只不过这次占便宜的不再是李密、李渊这些关陇门阀的子弟,而是南方的萧氏。这又从侧面说明关陇集团的影响力主要还是在北方,南方士民更认同梁、陈等南朝后裔。

闻听董景珍等人的推举,困做十余年县令而不得升迁的萧铣高兴不已。随即以朝廷讨伐叛乱的名义,在罗川招募了数千兵勇,前往巴陵与董景珍汇合。北上途中,遇上了盘踞在罗川一带的贼寇沈柳生。萧铣首战不利,只能提前打出梁公的旗号,向沈柳生表明立场。

沈柳生此人长期流窜在江南一带,深知西梁萧氏在江南的影响力,觉得这是摇身一变成为开国元勋的好机会,于是率部归附。萧铣拜其为车骑大将军,而后合兵一处,前往巴陵,此后短短五日,愿意追随萧铣的四方英雄豪杰多达数万人之多。这看似一呼百应的顺风开局,却也为南梁政权的衰落埋下伏笔。

收到萧铣北上,且一路有豪杰追随的消息,董景珍等人觉得自己押对了宝,立即派遣军官徐德基率领数百巴陵官民代表前往迎接。徐德基一行在途中遇上了为萧铣打前站的沈柳生。看到前来接驾的众人,沈柳生担心兵强马壮的巴陵诸将抢了他建国第一功臣的地位,派兵杀掉徐德基,并扣押了一众巴陵官民代表。

闻听消息的萧铣大惊失色，大加责备道："我起兵本是为了拨乱反正，保境安民，而你却为了功名利禄自相残杀。道不同，不能为谋，我不能成为你之主了。"言罢直奔营门而去。知道不妙的沈柳生跪地请罪，萧铣也没有真的治罪，而是继续让他带兵。

等萧铣一行进入巴陵后，董景珍等人立即前来拜见，席间悲愤道："徐德基闻听您北上，主动请缨前去迎接，如此忠心耿耿，却被沈柳生无故杀害，此人若不除，以后还如何施政？再者，此人落草为寇已久，早已养成了凶狠悖逆的性格，现在加入义军，只是为了捞取好处。如此见利反复之人，日后必会作乱。"萧铣听后，觉得很有道理，于是默许董景珍的提议，将沈柳生斩首示众。

沈柳生事件，可谓是一场不折不扣的争权闹剧。沈柳生狠戾妄为，擅杀徐德基，而萧铣却不当机立断将其铲除，一方面是担心杀沈柳生后，其部会作乱，影响自身安全；但另一方面是萧铣自罗川而来，手下势力单薄，需要沈柳生在入城后能牵制兵强马壮的巴陵诸将势力。

入城前，萧铣通过一番恩威兼施，慑服了沈柳生，但他忽略了沈柳生的贪婪和暴戾已经威胁到麾下其他成员的安全，只有杀了他才能凝聚麾下众心。换句话说，萧铣同意董景珍的劝说，杀掉沈柳生，说白了就是要以沈柳生来换取城内各派势力的支持。

在处理此次事件的过程中，萧铣表现出的畏缩与随意，不仅注定了政权的先天不足，也反映了他本人虽有一定的权谋，却缺少大局观，更缺少一方领袖该有的豪气与霸气，做事多谋寡断，终究不能成就大事。

沈柳生的插曲过后，以董景珍为首的巴陵诸将势力重新掌握主导，萧铣遂在董景珍等人的拥戴下，称王建制。

国之大事，在祀与戎。天子自称受命于天，是以登基之后必须郊祀天地，以奉上天，昭示臣民。换句话说，天子登基即位后若不能郊祀天地，便不能彰显正统性，五代后梁末帝朱友贞顶着战时供军的巨大财政压力，去洛阳行郊天之礼，意义便在于此。

617年九月，萧铣按照天子礼制，在巴陵南郊筑坛祭天，自称梁王，改元凤鸣。618年三月，隋炀帝在江都被害的消息传至巴陵，萧铣随即称帝，定国号为"梁"，史称南梁。

按道理说，萧铣的势力比不上李渊、窦建德、王世充等人，但他却迫不及待地登基称帝。一句话概括：形势使然。

不同于北方各路起义军，萧铣举兵后所占有的地盘都是原先南朝的势力范围，地方豪强士族、军民百姓都还对"梁"这个政权念念不忘，所以他必须要及时打出这个旗号，吸纳人才，整合各处资源。为此，追封其伯父萧琮为孝靖帝（萧琮为西梁末代皇帝，为隋朝所废)，祖萧岩为河间忠烈王，父萧璇为文宪王，政权所有行用的典章制度也全部遵循萧梁旧例。

"乘船过江陵，两岸闻泣声，不见梁元帝，唯有佛颂经。"萧铣父祖等心心念念的西梁，实际上只有江陵弹丸之地。反观萧铣的南梁势力远比西梁显赫，其鼎盛时期不仅攻取了荆州重镇江陵，甚至将整个长江中游纳入囊中，史称"南近交趾，北抵汉川，西达三峡，东尽九江，皆附之，胜兵四十余万"。

客观上讲，南梁能拓展出如此辽阔的地盘，不是因为萧铣君臣的能力有多强，主要是因为半数以上的地区都因隋炀帝死后而处于权力真空的状态，再加上李渊、王世充、杜伏威等忙于扩张，无暇南顾，这使得长江中、上游一带没有其他势力能与之抗衡，所以才会在短时期内狂飙突进，迅速壮大。

列举三个代表人物及其归附萧铣的事迹。

其一，隋朝名将张镇周。萧铣在巴陵起事的消息传到江都，隋炀帝并未等闲视之，派出了能征惯战的大将张镇周前来征剿。正在负责征剿江南民乱的张镇周，随即掉头向西进攻巴陵，随其一起的还有隋将王仁寿。

张、王虽能征善战，却高估了自己实力，低估了巴陵的势力，隋官军进攻失利，被迫向南撤退。618年萧铣遣麾下大将张绣出征岭南，张镇周、王仁寿誓死抵抗，既而隋炀帝遇弑的消息

第十章　代理人的游戏

传到岭南，二人解甲归降于萧铣。古人云："读书不学王安石，治郡当如张镇周。"文武双全的张镇周归降，带起了隋朝江南官吏归附南梁的浪潮。

其二，岭南安抚使、宁越郡太守宁长真。宁长真祖籍河北，其祖父宁逵出任南定州（今广西玉林市玉州区）刺史，陈武帝时（557）迁任安州刺史，成为宁氏钦州豪族始祖，至宁长真之父宁猛力为刺史时，宁氏一族逐渐"夷化"，成为岭南诸蛮豪酋之一。陈朝灭亡之后，宁猛力觉得自己和陈后主是同一天出生，当为天子，于是拒绝向隋朝称臣。隋朝出兵征讨，因水土不服、沾染瘴气，损兵折将，后在冼夫人的斡旋下宁氏才归降隋朝。隋廷为长治久安，采取安抚策略，宁氏家族因此得以世袭宁越郡（钦州刺史）太守。

隋文帝开皇二十年（600），宁长真承袭钦州刺史一职。隋炀帝大业元年（605），奉命跟随隋将刘方南征林邑国，任行军总管，颇有军功，战后赐爵钦江县公。大业九年（613），率领岭南精兵跟随隋炀帝远征辽东，多有军功，受封鸿胪卿、岭南安抚使、宁越郡太守。

隋末战乱期间，岭南与隋王朝失去联系，一时间群龙无首，恰逢萧铣将触角伸向这里，于是宁长真率领郁林、始安诸郡之地归附了萧铣。宁长真携地归降萧梁的举措，直接带动了岭南汉夷诸豪族的归附。

其三，始安郡丞李袭志。隋朝的始安郡即今广西壮族自治区桂林市。自秦始皇开凿灵渠，征伐岭南，桂林成为自江汉、湖湘南下两广的交通要道。再加上桂林是整个岭南唯一没有瘴气的地区，气候相对适宜，因此桂林成为隋唐等中原王朝经营岭南的战略前沿。唐后期，为抵抗南诏，经营西南，唐朝屯兵于桂林。因"瓜熟未代"，驻守桂林的北方军将爆发动乱，劫夺物资，自行北归，拉开了唐亡的大序幕。《新唐书》中"唐亡于黄巢，祸基于桂林"的评价虽不一定准确，却从侧面反映了隋唐时期桂林的战略地位。

如果说以宁长真为首的豪族代表的是岭南土著势力，那么李袭志、丘和等官吏则是隋王朝在岭南的权力延伸。因此，宁长真虽然是岭南安抚使，名义上有权监察岭南诸郡，但实际上他的命令却调不动这些隋廷遣派的流官。

与中央失去联系的李袭志，坚持忠于隋朝，散尽家财，组织了一支数千人的队伍，据城自保。萧铣三番五次遣人来攻，都被他击退。宁长真写信令其投降，他对此置若罔闻。618年6月，隋炀帝被杀的消息传至始安，李袭志率领军民大哭三日以示哀悼。随即有部下劝说他，趁天下动乱，群龙无首，仿效赵佗故事，割据岭南。

第十章　代理人的游戏

所谓的赵佗故事，指的是奉秦始皇之命南征的南海郡守赵佗趁中原动乱，发兵封关绝路，割据岭南，建立南越国的史事。李袭志听后勃然大怒，要不是属下阻拦，建言之人就差点儿死于刀斧之下。

中古时期，岭南是华夏的边缘地带，中央政府一旦衰弱、鞭长莫及，就容易给地方豪强大族、蛮夷酋首留下自立割据的空间。然时移世易，李袭志不仿效赵佗自立的做法是对的。这不仅是李部的实力远不足称雄岭南，而且北方各大势力也不会允许。隋朝迅速崩盘，李渊等北方势力对岭南之地鞭长莫及、有心无力，于是萧铣可以从容不迫地蚕食、吞并始安郡。坚守两年的李袭志弹尽粮绝，最终城陷，投降南梁，萧铣委任其为工部尚书，检校桂州总管。

随着隋朝地方郡县长吏的陆续归附，在南梁政权内部逐渐有了三支强大的派系。

一是组织巴陵首义的军将集团。他们是萧铣政权的主力，掌握着南梁绝大部分的军权。萧铣册封董景珍为晋王、雷世猛为秦王、许玄彻为燕王、张绣为齐王、万瓒为鲁王、郑文秀为楚王、杨道生为宋王，统称七王，地位尊崇。

二是萧氏后梁的旧臣苗裔。他们是萧铣南梁政权中文官队伍的主力，对国家政治制度的建立有着重要的贡献。同时，因为祖辈多是西梁的臣将，他们是对萧铣政权寄托感情最多的一方势力。掌管机要的中书侍郎岑文本与门下侍郎刘洎是其中的代表。

三是隋朝旧臣集团。这一集团不像前两者那样团结、紧凑，他们中的大多数是在隋炀帝被杀之后，依附于萧铣以求保全，对于南梁政权的认可度并不高。再加上，他们这些人多是携带城池军民归降，也因此掌控着地方大片的郡县。

三大派系，各自掌握着一部分权力，反观萧铣自己却缺少核心团队。为争夺权力，各方势力间的相互内斗以及萧铣对臣下的猜忌，开始竞相上演。

南梁政权安稳后，萧铣性格中的缺点开始表露出来，他猜忌麾下诸将，却没有足够的能力去控制，想除掉那些居功自傲、骄横滥杀的将领，却又没有决断的勇气。最后与麾下文臣想出了一个"罢兵归农"的烂招，试图借此夺取诸将的兵权。

拥戴萧铣的军将势力对此并不买账。晋王、大司马董景珍之弟，因在被遣散之列，密谋发动政变，结果事泄被杀。先下手为强的萧铣，事后第一件事就是赦免正在镇守长沙的董景珍，并下旨恩抚，命他返回都城江陵另有重用。从沈柳生事件开始，萧铣与巴陵军将之间的君臣信任基础，就被蒙上了阴影，因此得到消息的董景珍顿时陷入恐慌之中。一番思前想后，董景珍决定投降唐朝，并派手下秘密联络驻守在夔州（今重庆奉节）的李孝恭。

第十章 代理人的游戏

诏命董景珍回江陵,乃是一石二鸟的计策。董景珍如果听令返回,则借此明升暗降,削其兵权;若违命不回,则正好师出有名。得知董景珍拒回江陵,萧铣旋即命同为巴陵起兵元勋的齐王张绣率兵征讨。

董景珍自知兵力不敌,便写信对张绣说:"前年醢彭越,往年杀韩信,卿岂不见乎?奈何今日相攻!"董景珍这是在提醒张绣不要忘了汉高祖诛杀异姓诸侯王的历史。汉初的韩信、彭越二人能力出众,且都重兵在握,最后却被刘邦各个击破,就是因二人不够警惕,不能团结一致。现在的你我二人,一如当年韩信、彭越,为何不能同仇敌忾呢!张绣沉默不应,但最后还是下定决心攻打长沙,董景珍想要出逃,结果被部下所杀。至此,南梁政权的首倡功臣董景珍一家被萧铣夷灭。

事实上,董景珍劝张绣的话是有道理的。萧铣要集权、要收拢军权,针对的并不是董景珍一人而是所有的权臣。因平叛之功,张绣代替董景珍成为军方第一人,被萧铣拜为尚书令,权势大涨。但很快萧铣就容忍不了张绣自恃功高、飞扬跋扈的行径,借故将其斩杀。至此,以巴陵军将为代表的功臣集团与萧铣之间彻底离心离德。南梁政权内部人心惶惶,人人自危,不断有人投奔其他势力。

正当此时,即621年正月,摸清南梁政权基本情况的李靖,经由李孝恭向李渊献上了"取萧铣十策",获得了李渊君臣的认可。同年二月,李渊任命李孝恭为夔州总管,李靖为长史,打造战船,编练水师。

为了给唐军顺江东下扫除后顾之忧,李靖以唐廷名义征巴蜀蛮酋子弟放在身边,量才受用,一方面是为了增加东征兵力,一方面是作为质子,防止巴蜀蛮族勾连萧铣,祸乱后方。

这里顺便说下李靖被重用的过程。

早年忠于隋朝的李靖,与李渊之间既有公仇也有私怨。李渊在太原起兵,李靖弃官不做,至长安告变。李渊占据长安后,准备将李靖斩杀,是李建成与李世民求情,才让李靖捡回一条命。但李渊十分厌恶李靖,将其贬至峡州。

峡州总管许绍与李渊是总角之交,李渊将李靖贬至峡州,意在借刀杀人,让老朋友为自己分忧。许绍是个非常有眼光的人,在与李靖的接触中,发现其文武出众,身怀大才。于是反复写信劝谏李渊,直至其临终遗疏,仍是为李靖求情。李渊感于许绍的恳请,这才让李靖免于一死。可见,以仁德宽厚著称的唐高祖是个很记仇的人。

古人常说"时运不济,命途多舛",可见有大才还得有大运。如果许绍早死一年,或者峡州刺史不是许绍,李靖这位大唐第一名将的命,大概率就报销在峡州了。再一次死里逃生的李靖,意识到

第十章　代理人的游戏

不能再坐以待毙，大唐一统天下的大势已成，若再不建功立业，恐怕就没有机会了。于是，他把目光盯在了夔州的李孝恭身上。

李孝恭是李渊的侄子，爵封赵郡王，政治地位很高，能力在李唐一众宗室子弟中也是名列前茅。617年，李孝恭奉命招抚巴蜀，不费一兵一卒为唐朝收拢了巴蜀数十州，但巴蜀地区的诸多蛮僚却始终观望，不与之合作。

620年，开州（今重庆开州区南）蛮酋冉肇则发动叛乱，率领两万人进犯夔州，李孝恭迎战，大败亏输，只得逃回城中固守。

危难之时，李靖献出一条反败为胜的计策：夜袭蛮营。当晚，李靖挑选出八百精锐对蛮营发起了猛攻，一番激战，蛮军主力被俘，冉肇则被生擒，坐观成败的巴蜀蛮僚纷纷遣使归附，困扰李孝恭的蛮患问题也就轻松地解决了。

此战规模虽不大，但李靖治军、用兵的才能却被发挥得淋漓尽致。因李渊的记恨，李靖差点儿被冤杀，危难之时还愿以死报国，这是忠；李孝恭大败之后，敢于夜袭，这是胆；拣选精锐，鼓舞士气，这是智；以800人大破万人，这是能；算准敌军败退路线，提前伏兵，捉拿敌酋，这是谋。

外行看热闹，内行看门道。看到李靖有如此才能的李渊，立即给他写了两封亲笔信：一封是以朝廷的名义，进行褒奖；一封是以个人的名义，表示往事已矣，既往不咎。公事公办，私事私说。李渊笼络人心的水平之高，确实不是萧铣等人所能比拟的。李靖也由此走上了为国立功之路。

621年七月，李唐东出大捷，一战平王擒窦，中原底定。唐廷开始将主要精力集中在对萧铣的战事上。八月，长江上游的唐军大部尽数集结于夔州，适时朝廷诏令正好传达。唐廷以赵郡王李孝恭为荆湘道行军大总管，筹划东征，以李靖为长史，统率十二路行军总管，全权负责军事。

是月，唐军在夔州誓师，而后率2000余艘战船，顺江东下。同时，唐廷又以庐江王李瑗为荆郢道行军总管，率军出襄阳南下，威逼江陵；黔州刺史田世康率黔中兵马出辰州，进占武陵截击湖湘、岭南的萧铣救兵；黄州总管周法明，率水师出夏口西进，配合诸路大军合围江陵。

由于出兵是在秋季，正好是长江的涨水期，沿途三峡、夔门一带的江面风高浪急，大军经此行船危险系数很高，众将请求暂缓进军，李孝恭权衡不定。李靖对众将说："兵贵神速，萧铣现在还没掌握我军重兵集结的情报，认为江水暴涨，我军不敢进兵，如此正可出其不意，攻其不备。"于是全军在他的鼓舞下冒险闯过了三峡。

事实果如李靖预料的一般，萧铣认为唐军不会在长江涨水季东进，因此没有做充分的防备，当气势汹汹的唐军一路东进时，

第十章　代理人的游戏

荆门、宜都等沿江要隘险关大都望风归降。方才得知消息的萧铣急忙派部将文士弘率一万精兵进驻清江，阻拦唐军东进。

唐军一路东进，沿途虽然也有拼死抵抗的城池、部队，但由于唐军来得突然，大都始料未及，唐军一路轻松抵达江陵城下。自从萧铣施行罢兵务农政策之后，留在江陵的常备军只有数千人，听说唐军逼近江陵，急调四方兵马驰援。

岭南的援军因崇山峻岭阻隔，一时半会难以到达。湖湘一带的兵马虽迅速北援，却又被田世康拦截在武陵无法前进。

援军一时难以到达，萧铣只能鼓舞城中兵士与唐军死战。李孝恭看到城中兵少，又担心救援之兵很快赶到，计划大举攻城，一举将其击溃。李靖认为江陵兵力虽少，定会困兽犹斗，李孝恭不听，执意出战，结果被江陵守军击败，幸好李靖及时出兵相救才得以幸免，其间李靖抓住梁军兵退之际，迅速攻克江陵外城和水城，将缴获的数百艘梁军战船放开，任其顺江漂流。

各地赶来救援的梁军，看到顺江而下的战船，一时间难以分辨前线战况，纷纷驻军哨探，不敢贸然轻进，此举正中李靖下怀。迟迟等不来援军的萧铣，只得接受中书侍郎岑文本的建议，在告祭太庙后，身着丧服，头戴布巾，出城向唐军投降。其间，有人不甘心投降，劝萧铣拼死一战，萧铣说："天不佑梁朝，如今力战不降，只会让百姓遭殃，现在就投降，可让百姓免受战乱的祸害。"

出城投降的萧铣对李孝恭说:"当死者唯我一人,江陵百姓无罪,请将军切勿杀掠。"但李孝恭并不答应。正在这时,岑文本也站出来劝说:"江南百姓本就是因为对隋朝不满,才有叛乱,现在正是大唐重定天下的时候,怎么能滥杀无辜呢?如此一来,江南恐怕再无归化治民了。"李孝恭听后,这才打消了纵兵劫掠的念头。就在萧铣投降后的几天,各地勤王的十余万梁兵终于抵达江陵城下,此时大势已去,只能投降唐军。至此,南梁灭亡,前后立国共4年。

归降后的萧铣被押往长安交处置,李渊历数其称帝造反的罪责,萧铣凛然反驳道:"隋失其鹿,天下英雄竞逐之。我无天命,故为陛下所擒。秦末田横也曾南面称王,跟汉高祖角逐天下,汉高祖都没有怪罪他,你为何向我问罪呢?"对这样顶撞、挑衅的回答,李渊非常愤怒,下令将其斩于闹市,一代江南豪杰至此谢幕,时年39岁。

遍观萧铣的前后所为,虽算不上雄主,却也不失爱民之心。群雄逐鹿,成王败寇,萧铣的回答也算得上不卑不亢,其为保护全城百姓而主动投降,最后还是难逃一死,这主要是李渊忌惮他在江南百姓心中的威望以及他临危不乱的气魄。这与李渊斩杀仁德的窦建德而放过残暴的王世充一样。

可以说，萧铣不是一位残暴的昏君，南梁的失败主要是因为内部不和，只要萧铣还活着，就有成为唐朝威胁的可能，所以李渊宁愿背负气量狭小的骂名也要将其除掉。

三、"代理人"是牺牲品吗？

从李轨父子到萧铣，其悲惨的结局，给人们一种假象，那就是各政权的"代理人"就是利益集团公推出来的牺牲品。实际上，这是不对的。因为从某种程度上讲，李渊也是关陇集团的代理人。最终李渊成功了，而其他人却失败了，所以这还需要从各个代理人身上找原因。

无论是李轨，还是萧铣，之所以能被众推为首领，主要是他们身上的贵族光环。然而如何将此身份获得的巨大优势，转换成平定天下的实力是其成败的关键。号称贤能的李轨偏听偏信，枉杀忠良，不能明辨是非，缺乏正确处理内外关系的能力。而萧铣则因为猜忌与怀疑，在天下混乱、强敌围绕的环境中，选择"自损八百"的罢兵手段，也是眼光狭窄、境界不高的表现。

反观李渊却能纵横捭阖，多方制衡。平河西，敢于用胡人安兴贵，平萧铣任用和自己有矛盾的李靖，尤其是对李靖的任用，能够做到前倨后恭，公事公办，私事私说。这些拉拢人心、处理内部矛盾的老到手段，是李轨、萧铣难以望其项背的。

　　河西以安氏兄弟为代表的胡汉利益集团，江南以岑文本为代表的士族团体，岭南以李袭志、丘和为代表的隋朝地方官吏，他们虽然是李轨、萧铣政权中的高官重臣，但他们更是一方水土的管理者和政治代表，对他们而言，有前途的政权是最安全的，有切身保障的政权才是最有希望的，而这就是他们的选择。

　　换句话说，隋末群雄逐鹿中原既是政治家之间的游戏，也是各大豪强、士族等中间势力扶植代理人的游戏，其参与程度和影响是绝对不容忽视的。

结　语

在中国的历史上，封建王朝的衰亡一般有两种方式：一种是"土崩"，一种是"瓦解"。通常情况下，这两个词语是一起连用的，比喻政权的垮台。但从性质上讲，土崩和瓦解并不是一回事。

明末清初的著名史学家王夫之在其所著的《读通鉴论》中，曾总结了这两种王朝衰亡形式所表现出的特征。"土崩"，是指王朝国家在整体的秩序崩溃之后，尚有局部的秩序保存，其衰亡往往要持续一个较长的时间过程，新统治秩序和新统一局面的重建也往往要经历一个较长的时间过程。最典型的是两汉亡后的魏晋南北朝以及唐亡后五代十国。

"瓦解"是指王朝系统性的快速崩溃，统治阶层与被统治阶层之间的矛盾已无法调和，中央政府对基层组织彻底丧失管控的能力，地方上完全陷入权力真空的状态。乱世持续的时间通常比较短，重建新的统治秩序通常也比较快。最典型的就是秦、隋之亡。

从王朝国家的政权组织结构来看，之所以会出现"土崩"和"瓦解"两种情况，主要是各个朝代君主集权程度不一。秦、隋两朝都是在结束数百年分裂基础上，实现的大一统，因此他们既是旧秩序的破坏者，也是新秩序的建立者。因为急于求成，在加强中央集权、重建新秩序的过程中，忽略了基层民众的承受能力以及豪强、士族、官僚等中间势力的接受程度。一旦最高统治者横征暴敛、滥用民力，就会直接与基层百姓产生矛盾。这时享有皇权的最高统治者就会遭到自上而下的普遍反对。而没能分享到皇权的中间势力会站出来，成为反抗旧王朝的引领者和倡议者。

从这个角度上来看，隋末天下大乱、四方反叛，主要是因为隋炀帝施行急政、苛政，使得徭役赋税突破了百姓可以承受的极限，所以百姓要反。隋朝两代天子，通过合并州县，收回地方人事任免权，开设科举，完善三省六部制度等，加强政治集权，又通过推行"大索貌阅、输籍定样"，完善租庸调制，加强经济集

结　语

权,而这一系列的集权使得士族门阀、贵族豪强的特权被制约,原本可以分享到的公权力也被压制,所以当各地百姓高举反帜时,忍无可忍的他们也站出来,成为反抗隋王朝的引领者和倡议者。故而,隋末的天下变乱主要是以百姓为主的农民起义以及以士族门阀、贵族豪强支持的地方割据等两大类型。

大业末年,随着东征高句丽失败和民变升级,隋炀帝为扩充兵员被迫承认了私募与地方自专的权力,继而使得隋末战乱的发展又可分为反隋与兼并两个阶段。第一阶段是由农民起义军主导的,时间集中在大业七年至大业十三年（611—617）；第二阶段,主要是发展壮大的农民军与隋朝造反的官军,时间大致是从大业十三年到唐武德六年（617—623）。

617年,李渊父子在太原起兵时,全国形势已经急剧变化。一是农民造反的小股武装,逐渐被几支大的武装所兼并,形成了一定的声势；二是隋朝体制内的中、基层军官招募民众入伍,构成新的反隋势力。因此,李渊的对手已从日薄西山、奄奄一息的隋朝,换为乘势而起的割据者。换言之,太原起兵的李渊要建立大唐王朝,与其说是反隋的战争,不如说是消灭诸割据势力的兼并战争。

李渊挺进关中,占领长安后,最初的战略是东进抢占洛阳,然后"据两京而号召天下",结果因为过早地介入到中原割据势力之间，无功而返，统一战争的次序被重新调整。调整后的首战是解决陇右地区，这是巩固关中的根本。

南方的巴蜀地区对于关中安全也很重要，战国时期的秦国就是以巴蜀为腹地。在秦汉统一天下的"关中模式"中，巴蜀更是不可缺少的一环。因此，经营巴蜀是李唐统一战争的第二步。这一步进行得很顺利，主要是得益于李渊前期的"扶隋"策略，让他可以最大限度地调动隋朝体制内的资源。

当然决定天下胜负的主要还是关东地区，包括河南、河北、山东，这里有瓦岗李密、东都王世充以及河北窦建德等三股势力。大运河连通之后，隋炀帝将河北、江淮、江南等各地的物资源源不断地运往洛阳及周边地区，成功构建了以洛阳为中心，以国家级粮仓、行宫为据点的东都防御体系，两河、江淮在隋王朝中的地位日渐上升。关中与长安虽然还是隋唐统治基础关陇军事贵族的重心，但在隋末乱局中，大量牵制和消灭隋军主力的，已不是关西的诸割据势力，而是兴起于关东的李密、窦建德、杜伏威等人。不恰当地说，这三方势力是推倒隋王朝统治基础的"三驾马车"。

从这个意义上来说，拥有关西、巴蜀的李唐王朝要想统一天下，必须要东出潼关，解决关东的各路势力。至于江淮、荆楚地区，则并非急务。萧铣、林士弘包括杜伏威，看似声势很浩大却

结　语

实力很有限。中原收复之后，平定南方自然是势如破竹。所以唐朝统一天下的战略是：先西后东，重北轻南。

自隋末动荡以来，天下百姓揭竿而起者数以百计，但大多数是为了反抗沉重的赋税、劳役才铤而走险，有的啸聚山林、打家劫舍，有的跨州连郡、割据一方。除了勋贵出身的李渊、李密外，很少有人将鲸吞天下作为终极目标。

因此在李唐统一天下的过程中，招抚工作与统一战争是相辅进行的。太原起兵至李渊称帝的中间阶段，由于其高举"扶隋"的旗帜，政治招抚工作比军事征伐更能打开局面。李渊登基后，招抚汉中、河池诸郡，成功在南面牵制了陇右的西秦政权；安抚巴蜀，为沿江东下，进攻萧铣做了准备；招抚河北诸州，拉拢罗艺，让窦建德、刘黑闼时刻处于南北夹击的战略被动之中；成功招抚杜伏威，更是加快了统一天下的进程。

正是由于军事征伐与政治招抚双管齐下，重点进攻与见缝插针并行，使得唐朝统一天下的特点，呈现出四面开花、多处同步的景况。

本书讲述的大唐开国史事，没有提贞观二年败亡的梁师都，而不灭掉梁师都，大唐就算不得统一。然而，唐朝灭掉梁师都实现大一统，就必须解决控扼阴山的东突厥问题。至贞观四年，唐朝平灭东突厥，唐太宗被西北胡族君长尊为"天可汗"，唐朝用这样的方式为建国战争画上了一个圆满的句号。

汉后有唐，唐后无唐。"唐人街"的称谓，永远不会被同为汉家王朝的"宋人街""明人街"所代替。无论是"驱除鞑虏"的朱明王朝，还是所谓临近"近代拂晓时辰"的天水一朝，他们或许在文化与经济上远超盛唐，然而武德时代的开国壮举、贞观时代的"文治武功"却是他们始终追寻而触之不及的标杆。这不是因为宋明王朝没有能翻越帕米尔高原的军队，没有才兼文武的将军，而是君臣士民缺乏蹈厉昂扬的精神，缺少融合四方、怀纳天下的宽容。同样是万国来华，唐王朝呈现的是"万国衣冠拜冕旒"的盛举，两宋却只剩下"涨海声中万国商"的热闹。

后　记

写一本相关唐朝开国事迹的通俗读物，是笔者一直以来的愿望。说起来也很惭愧，有这样一个愿望，还是源于多年前的一个"尴尬"。

八年前，初学唐史而尚未入门的笔者，喜欢与人卖弄自己的那点可怜的知识……俨然一副"小马乍行嫌路窄，雏鸟初飞怨天低"的姿态。当一位长辈问起，"薛丁山征西，薛刚反唐"时，前一刻还侃侃而谈的笔者一下子就蒙了，那种状态像极了《夜航船》中那个不知尧舜是几人的狂妄书生。

国人钟爱三国、隋唐的历史，这要归功于《三国演义》《隋唐演义》等通俗史学在民间的广泛流传。如果说《三国演义》是七分真实、三分虚构，那么《隋唐演义》中的人物形象往往与真实大相径庭。因此，写这样一本读物，既有对曾经尴尬的不释怀，也有一点想要纠偏矫正的"小情结"。

能加入"唐朝往事"系列丛书的写作团队之中，离不开李志军博士的引荐，更离不开耿元骊教授的认可，在此表示诚挚的感谢。

在写作过程中，也离不开诸多师友的帮助，尤其是导师张国刚先生对笔者的知识浇灌。在清华园读书的四年里，张师讲授的"隋唐五代史"与"《资治通鉴》导读"，是滋润本书写作的源泉，激发本书创新的火花。如果说，书中有两三观点能给读者诸君以夜雨惊鸿之感，不用疑惑，这一定是笔者对张师观点的转述或复述，其他不妥，不中肯綮之处，才是笔者的"偏见"。

谨此，再对支持和帮助本书写作的师友表示最真挚的感谢！

书中有错误不当之处，也敬请读者诸君批评指正！

雒晓辉
2023 年 7 月 26 日于蒙古科布多